本书出版
得到国家重点文物保护专项补助经费资助

江西抚河流域先秦时期遗址考古调查报告V

——广昌县·南丰县——

江西省文物考古研究院
西北大学文化遗产学院
西安弘道文化遗产保护工程有限公司
抚州市文物博物管理所
广昌县博物馆
南丰县博物馆

编著

文物出版社

图书在版编目（CIP）数据

江西抚河流域先秦时期遗址考古调查报告．Ⅴ，广昌
县·南丰县／江西省文物考古研究院等编著．-- 北京：
文物出版社，2022.12

ISBN 978 - 7 - 5010 - 6813 - 5

Ⅰ．①江…　Ⅱ．①江…　Ⅲ．①文化遗址 - 考古调查 -
调查报告 - 广昌县②文化遗址 - 考古调查 - 调查报告 - 南
丰县　Ⅳ．①K878.05

中国版本图书馆 CIP 数据核字（2020）第 178846 号

江西抚河流域先秦时期遗址考古调查报告Ⅴ（广昌县·南丰县）

编　　著：江西省文物考古研究院　西北大学文化遗产学院　西安弘道文化遗产保护工程有限公司
　　　　　抚州市文物博物管理所　广昌县博物馆　南丰县博物馆

责任编辑：陈　峰　吕　游
封面设计：程星涛
责任印制：张　丽
出版发行：文物出版社
社　　址：北京市东城区东直门内北小街 2 号楼
邮政编码：100007
网　　址：http：//www.wenwu.com
邮　　箱：web@ wenwu.com
经　　销：新华书店
印　　刷：河北鹏润印刷有限公司
开　　本：889mm×1194mm　1/16
印　　张：20.5
版　　次：2022 年 12 月第 1 版
印　　次：2022 年 12 月第 1 次印刷
书　　号：ISBN 978 - 7 - 5010 - 6813 - 5
定　　价：560.00 元

目　录

插图目录

图版目录

第一章　前言

抚河是江西省境内的主要河流之一，其由崇山峻岭汇聚多条支流注入鄱阳湖，与赣江等河流一道孕育了古代江西地区的农业发展与社会进步。对抚河流域先秦时期遗址进行考古工作，无疑对揭示该区域物质文化史、区域文化发展特征、区域社会演进规律等方面具有十分重要的意义。由于抚河流域以往开展考古工作较少，对区域内考古学文化面貌及聚落形态等信息不甚明晰，亟待进行考古调查与发掘工作。正是基于各方面的考虑，我们启动了"江西抚河流域先秦时期遗址考古调查与发掘"工作，该项目得到了国家文物局的批准及经费支持。在国家文物局及江西省文物局等部门的领导下，由江西省文物考古研究所、西北大学文化遗产学院、抚州市文博管理所及各县区文博机构、西安弘道文化遗产保护工程有限公司联合组成考古调查队，对抚河流域所涉及的10县2区进行详细的考古调查工作，以抚河干流及支流为重点调查对象，对区域内先秦时期遗址进行针对性调查，并选择具有代表性的遗址进行考古发掘。该项工作对进一步深入进行区域考古研究提供了充足的实物资料。通过2014～2017年的考古工作，已完成了对乐安、宜黄、崇仁、金溪、资溪、东乡、临川、广昌、南丰等县区的调查，并组织人员对采集遗物进行整理，及时出版调查报告。本报告是对2016年度至2017年度广昌、南丰两县调查所获资料的详细刊布。

第一节　项目概况

一　项目缘起

处于长江中游地区的江西省，地理位置优越，自然资源丰富。发达的水系是区域内先民生产、生活的重要条件。江西省文物考古工作开展较早，经过几代人的不懈努力，区域内文物考古资料的积累得到了丰富，对区域历史研究与文明进程探索做出了重要贡献。但仍需注意的是，由于江西境内山脉、河流较多，区域文化面貌较为复杂，各地区考古工作开展不均衡，部分地区考古工作仍是空白。面对严峻的现实，江西省文物考古研究所通过调研、分析，制定《江西抚河流域先秦遗址2014—2017年考古调查立项报告》，旨在通过专业人员对以往工作薄弱的抚河流域进行考古调查、勘探与发掘，并利用现代科技手段建立抚河流域先秦时期遗址地理信息系统及考古资料数据库。希望在一系列工作的基础上，建立抚河流域的文化编年序列，了解先秦时期聚落形态及结构等信息。同时以此为工作范例，总结方法和经验，进一步完善和制定其他流域先秦遗址的考古计划，为最终建立江西省区域文化编年序列提供丰富的一手调查资料。

二 工作范围

本项目是以江西省境内抚河流域为考古工作对象，主要对抚河干流及其支流进行考古调查、勘探及发掘工作，以获得丰富的区域文化信息。

抚河是鄱阳湖水系的主要河流之一，其发源于武夷山西麓广昌县驿前乡的血木岭，上游又称旴江。抚河由广昌县而下，纳南丰、南城、金溪、抚州、临川、进贤、南昌等地支流后汇入鄱阳湖。河流全长312千米，流域面积1.5811万平方千米。一般称旴江为上游，河流两侧山势较高，河谷狭窄；抚州以下为下游，河岸为冲积台地，地势略显平坦。抚河流域属于亚热带湿润季风区，植被茂盛，水资源丰富，是适宜人类居住的佳地。

本项目的工作范围主要集中在抚河流域，从行政区划上来看，抚河流域绝大部分位于抚州市境内。抚州位于赣东地区，辖1区、10县和1经济开发区（临川区、南城县、黎川县、南丰县、崇仁县、乐安县、宜黄县、金溪县、资溪县、东乡县、广昌县、金巢经济开发区）。抚州市东邻福建省建宁县、泰宁县、光泽县、邵武市，南接江西省赣州市石城县、宁都县，西连吉安市永丰县、新干线和宜春市的丰城市，北毗鹰潭市的贵溪市、余干县和南昌市进贤县。区域南北长222千米，东西宽约169千米，总面积约18816.92平方千米，占江西省总面积的11.27%。抚州市辖区以抚河水系为主，信江、赣江两大水系为辅，共计有三大水系，大小河流470余条。

三 工作方法

本项目的工作对象为抚河流域先秦时期遗址，采用考古调查、勘探、发掘的方法，严格按照《田野考古工作规程》进行野外工作。在调查与勘探过程中，充分利用空间信息技术，将科技手段贯穿于整个考古工作之中，达到提高野外工作水平的目的。

田野考古调查采用野外踏查的方式，调查主要集中在河流两岸的山坡、台地及平地上凸起的小台地等方面。通过人为踏查确定遗址，再进行精细的考古勘探，明确遗址的堆积情况和分布范围。利用RTK、小型航拍器对遗址进行测绘与高空拍照，获得有关遗址多方位信息。

野外调查与勘探工作结束之后，将调查采集标本进行清洗、绘图、测量、描述，将器物标本与已发现遗存进行比较分析，以获得该遗址的相对年代。

通过基础资料的分析，将调查与勘探所获资料进行整合，利用ArcGIS软件，建立抚河流域先秦时期遗址的考古地理信息系统；利用数据处理软件建立抚河流域内先秦时期遗址数据库。

第二节 广昌县、南丰县调查工作概况

"江西抚河流域先秦时期遗址考古调查与发掘项目"自2014年10月正式启动，2014年底至2015年初完成对乐安、宜黄、崇仁三县的调查工作，并于2015年10月出版有关乐安、宜黄两县的考古调查资料。按照项目计划，2016年11月至2017年2月，先后对南丰、广昌、南城、黎川进行考古调查与勘探工作。由于受篇幅限制，本报告仅将对广昌、南丰两县调查收获进行专门介绍。

广昌县调查所获先秦时期遗址共 21 处，其中发现环壕聚落 1 处、山岗遗址 20 处；南丰县未发现环壕遗址，仅发现 38 处山岗类遗址。通过本次考古工作，不仅获得了十分丰富的实物遗存，且对抚河流域先秦时期聚落形态认识取得了重要突破，环壕遗址与山岗遗址相互依附关系的认识，对提高田野调查工作、对了解区域内人地关系等方面都具有十分重要的推动作用。

一　工作区域

在以前调查发掘成果的基础上，依据《江西抚河流域先秦遗址 2014—2017 年考古调查立项报告》计划，2016 年至 2017 年对广昌、南丰、南城、黎川四县进行考古调查。采用灵活有效的调查方法，结合国内外以往区域调查的成功经验，建立抚河流域先秦时期遗址的全方位信息数据库，突出重点，涉及全面。

本年度调查目的是为了了解该区域先秦文化的分布概况和特征，认识其年代和文化性质，进一步确认以往的调查成果及其现状，同时发现新的遗址点，在此基础上确认一般勘探和重点勘探遗址，寻找适合下一年度的遗址发掘点，为最终建立抚河流域较为系统的先秦文化编年序列提供丰富的一手田野调查资料，为抚河流域先秦聚落形态、社会演进等方面的深入研究提供重要基础资料。

二　人员构成

本次对广昌、南丰两县考古调查工作中的地面踏查部分由江西省文物考古研究所、西北大学文化遗产学院及抚州市文物博物管理所、广昌县博物馆、南丰县博物馆组织实施；遗址的探勘、测绘、航空拍照、器物绘图及拓片等技术工作由西安弘道文化遗产保护工程有限公司负责。以下对各项工作的主要工作人员进行介绍：

江西省文物考古研究所

项目负责：王上海（副所长、研究员）

业务人员：严振洪（副研究员）、张杰（副研究员）、余琦（副研究员）、赵耀（馆员）、余志忠（德安县博物馆、特聘人员）

西北大学文化遗产学院

负责人：冉万里（教授）

业务人员：豆海锋（副教授、博士）、习通源（讲师、博士），硕士研究生数名。

西安弘道文化遗产保护工程有限公司

负责人：程林泉（研究员）

业务人员：李桃元、杨橙、毋静帆、吴磊、史智伟

抚州市文博管理所

负责人：王淑娇（所长）、丁潮康（副所长、副研究员）

业务人员：抚州市文物博物管理所工作人员

广昌县博物馆

负责人：孙敬民、黄震

业务人员：广昌县博物馆工作人员

南丰县博物馆

负责人：王永明（馆长）、花卫平（副馆长）

业务人员：南丰县博物馆工作人员

三 调查收获与存在问题

1. 主要收获

①新发现多处先秦时期遗址

本年度对广昌、南丰两县的调查收获颇丰，发现先秦时期遗址 59 处，发现环壕聚落 1 处。不仅增加了该地区古遗址数量，且对该地区先秦时期聚落形态的多样性提供了重要信息。所发现的多处遗址均采集到丰富的陶器、石器等标本，对了解诸遗址的文化面貌及相对年代均有重要作用。

②发现 1 处环壕聚落为区域内考古工作的新突破

本年度在广昌和南丰两县的调查过程中，辨识并发现 1 处环壕聚落，主要由中部台地、四周壕沟和残存壕沟外墙体组成。环壕聚落的发现，揭示先秦时期人类在抵御外敌或处理人地关系方面的能动性。环壕聚落建造所需的大量劳动力及聚落规模的差异都体现了当时社会结构的复杂化。因此，有关环壕聚落的发现和研究，将有助于区域社会复杂化进程方面的深入揭示。

③初步建构抚河中游地区先秦时期文化序列

通过对广昌、南丰两县多处遗址采集所获遗物进行初步分析，基本可以建立该地区从新石器时代晚期至汉代以前的文化演变序列。总体上可划分为新石器晚期、夏至早商时期、商代晚期、西周时期、东周时期等五个阶段。

④为该区域田野考古调查提供了十分丰富的经验

在广昌、南丰两县调查过程中，依据地形特征寻找遗址已得到较好的实践。广昌、南丰两县以丘陵为主，河流较多，河流两岸台地及丘陵坡前多见有遗址。除此之外，本次调查还积累了难得的实践经验：首先，利用卫星照片寻找环壕聚落。在高清卫星图片上，利用植被和地形的差异，可以明显寻找到呈方形或长方形的环壕聚落，由于内壕地势较低，多成水田，此类环壕形状极为规则，较容易寻找。其次，以环壕聚落为中心，在其周边地区寻找岗地类聚落。在调查过程中，以环壕聚落为中心，向周边 2 千米范围进行辐射调查，多发现有不同规模的岗地类聚落。

2. 存在问题

①对山岗类聚落与环壕类聚落的关系有待进一步的研究

调查所见环壕与山岗两类聚落，考察需要在建立年代判断的基础上，并对其进行文化性质等方面的考量。有关环壕聚落的功能目前仍不明晰，从钻探结果来看，此类环壕聚落一般堆积较厚，延续时间较长，多为新石器时代晚期至东周时期，而山岗类聚落也发现有不同时期的遗存，说明山岗聚落和环壕聚落有存在共时的可能。

②遗址破坏严重，文化遗产保护工作亟待加强

本年度调查的遗址数量较多，采集遗物十分丰富。十分痛心的是，采集遗物丰富的遗址均破坏严重，在发现一处遗址的同时，此遗址也就面临着已被破坏或即将被破坏的"命运"。因此，保护文化遗产应深入人心，应唤起公众对文化遗产的保护意识。

第三节　本报告编写体例及相关说明

一　报告编写体例

本报告系"江西抚河流域先秦时期遗址考古调查与发掘项目"的年度成果，由于受篇幅的限制，本报告仅以广昌县、南丰县调查所获为主要内容，其余县区调查成果将陆续刊出。

本报告编写体例与以往调查报告相同，侧重资料的翔实报道。报告共分为五章：第一章为前言，是对项目开展情况与年度工作的介绍与总结，并对报告编写体例及相关问题进行说明；第二章是广昌县地理环境、历史沿革与调查资料的刊布；第三章是南丰县地理环境、历史沿革与调查资料的分布。第四章为结语，是对该地区调查工作的总结，对区域文化序列及聚落结构进行了初步分析。报告最后附有调查遗址统计表及调查日记摘录等内容。

二　本报告相关说明

1. 遗址名称编号说明

本报告对诸遗址所获遗物进行介绍时，为了描述方便，对遗址名称进行了编号。编号原则是以调查年份、遗址所在县名的前两个字的拼音简写，与遗址名称前两个字的拼音字母缩写组合而成，如"广昌县金盆山环壕遗址"编号为"2016GCJP"，"2016"为调查年份，"GC"代表广昌县，"JP"代表金盆山环壕遗址。由于区域内部分遗址名称前两个字母缩写有相同的可能，本报告则选择遗址名称三个字或多个字的字母缩写或小写来予以区别。此外，由于部分地域遗址所在小地名不清，本报告以遗址所在的村名进行命名，如果同一区域发现多处遗址，且小地名不清，则在已知地点名后增加"Ⅰ""Ⅱ""Ⅲ"等字母加以区分，如广昌县排下山发现四处遗址，Ⅰ号和Ⅳ号遗址编号为"2016GCPXⅠ""2016GCPXⅣ"。

2. 图版说明

为了便于读者阅读，本报告将器物图版附于每个遗址报道之后，同时将遗址远景、航拍照片、重要遗物发现、地层剖面等图版均直接插入正文，尊重读者的阅读习惯。

3. 附录说明

本报告附录除了对调查遗址进行统计之外，另附有考古调查队员的日记摘录，并插入照片，用以展示调查过程中的工作场景。

第二章 广昌县先秦时期遗址

第一节 自然环境与历史沿革

广昌县位于江西省东部边境，地处抚州市南部，东临福建省建宁、宁化县；南毗江西省石城县；西接宁都县；北连南丰县。广昌县区平面大致呈南北略长于东西的不规则形状。境内平原、丘陵交错，山地广阔。整个地势东、西部偏高，中、北部偏低。县境内东南、西北为山区，中部和北部为平原、丘陵地带，山地占县内土地面积绝大多数。广昌县地处抚河上游，境内河溪纵流网布。广昌县面积为 1612 平方千米，全县总人口 24.02 万（截至 2013 年）[①]。

一 自然环境

1. 地形与地貌

广昌县因多次地壳运动的影响，该县地层裂隙发育复杂，出露的地层主要有第四系、上第三系、下第三系、白垩系、寒武系、震旦系等。

广昌县地形是由南向北倾斜的箕形盆地。整个地势东南、西部偏高，中部、北部偏低。东境处于武夷山脉南段，西境居雩山山脉，中部和北域为丘陵、平原交错，地貌可分为山地、丘陵、平原等三种类型。山地区位于东南、西部地带，占全县土地面积 77%，山地海拔为 400～1000 米。丘陵区位于中部及北部地带，与平原交错，占全县土地面积 13%，丘陵海拔为 200～500 米，相对高度不超过 200 米。冲积平原位于盱江两岸，占全县土地面积 10%，相对高度在 50 米以下（图一）。

县境内主要土壤类型有水稻土、潮土、紫色土、红壤、山地黄壤等五个土类。

2. 山脉与水系

广昌县境内县域东南部和西部两面倚山，南高北低，武夷山脉环绕县境东南部，雩山山脉居于西部边境。总体属低山区。

武夷山脉 处于县域东南部，山势险峻，北起九头峰，南止牛牯崀，连绵水南圩、尖峰、塘坊三乡。北支脉渐没于千善、甘竹，为低山丘陵；南支脉由牛牯崀折向西伸展于杨溪、高虎垴、驿前等乡。海拔 750～1000 米，为广昌县境的主要山脉。

---

① 江西省广昌县县志编纂委员会：《广昌县志》，上海社会科学出版社，1994 年。

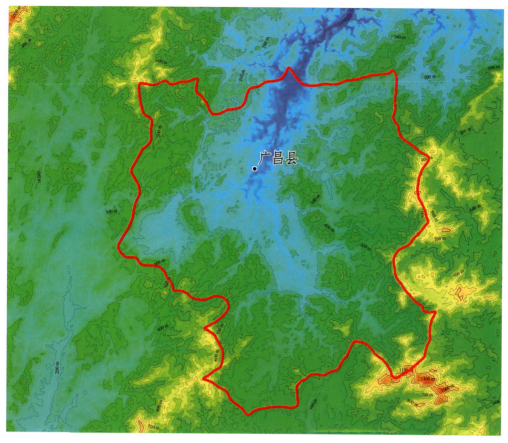

图一　广昌县地形示意图

　　雩山支脉　盘亘于县境之西，北起楼梯坳，南至秀岭，跨古竹、柯树、头陂三乡。东麓延伸至甘竹、沿江、新安诸乡，与丘陵地相交错；南端与武夷山支脉遥遥相应。海拔一般为 400～800 米，主峰翠雷山、桠枝峰高 900 余米。

　　主要山峰有：凤灵山、紫华山、九头峰、牛牯岽、血木岭、高虎垴等。

　　广昌县地处抚河上游，境内溪流广布。县境内主要水系有旴江水系和梅江水系。河流总长度达905.1 千米（图二）。

　　旴江水系　旴江为广昌县主要河道，发源于驿前乡血木岭。源头段即为驿前港，自南向北流经驿前、高虎垴乡的清音，杨溪乡的江背、东坑，至赤水乡的石咀头，为旴江起点。续经赤水、青寿、大塘、清水、大嵊、图石等，在甘竹乡罗家村流入南丰县境。旴江接纳 11 条港 69 条溪流，总长 78.95 千米，流域面积 1568.5 平方千米。

　　梅江水系　县内柯树港系梅江水系支流，发源于柯树乡塘背村坳下，古称梅岭水。全流域森林茂密。柯树港由北向西流经塘背、前山、柯树，至宁都县东山坝镇石湖入梅江。主要支流有前山、枫树湾等溪，境内全长 14.9 千米，大小支流 43 条，流域面积 44.54 平方千米。

　　3. 气候

　　广昌地处华南气候区与华中气候区的过渡地带，日照充足，雨量丰沛，气候温和湿润，无霜期较长，农业气候条件优越。该地区属亚热带湿润性季风气候区。

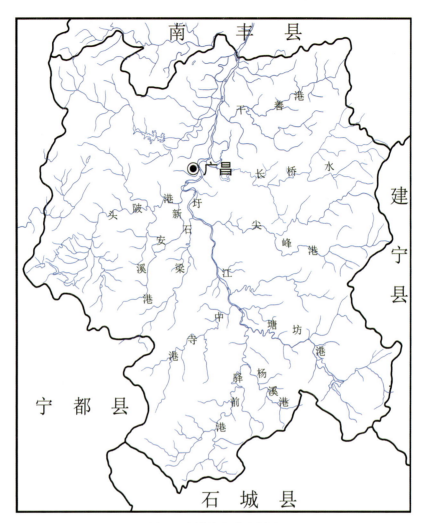

图二　广昌县水系示意图

广昌县春、秋季短，冬、夏季长，四季较为分明。其主要特点是：

春季多阴雨，日照偏少；初夏高温多暴雨，盛夏晴热少雨；秋季低温少雨；冬季冷空气活动频繁，常有冰雪和冻雨。

该县年平均气温为18.1℃左右。在最冷月（1月）的平均气温各地平均在6.3℃，在最热月（7月）的平均气温为28.8℃。

广昌县平均日照时数为1778.2小时。全县日照存在差异，县城附近及中、北部平坦地区日照较充足，东南部、西部山区日照较少。

广昌县各地的霜雪期因地而异，山区降雪、冰冻天气比低丘平原出现多且时间较长。各地平均无霜期272天。

广昌县降雨较丰沛，年均降水量1717.5毫米。各季降水分布不均，特征是春雨、夏汛、秋旱、冬干。

二　历史沿革

广昌县所辖区域春秋战国时期先后属越、吴、楚国，秦属九江郡，西汉初属豫章郡并划其南部置南城县（广昌在其中），东汉兴平（194～195年）划分豫章郡东部置临川郡辖临汝、南城二县，三国时期东吴析南城县南部置南丰县（广昌在其中），后两晋、南北朝未变，隋唐时期前后南丰县先后经历4次并入、复置，北宋建昌军辖南城、南丰二县。

南宋绍兴八年（1138年）建县，建县以来至清末，曾先后属建昌军、建昌路、肇昌府、建昌府所辖。民国年间先后属豫章道、第十一、八行政区管辖。1949年9月至今，归江西省抚州地区（今抚州市）管辖，县政府所在地为旴江镇（图三）。

图三　广昌县行政区划示意图

第二节　遗址介绍

2016年度在广昌县调查遗址21处，所调查的诸遗址中，据地形与分布特征可划分为两类，即环壕类与岗地类，其中大多数遗址为岗地类遗址，仅发现1处环壕聚落。以下分别对两类遗址逐一进行介绍（图四）。

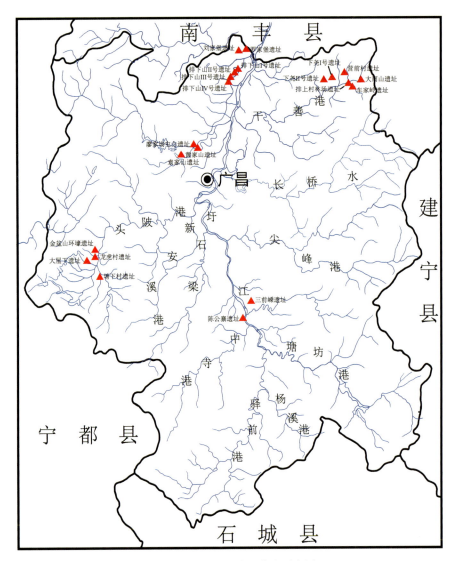

图四　广昌县调查遗址分布示意图

一　车家岭遗址

1. 遗址概况

车家岭遗址位于千善乡盖竹村委会云前小组，北距 906 县道约 600 米，东距龙坑头约 340 米，西距排上村林场约 440 米（图五）。地理坐标为北纬 26°55′49.1″，东经 116°29′19.7″，海拔 191 米（图六）。遗址所在地为一山岗地形，遗址平面略呈西北—东南向不规则形，长径约 185 米，短径约 42 米，面积 7552.8 平方米。遗址整体地势中部高四周低，现已被人为修整为梯田种植橘树，地表植被较为稀疏（图七）。

2. 遗物介绍

车家岭遗址采集遗物较少，主要为石器及陶器。陶器中印纹硬陶较多，陶色有灰色、灰褐色，纹饰见有方格纹（图八，2、3、6）、"绳纹" + "弦纹"组合纹饰（图八，7）、绳纹（图八，4、5）、菱格纹（图八，1），器形主要为罐；夹砂陶较少，陶色有红色、灰色，均为素面，器形主要见

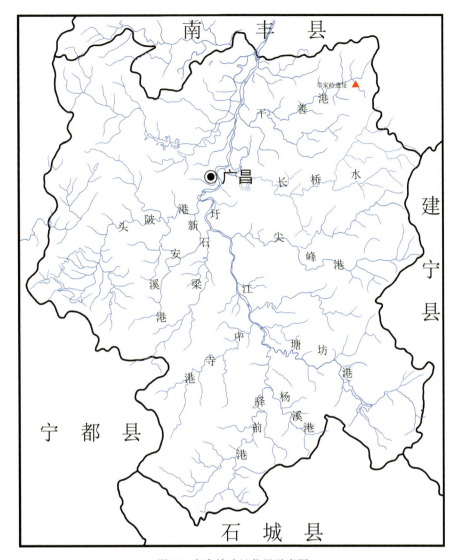

图五　车家岭遗址位置示意图

有鼎（足）、罐、圈足器等。

（1）石器

石刀　1件。

2016GCCJ：1，青灰色砂岩磨制而成。两侧斜直，一面磨制光滑，另一面有打制痕迹。残长6.9、残宽2.8厘米（图九；图版一，1、2）。

（2）陶器

陶罐　5件。

2016GCCJ：2，褐色硬陶，侈口，卷沿，尖圆唇。沿面内侧有一周凸棱。器表施方格纹。残高3.8厘米（图一〇，1；图版一，3）。

2016GCCJ：3，褐色硬陶，敛口，折沿，方唇。器表施方格纹。残高2.9厘米（图一〇，2；图版一，4）。

2016GCCJ：4，灰色硬陶，敞口，折沿，圆唇，沿面有一钻孔。素面。残高1.2厘米（图一〇，3）。

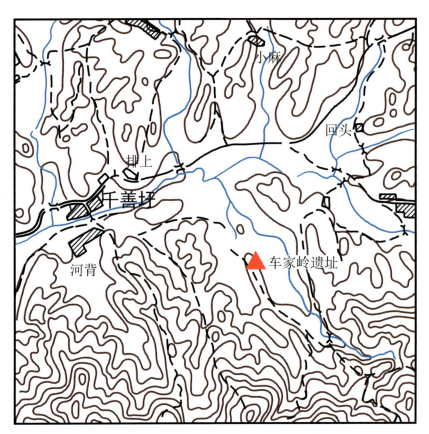

图六　车家岭遗址地貌示意图

2016GCCJ：5，泥制灰陶，敛口，沿内折，圆唇。素面。残高4.2厘米（图一〇，6）。

2016GCCJ：6，灰色硬陶，敛口，折沿，唇部残。器表施菱格纹。残高3.1厘米（图一〇，5）。

罐底　2件。

2016GCCJ：8，灰褐色硬陶，斜直腹，平底。素面。残高3.0厘米（图一〇，7）。

2016GCCJ：9，灰色硬陶，斜直腹，平底。素面。残高2.0厘米（图一〇，8）。

鼎足　3件。

2016GCCJ：10，夹砂灰陶，瓦状足，截面呈弧形。素面。残高4.6厘米（图一〇，10）。

2016GCCJ：11，夹砂灰褐陶，瓦状足，截面呈弧形。足外侧有按压痕迹。残高6.8厘米（图一〇，11；图版一，5、6）。

2016GCCJ：12，夹砂黄陶，扁锥状足，截面呈半圆形。素面。残高5.0厘米（图一〇，9；图版二，1、2）。

圈足　1件。

2016GCCJ：7，夹砂黄褐陶，矮圈足，底端微外撇。素面。残高3.2厘米（图一〇，4）。

3. 遗址性质与年代

车家岭遗址位于千善乡，该区域地形为一独立的小型盆地，地理位置和自然环境十分优越。将该遗址采集遗物与周边比较，可以看出瓦状鼎足具有夏至早商时期的特征，鹰潭角山便有此类鼎的发现；所见折沿罐，口沿内部多见凸棱，此类风格为商代晚期至西周时期常见。因此，车家岭遗址

图七　车家岭遗址远景图（由东北向西南）

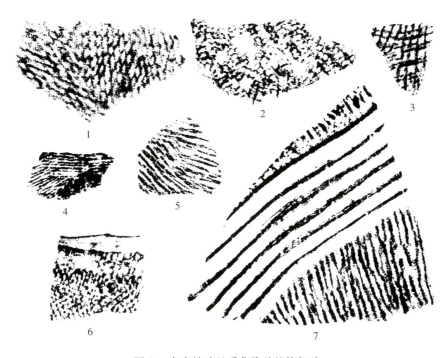

图八　车家岭遗址采集陶片纹饰拓片

1. 菱格纹　2、3、6. 方格纹　4、5. 绳纹　7. "绳纹" + "弦纹"

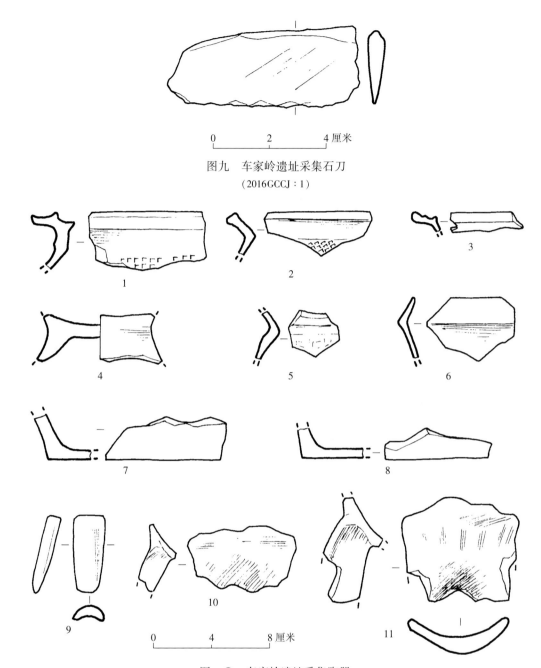

图九　车家岭遗址采集石刀
（2016GCCJ：1）

图一〇　车家岭遗址采集陶器

1~3、5~8. 陶罐（2016GCCJ：2、2016GCCJ：3、2016GCCJ：4、2016GCCJ：6、2016GCCJ：5、2016GCCJ：8、2016GCCJ：9）

9~11. 鼎足（2016GCCJ：12、2016GCCJ：10、2016GCCJ：11）　　4. 圈足（2016GCCJ：7）

的年代可推定为夏至西周时期。

该遗址的发现与初步研究，为区域文化序列的建立与聚落演进研究提供了十分重要的考古资料。

二　陈公寨遗址

1. 遗址概况

陈公寨遗址位于赤水镇陈公寨村（图一一），东距 206 国道约 80 米，东北距盱江约 160 米，东南距赤水邮政所约 130 米。地理坐标为北纬 26°41′49.9″，东经 116°21′57.1″，海拔 168 米（图一

1.石刀(2016GCCJ：1)(正面)　　　　　　　2.石刀(2016GCCJ：1)(背面)

3.陶罐(2016GCCJ：2)　　　　　　　　　4.陶罐(2016GCCJ：3)

5.陶鼎足(2016GCCJ：11)(正面)　　　　　6.陶鼎足(2016GCCJ：11)(背面)

图版一　车家岭遗址采集遗物

二）。陈公寨遗址为一斜坡地形，遗址区域平面呈不规则形，长径约 156 米，短径约 50 米，面积约 7000 平方米。遗址整体地势四周较高，中部稍低且平缓，现已被人为修整为菜地，地表植被较稀少，遗址中部现有一水塘（图一三）。

2. 遗物介绍

陈公寨遗址采集遗物较少，主要以印纹硬陶为主。硬陶陶色见有灰色、灰褐色，纹饰为交错绳纹（图一四，2、4）、绳纹（图一四，3）、菱格纹、折线纹、方格纹（图一四，1）等，器形主要为罐。

1.陶鼎足(2016GGJ：12)(正面)　　　　　　　　　　　2.陶鼎足(2016GCCJ：12)(背面)

图版二　车家岭遗址采集遗物

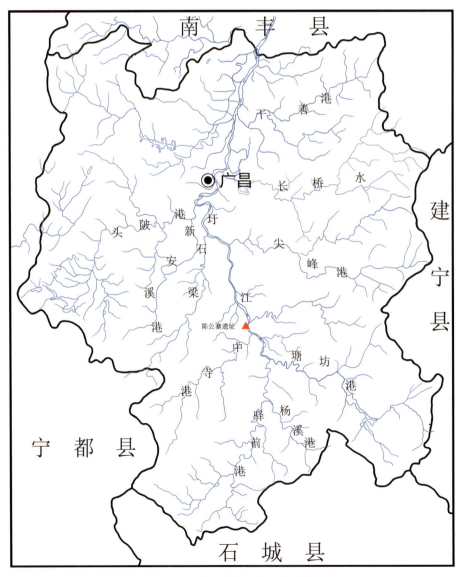

图一一　陈公寨遗址位置示意图

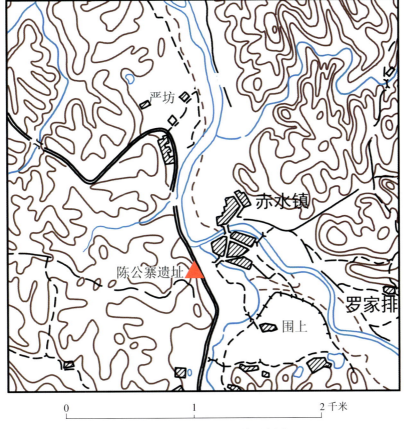

图一二 陈公寨遗址地貌示意图

图一三 陈公寨遗址远景图（由南向北）

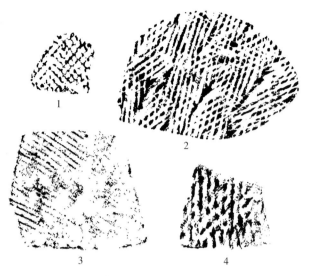

图一四　陈公寨遗址采集陶片纹饰拓片
1. 方格纹　2、4. 交错绳纹　3. 绳纹

3. 遗址性质与年代

由于遗址采集遗物较少，只能从陶片纹饰对遗址的年代做出初步推测。遗址所见折线纹和菱格纹为商周时期常见纹饰，小方格纹多见于周代。因此，可推断陈公寨遗址的年代为商周时期。

三　大雨山遗址

1. 遗址概况

大雨山遗址位于千善乡盖竹村委会云前小组（图一五），北距906县道约260米，东北距873县道约870米，东南距龙坑头（村）约450米。地理坐标为北纬26°56′00.7″，东经116°29′26.3″，海拔203米（图一六）。遗址为一缓坡山岗，地势南高北低，平面呈西北—东南不规则形，长径约198米，短径约83米。遗址现已被人为修整为梯田种植橘树，地表植被较为稀疏，遗址东北部处紧邻一杉树林（图一七）。

2. 遗物介绍

大雨山遗址采集遗物较多，主要为印纹硬陶，夹砂陶较少。印纹硬陶陶色有灰色、灰褐色、浅黄色、浅灰色，纹饰以小方格纹（图一八，1）、方格纹（图一八，2）、大方格纹（图一八，3）、大菱格纹、绳纹等，器形有尊、罐、钵、圈足器等；夹砂陶陶色有红色、浅红色、灰色，素面，器形见有罐、鼎（足）等。

（1）石器

石斧　1件。

2016GCDY：1，青灰色砂岩磨制而成，顶端残，两侧近直，底端双面磨制成刃。器表磨制光滑。残高9.1厘米（图一九，1；图版三，1、2）。

石器　2件。

2016GCDY：2，灰褐色砂岩磨制而成扁平状，平面近椭圆形。器表磨制光滑。长3.1、宽1.5

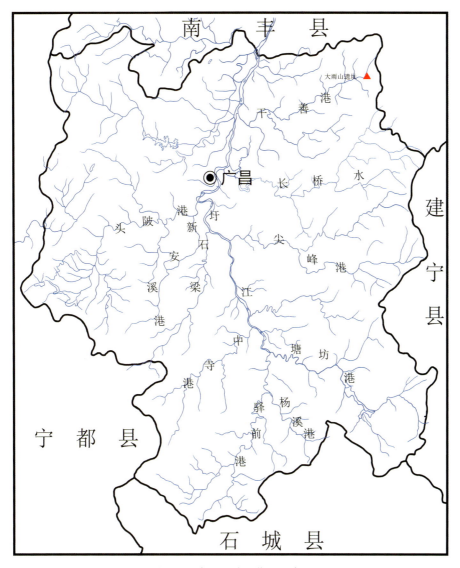

图一五　大雨山遗址位置示意图

厘米（图一九，2；图版三，3）。

2016GCDY：3，灰褐色砂岩磨制，大部残，一侧斜直。器表磨制较为光滑。残高 2.6 厘米（图一九，3）。

（2）陶器

陶罐　15 件。数量较多，据口部形态可分为以下三型：

A 型：3 件。侈口。

2016GCDY：4，灰色硬陶，折沿，圆唇。沿面内凹，素面。残高 2.4 厘米（图二〇，1）。

2016GCDY：12，灰色硬陶，卷沿，圆唇。素面。残高 2.2 厘米（图二〇，10）。

2016GCDY：17，灰色硬陶，微卷沿，方唇，唇面有一道凹槽。素面。残高 3.9 厘米（图二一，3）。

B 型：10 件。敛口。

2016GCDY：6，夹砂红褐陶，卷沿，圆唇。素面。残高 3.4 厘米（图二〇，3）。

2016GCDY：7，泥制黄陶，折沿，圆唇。器表施方格纹，大部分被抹平。残高 4.0 厘米（图

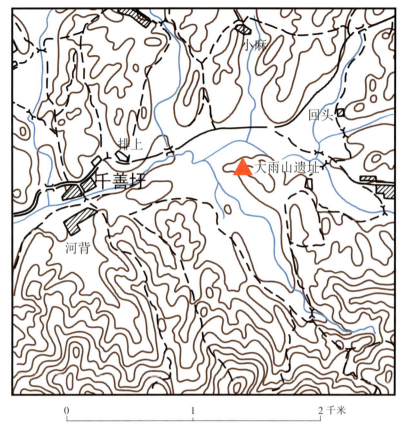

图一六　大雨山遗址地貌示意图

图一七　大雨山遗址远景图（由西北向东南）

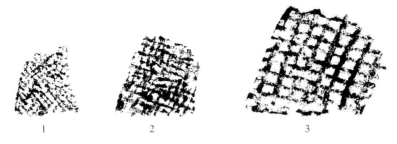

图一八　大雨山遗址采集陶片纹饰拓片

1. 小方格纹　2. 方格纹　3. 大方格纹

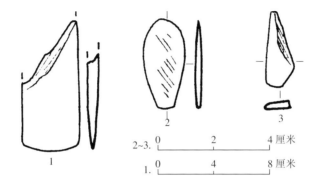

图一九　大雨山遗址采集石器

1. 石斧（2016GCDY：1）　2、3. 石器（2016GCDY：2、2016GCDY：3）

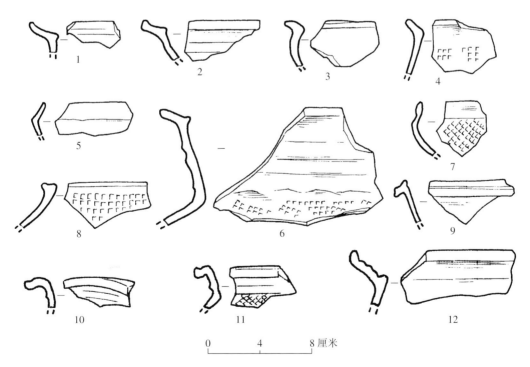

图二〇　大雨山遗址采集陶器

1~5、7~10、12. 罐（2016GCDY：4、2016GCDY：5、2016GCDY：6、2016GCDY：7、2016GCDY：8、2016GCDY：10、2016GCDY：11、2016GCDY：21、2016GCDY：12、2016GCDY：14）　6、11. 尊（2016GCDY：9、2016GCDY：13）

二〇，4）。

2016GCDY：8，夹砂灰陶，沿内折，圆唇。素面。残高2.4厘米（图二〇，5）。

2016GCDY：10，灰褐色硬陶，圆唇，弧腹。器表施菱格纹。残高4.3厘米（图二〇，7）。

2016GCDY：11，夹砂灰陶，圆唇，唇内侧见一周凹槽。器表施方格纹，大部分被抹平。残高3.4厘米（图二〇，8）。

2016GCDY：14，夹砂灰褐陶，折沿，圆唇。沿面有三道凸棱，素面。残高4.2厘米（图二〇，12）。

2016GCDY：15，灰色硬陶，折沿，方唇。沿面有一周凸棱，器表施菱格纹。残高4.4厘米（图二一，1；图版三，5）。

2016GCDY：18，灰色硬陶，折沿，斜方唇，沿面有一周凸棱，器表施菱格纹。残高3.2厘米（图二一，4）。

2016GCDY：20，灰褐色硬陶，折沿，圆唇。器表施方格纹。残高5.6厘米（图二一，5；图版三，6）。

2016GCDY：22，夹砂黄陶，折沿，圆唇。素面。残高5.6厘米（图二一，6）。

C型：2件。敞口。

2016GCDY：5，灰色硬陶，折沿，圆唇。器表可见轮制痕迹。残高2.9厘米（图二〇，2）。

2016GCDY：21，灰色硬陶，折沿，斜方唇。器表可见轮修痕迹，素面。残高3.2厘米（图二〇，9）。

陶尊　3件。

2016GCDY：9，灰色硬陶，高领，宽折沿，圆唇。器表施方格纹，颈部有轮制痕迹。残高8.6厘米（图二〇，6；图版三，4）。

2016GCDY：13，灰色硬陶，矮领，折沿，圆唇。器表施菱格纹，器内壁可见轮修痕迹。残高3.4厘米（图二〇，11）。

2016GCDY：16，灰色硬陶，敞口，微卷沿，斜方唇。素面。残高3.6厘米（图二一，2）。

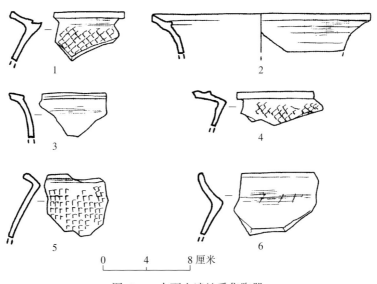

图二一　大雨山遗址采集陶器

1、3～6. 罐（2016GCDY：15、2016GCDY：17、2016GCDY：18、2016GCDY：20、2016GCDY：22）2. 尊（2016GCDY：16）

鼎足　5件。

2016GCDY：23，夹砂灰陶，瓦状足，截面呈圆弧形。素面。残高6.1厘米（图二二，1；图版四，1）。

2016GCDY：24，夹砂黄褐陶，扁足，截面呈扁圆形。足中部有一圆涡纹。残高4.8厘米（图二二，2；图版四，2）。

2016GCDY：25，夹砂黄陶，柱状足，截面呈菱形。素面。残高6.1厘米（图二二，3；图版五，2）。

2016GCDY：27，夹砂黄褐陶，瓦状足，截面呈弧形。素面。残高7.6厘米（图二二，5；图版四，5、6）。

2016GCDY：28，夹砂红陶，扁足。素面。残高4.3厘米（图二二，4）。

圈足　1件。

2016GCDY：19，灰褐色硬陶，内凹底，高圈足外撇。器表有轮修痕迹，素面。残高4.0厘米（图二二，6；图版五，1）。

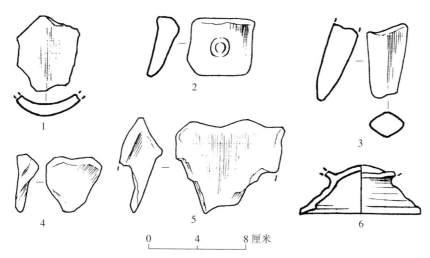

图二二　大雨山遗址采集陶器

1～5. 鼎足（2016GCDY：23、2016GCDY：24、2016GCDY：25、2016GCDY：28、2016GCDY：27）

6. 圈足（2016GCDY：19）

纺轮　1件。

2016GCDY：26，夹砂灰褐陶，圆饼状，上下面较为平整，中部有一圆形穿孔，截面近圆角长方形。素面。高0.9、直径3.5厘米（图二三；图版四，3、4）。

3. 遗址性质与年代

大雨山遗址处于千善乡所在的小型盆地，遗址为坡状山岗地形，处于盆地边缘，地形适合古人居住于此。从采集遗物情况看，该遗址年代主要可分为以下三组：

1组：以瓦状鼎足、扁平状圆涡纹鼎足、敛口罐等为代表。该

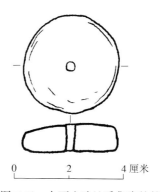

图二三　大雨山遗址采集陶纺轮

（2016GCDY：26）

组所见器形与角山遗址较为相近。年代应为夏商时期。

2组：以高领尊、敛口钵、大菱格纹、绳纹等为代表。该组所见器形可在吴城遗址找到形制相近者，可判断其年代应为商代晚期。

3组：以小方格纹等为代表。该组所见器物年代应为东周时期。

通过以上初步的年代判断，可以看出该遗址延续时间较长。该遗址的发现为区域考古学文化聚落、社会研究提供了十分重要的考古学材料。

1.石斧（2016GCDY：1）（正面）

2.石斧（2016GCDY：1）（背面）

3.石器（2016GCDY：2）

4.陶尊（2016GCDY：9）

5.陶罐（2016GCDY：15）

6.陶罐（2016GCDY：20）

图版三　大雨山遗址采集遗物

1.鼎足(2016GCDY：23)

2.鼎足(2016GCDY：24)

3.纺轮(2016GCDY：26)(正面)

4.纺轮(2016GCDY：26)(背面)

5.鼎足(2016GCDY：27)(正面)

6.鼎足(2016GCDY：27)(背面)

图版四 大雨山遗址采集陶器

四 黄家山遗址

1. 遗址概况

黄家山遗址位于盱江镇廖家坳村（图二四），东南距廖家坳屯山遗址约210米，西距坑口约350米，南距廖家坳约240米。地理坐标为北纬26°52′02.6″，东经116°18′26.8″，海拔149米（图二五）。黄家山遗址为一山岗地形，遗址平面呈不规则形，长径约172米，短径约127米。遗址地势中部较高，四周稍低，现已被人为修整为梯田种植橘树，地表植被较为稀疏（图二六）。

1.圈足（2016GCDY：19）

2.鼎足（2016GCDY：25）

图版五　大雨山遗址采集陶器

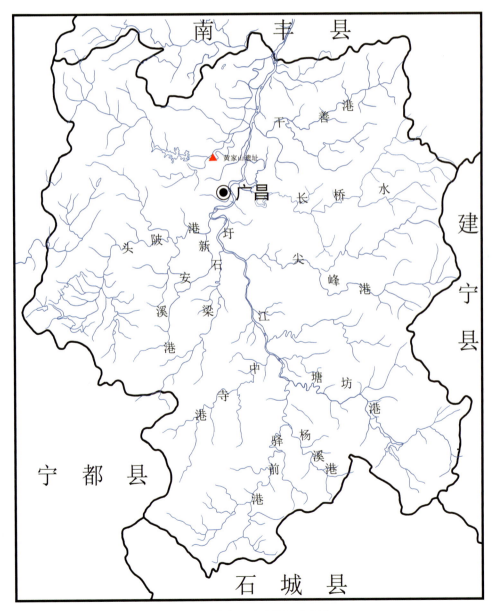

图二四　黄家山遗址位置示意图

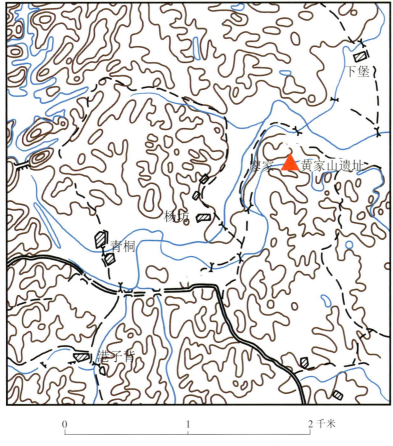

图二五　黄家山遗址地貌示意图

图二六　黄家山遗址远景图（由西南向东北）

图二七　黄家山遗址地层剖面

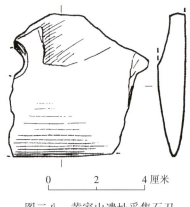

0　　2　　4厘米

图二八　黄家山遗址采集石刀
（2016GCHJ：1）

2. 地层堆积

在黄家山遗址清理地层剖面1处（图二七），地层堆积情况如下：

①层：红色砂质土，所获陶片主要为印纹硬陶，陶色为浅红色，纹饰有绳纹，器形不明。

②层：砂质土，红色略泛灰，所获陶片主要为夹砂陶，印纹硬陶较少。印纹硬陶陶色有灰色，纹饰有小方格纹，器形有罐；夹砂陶陶色有浅灰色、红色，素面，器形不明。

3. 遗物介绍

黄家山遗址采集遗物较少，主要有陶器和少量石器。

（1）石器

石刀　1件。

2016GCHJ：1，青灰色砂岩磨制而成，一侧近直，一侧及两端残，中部有一圆形对钻穿孔。器表磨制较为光滑。残高5.7厘米（图二八；图版六，1）。

（2）陶器

黄家山遗址采集陶片以印纹硬陶为主，夹砂陶较少。印纹硬陶陶色有浅灰色、灰褐色，纹饰有短线纹、小方格纹（图二九，7）、绳纹（图二九，1、2）、菱格纹（图二九，3、6）、重菱纹（图二九，4）、网纹（图二九，5），器形见有罐、尊；夹砂陶陶色为灰色，多为素面，器形见有罐。

陶罐　2件。

2016GCHJ：3，灰色硬陶，敛口，折沿，唇部残。器表施菱格纹。残高4.1厘米（图三〇，2）。

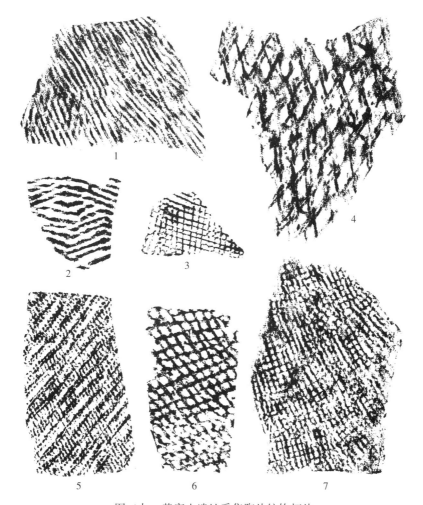

图二九　黄家山遗址采集陶片纹饰拓片

1、2. 绳纹　3、6. 菱格纹　4. 重菱纹　5. 网格纹　7. 小方格纹

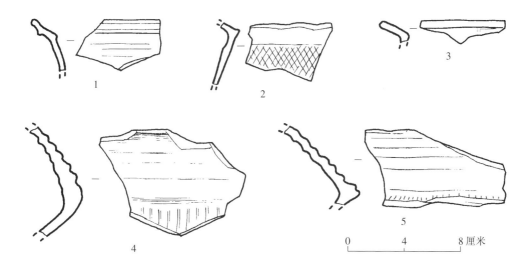

图三〇　黄家山遗址采集陶器

1、4、5. 尊（2016GCHJ：2、2016GCHJ：5、2016GCHJ：6）　2、3. 罐（2016GCHJ：3、2016GCHJ：4）

2016GCHJ：4，褐色硬陶，折沿，圆唇。素面。残高1.4厘米（图三〇，3）。

陶尊　3件。

2016GCHJ：2，夹砂灰陶，敞口，折沿，圆唇。口沿内外两侧均可见一周凸棱，素面。残高3.4厘米（图三〇，1；图版六，2、3）。

2016GCHJ：5，黄褐色硬陶，敛口，卷沿，唇部残。沿内壁可见数周凹槽，并见有轮修痕迹，器表施绳纹。残高7.3厘米（图三〇，4）。

2016GCHJ：6，灰色硬陶，敛口，宽折沿，唇部残。沿内壁有数道凹槽，器表施绳纹。残高5.8厘米（图三〇，5）。

4. 遗址性质与年代

黄家山遗址地处盱江沿岸，地理位置十分优越，属于典型岗地类遗址。

从该遗址采集遗物来看，器类见有尊、罐，纹饰多见菱格纹、绳纹、短线纹等。此类遗存与该地区商代晚期至西周时期所见器物十分相近，可初步推断该类遗存的年代为晚商至西周时期。黄家山遗址的发现与初步研究，为区域文化序列的建立提供了新材料，为抚河流域社会复杂化研究提供了新资料。

1.石刀(2016GCHJ：1)

2.陶尊(2016GCHJ：2)(正面)

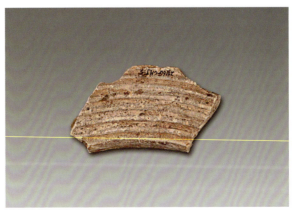

3.陶尊(2016GCHJ：2)(背面)

图版六　黄家山遗址采集遗物

五　廖家坳屯山遗址

1. 遗址概况

廖家坳屯山遗址位于盱江镇廖家坳村东北部（图三一），西南距廖家坳约 70 米，西北距黄家山遗址约 220 米，东北距张王庙约 450 米。地理坐标为北纬 26°51′56.0″，东经 116°18′19.4″，海拔 150 米（图三二）。该遗址为一斜坡山岗，地势中部高四周低。遗址平面形状呈西北—东南向不规则形，长径约 133 米，短径约 64 米。遗址地表大部被杂草和灌木丛覆盖，植被较为茂密。部分区域岩石暴露（图三三）。

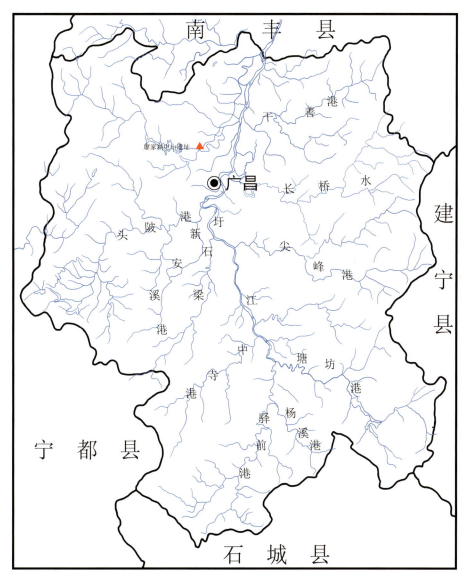

图三一　廖家坳屯山遗址位置示意图

2. 遗物介绍

廖家坳屯山遗址采集遗物较少，主要为印纹硬陶。硬陶陶色有灰黑色、灰色、灰褐色，纹饰见有小方格纹（图三四，1~4）、绳纹（图三四，5）、菱格纹（图三四，6）、粗绳纹，器形仅有罐。

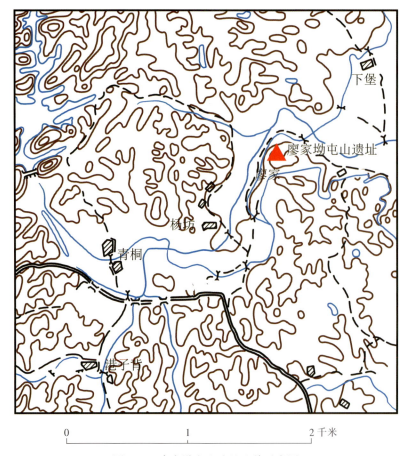

图三二　廖家坳屯山遗址地貌示意图

图三三　廖家坳屯山遗址全景图（由北向南）

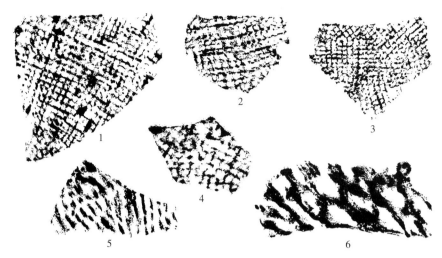

图三四 廖家坳屯山遗址采集陶片纹饰拓片

1~4. 小方格纹 5. 绳纹 6. 菱格纹

3. 遗址性质与年代

廖家坳屯山遗址采集遗物较少，从所见印纹硬陶片来看，多见烧制火候较高者。纹饰以小方格纹居多，该类纹饰为东周时期常见。所见大菱格纹硬陶等年代或更早。因此，可大致推测廖家坳屯山遗址的年代为东周时期或略早。该遗址的发现为区域文化序列建立提供了十分重要的考古学资料。

六 刘家堡遗址

1. 遗址概况

刘家堡遗址位于甘竹镇罗家村刘家堡东约 370 米（图三五），西北距 206 国道约 400 米。地理坐标为北纬 26°57′49.1″，东经 116°22′21.7″，海拔 121 米（图三六）。刘家堡遗址现为一斜坡山岗，地势北高南低，遗址平面呈西北—东南向不规则形，长径约 278 米，短径约 134 米。遗址现种植橘树，地表植被较为稀疏。遗址中部见有水塘两处（图三七）。

2. 遗物介绍

刘家堡遗址采集遗物较少，主要以印纹硬陶、原始瓷、石器为主。硬陶陶色主要为灰色，纹饰见有小方格纹，器形不明。

石斧 1 件。

2016GCLJ：1，红色砂岩磨制而成，顶端略残，两侧斜直，底端双面磨制成刃。器表较粗糙。残高 3.1 厘米（图三八；图版七）。

3. 遗址性质与年代

刘家堡遗址为缓坡山岗地形，属于典型的岗地类遗址。遗址采集遗物十分稀少，除了采集到 1 件石斧之外，还发现少量印纹硬陶残片，主要纹饰为小方格纹，此类纹饰多流行于两周时期。因此，初步判断刘家堡的年代为周代。

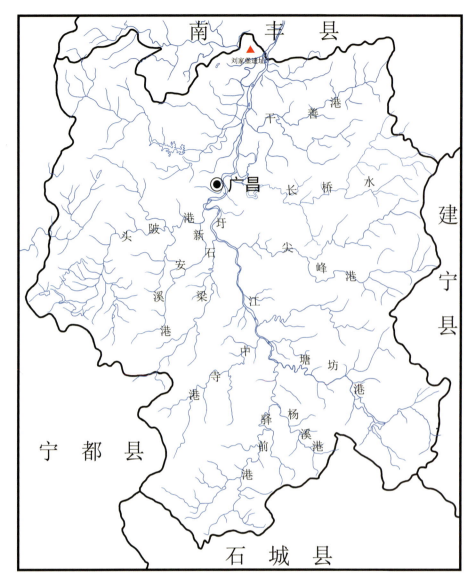

图三五　刘家堡遗址位置示意图

七　龙虎村遗址

1. 遗址概况

龙虎村遗址位于头陂镇龙虎村北侧（图三九），东距923乡道约180米，南距龙虎村约210米，西距头陂镇大屋下遗址约230米。地理坐标为北纬26°45′59.6″，东经116°11′53.6″，海拔170米（图四〇）。龙虎村遗址为一缓坡岗地，遗址整体地势东、西部高，中部低，平面呈西南—东北向不规则形，长径约296米，短径约78米。遗址现被人为修整为梯田，被杂草、灌木丛和小毛竹覆盖，地表植被茂密，村道从遗址中部贯穿（图四一）。

2. 遗物介绍

龙虎村遗址采集遗物较为丰富，主要为石器及陶片。

（1）石器

石刀　1件。

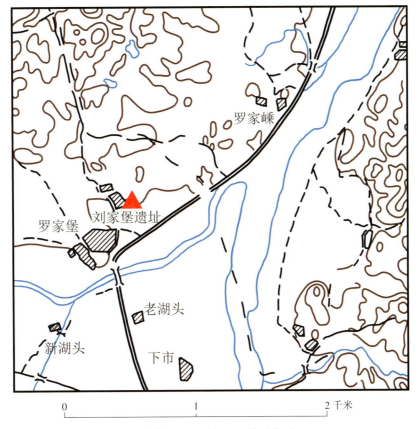

图三六　刘家堡遗址地貌示意图

图三七　刘家堡遗址远景图（由西南向东北）

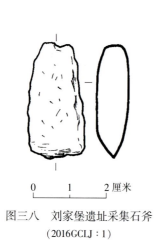

0   1   2厘米

图三八　刘家堡遗址采集石斧

（2016GCLJ：1）

石斧（2016GCLJ：1）

图版七　刘家堡遗址采集石斧

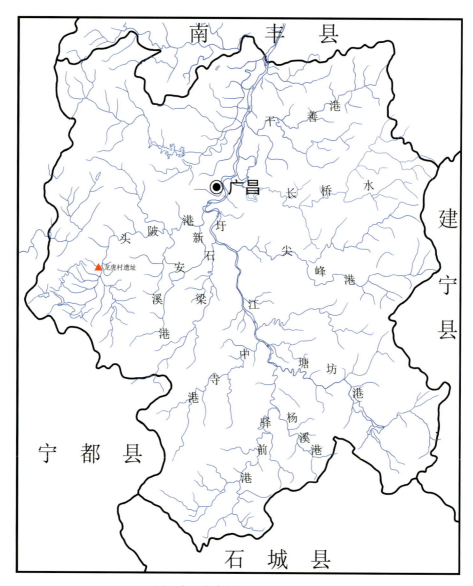

图三九　龙虎村遗址位置示意图

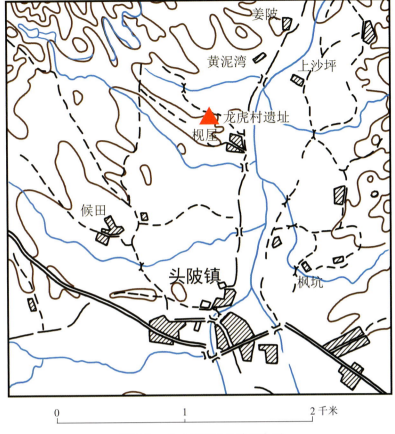

图四〇 龙虎村遗址地貌示意图

图四一 龙虎村遗址远景图（由西北向东南）

2016GCLH：1，黄褐色砂岩磨制而成，两侧斜弧，直背，刃部凹弧。器表磨制光滑。残长 8.1、残高 5 厘米（图四二）。

石锛　1 件。

2016GCLH：15，青灰色砂岩磨制，大部残，仅存刃部。单面磨制成刃，一面较为光滑。残高 2.3 厘米（图四三，1）。

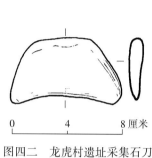

图四二　龙虎村遗址采集石刀

（2016GCLH：1）

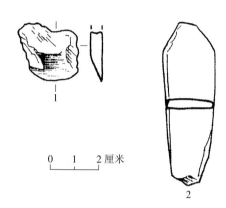

图四三　龙虎村遗址采集石器

1. 石锛（2016GCLH：15）　2. 石镞（2016GCLH：16）

石镞　1 件。

2016GCLH：16，青色页岩磨制而成，半成品。刃部斜直，锋部及铤部残。器表磨制较为光滑。残高 6.5 厘米（图四三，2；图版八，1、2）。

（2）陶器

以印纹硬陶为多，陶色有灰色、浅灰色、灰褐色，纹饰有小方格纹（图四四，2、3、5）、方格纹（图四四，1、4）、菱格纹（图四四，7、8）、绳纹（图四四，9、10）、"雷纹" + "方格纹"的组合纹饰（图四四，6），器形见有罐、瓮、尊；夹砂陶较少，陶色为红色，素面，器形有鼎（足）、罐。

陶罐　7 件。

2016GCLH：3，夹砂红陶，敛口，卷沿，圆唇。器表施菱格纹，大部分被抹平。残高 5.3 厘米（图四五，2；图版八，3）。

2016GCLH：5，灰褐色硬陶，敛口，折沿，圆唇。内外壁可见轮制痕迹。残高 3.0 厘米（图四五，4）。

2016GCLH：6，灰色硬陶，近直口，方唇。内外壁可见轮修痕迹。残高 2.8 厘米（图四五，5）。

2016GCLH：7，灰色硬陶，敛口，折沿，方唇。素面。残高 3.2 厘米（图四五，6）。

2016GCLH：8，褐色硬陶，口微敛，折沿，圆唇。器表施方格纹。残高 3.1 厘米（图四五，7）。

2016GCLH：10，褐色硬陶，近直口，高领，护耳残。颈部外侧有一周凸棱，器表施方格纹。残高 6.4 厘米（图四五，8；图版八，4）。

2016GCLH：14，褐色硬陶，敛口，卷沿，方圆唇。器表施小方格纹。残高 3.3 厘米（图四五，9）。

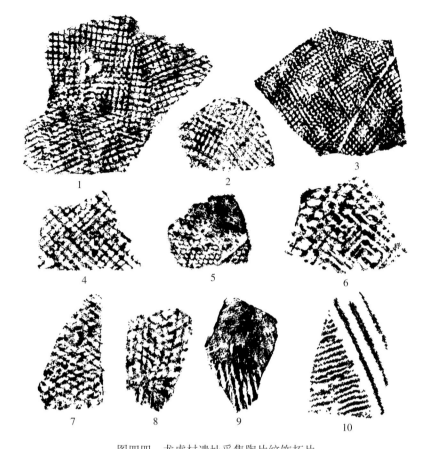

图四四　龙虎村遗址采集陶片纹饰拓片

1、4. 方格纹　2、3、5. 小方格纹　6. "雷纹" + "方格纹"　7、8. 菱格纹　9、10. 绳纹

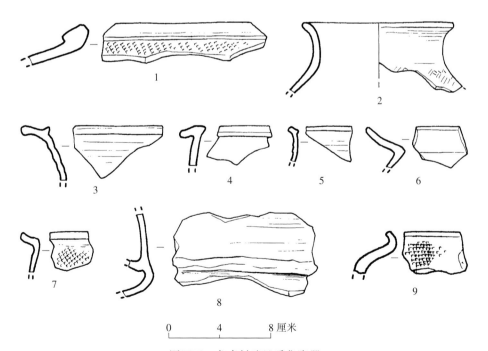

图四五　龙虎村遗址采集陶器

1. 瓮（2016GCLH：2）　2、4～9. 罐（2016GCLH：3、2016GCLH：5、2016GCLH：6、2016GCLH：7、
2016GCLH：8、2016GCLH：10、2016GCLH：14）　3. 尊（2016GCLH：4）

陶尊　1件。

2016GCLH：4，浅灰色硬陶，敞口，卷沿，圆唇。沿面有一周凸棱，口沿处有轮修痕迹，素面。残高4.4厘米（图四五，3）。

陶瓮　1件。

2016GCLH：2，黄褐色硬陶，敛口，卷沿，方唇。器表施方格纹。残高3.2厘米（图四五，1）。

甗腰残片　2件。

2016GCLH：9，夹砂黄褐陶，窄箅隔，斜直腹。素面。残高3.1厘米（图四六，2）。

2016GCLH：11，灰色硬陶，窄箅隔，斜腹，器内壁可见轮修痕迹。素面，残高3.3厘米（图四六，3；图版八，5、6）。

器底　1件。

2016GCLH：12，灰色硬陶，斜腹，平底。素面。残高1.6厘米（图四六，1）。

鼎足　1件。

2016GCLH：13，夹砂红陶，柱状足，截面略呈椭圆形。素面。残高9.6厘米（图四六，4；图版九）。

3. 遗址性质与年代

龙虎村遗址所处头陂镇是一处较为封闭的小型盆地，地理位置优越，遗址南侧600余米便是金盆山环壕遗址，两者应具有十分密切的关系。

从遗址采集遗物情况分析，其年代主要可分为以下两组：

1组：以高领尊、口沿内有凸棱、夹砂鼎足及雷纹为代表。此类遗存为抚河流域西周时期常见器类。特别是口沿内侧的凸棱，为地方特色。因此，可判断本组的年代为西周时期。

2组：以小方格纹、表面施釉的硬陶片，硬陶瓮等为代表。该组所见硬陶烧制火候较高，部分器表有施釉痕迹。此类特征为东周时期常见特征，可推测该组年代应为东周时期。

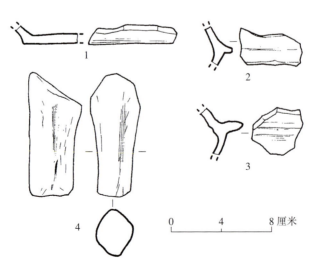

图四六　龙虎村遗址采集陶器

1. 器底（2016GCLH：12）　　2、3. 甗腰（2016GCLH：9、2016GCLH：11）　　4. 鼎足（2016GCLH：13）

1.石镞(2016GCLH：16)(正面)

2.石镞(2016GCLH：16)(背面)

3.陶罐(2016GCLH：3)

4.陶罐(2016GCLH：10)

5.陶甗腰(2016GCLH：11)(侧面)

6.陶甗腰(2016GCLH：11)(背面)

图版八　龙虎村遗址采集遗物

　　由以上分析可知，龙虎村遗址所见遗存的年代主要为周代。该遗址的发现与初步分析为区域文化序列建构及聚落形态研究提供了重要的考古材料。

八　罗家堡遗址

1. 遗址概况

　　罗家堡遗址位于甘竹镇罗家村东北方向（图四七），西距 206 国道约 90 米，西南距刘家堡约 440 米，东南距刘家堡遗址约 350 米。地理坐标为北纬 26°57′59.8″，东经 116°22′15.5″，海拔

陶鼎足（2016GCLH：13）

图版九 龙虎村遗址采集遗物

135 米（图四八）。遗址为一缓坡地带，地势中部高四周低，平面呈东北—西南向不规则形，长径约 197 米，短径约 160 米。遗址四周边沿地带为杉树林，中部已被人为修整为梯田种植橘树，地表植被较为稀少，西南部现为一养牛场（图四九）。

2. 遗物介绍

罗家堡遗址采集遗物较少，主要为印纹硬陶，另采集到一件石斧。

（1）石器

石斧 1 件。

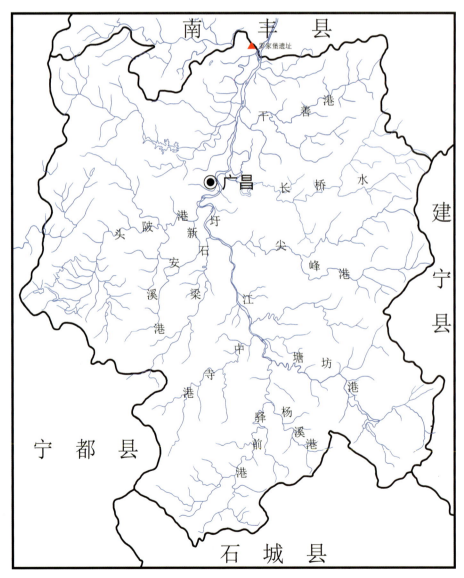

图四七 罗家堡遗址位置示意图

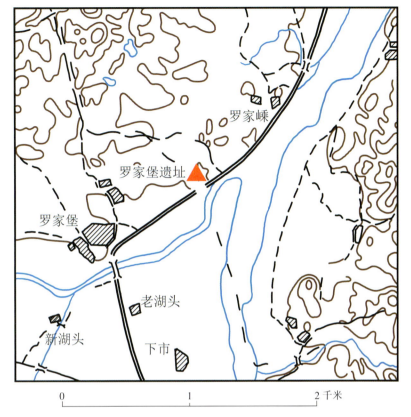

图四八　罗家堡遗址地貌示意图

图四九　罗家堡遗址远景图（由北向南）

2016GCLJB：1，黄褐色砂岩磨制，残半，平面大致呈三角形，两侧斜直，一端残，器表有磨制痕迹。残高8.3厘米（图五〇）。

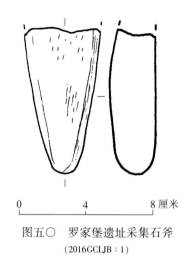

图五〇　罗家堡遗址采集石斧

（2016GCLJB：1）

（2）陶器

陶器主要为印纹硬陶，陶色有灰色、浅黄色，纹饰见有方格纹（图五一，1～3）、绳纹（图五一，4），部分器有施釉痕迹，器形仅有罐。

陶罐　1件。

2016GCLJB：2，灰色硬陶，侈口，宽折沿，斜方唇。沿面有轮修痕迹，素面。残高3.8厘米（图五二）。

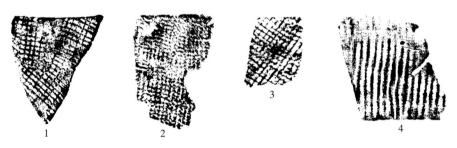

图五一　罗家堡遗址采集陶片纹饰拓片

1～3. 方格纹　4. 绳纹

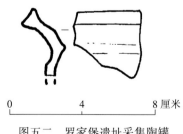

图五二　罗家堡遗址采集陶罐

（2016GCLJB：2）

3. 遗址性质与年代

由于罗家堡遗址采集遗物较少，对遗址的年代判断带来了较大困难。通过对采集陶片的初步分析，其所见方格纹陶片具有周代纹饰风格。结合陶罐口沿特征，可将该遗址的年代初步判断为周代。罗家堡遗址的发现为区域增加了先秦时期遗址的数量，同时也为区域聚落结构研究带来了新材料。

九 排上村林场遗址

1. 遗址概况

排上村林场遗址位于千善乡盖竹村委会半山小组（图五三），北距 906 县道约 450 米，东距车家岭遗址约 400 米，西北距元上（村）约 600 米。地理坐标为北纬 26°55′48.4″，东经 116°29′04.5″，海拔 209 米（图五四）。遗址为一岗地缓坡地带，地势南北两侧高，中部低。平面呈西北—东南向不规则形，长径约 394 米，短径约 205 米。遗址中部现被一村道贯穿，其余被人为修整为梯田种植橘树，地表植被较为稀疏（图五五）。

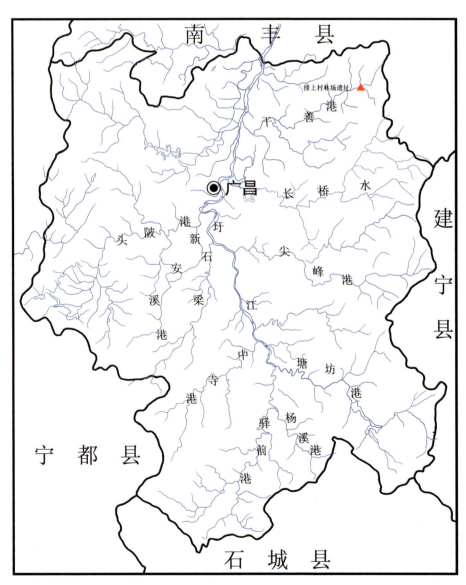

图五三 排上村林场遗址位置示意图

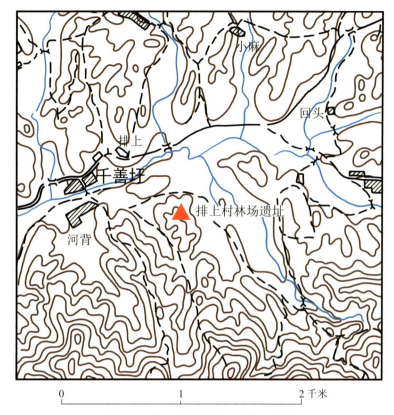

图五四　排上村林场遗址地貌示意图

图五五　排上村林场遗址远景图（由西南向东北）

2. 遗物介绍

排上村林场遗址采集遗物丰富，主要为印纹硬陶及夹砂陶，有少量泥质陶，另见有 1 件石斧。

（1）石器

石斧 1 件。

2016GCPS：1，黄色砂岩制成，两面磨制较平，顶端圆弧，底端有打击痕迹。残宽 4.6、残高 11.4 厘米（图五六，1；图版一〇，1、2）。

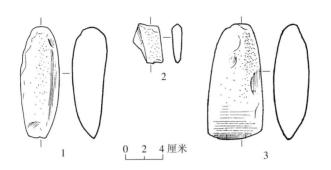

图五六 排上村林场遗址采集石器

1. 石斧（2016GCPS：1） 2、3. 石锛（2016GCPS：2、2016GCPS：10）

石锛 4 件。

2016GCPS：2，青灰色砂岩磨制而成，大部已残，顶端平直。器表磨制较光滑。残高 4.1 厘米（图五六，2）。

2016GCPS：10，红褐色砂岩磨制而成，两侧斜直，底端双面磨制成刃，较为规整。高 12.0 厘米（图五六，3；图版一〇，3、4）。

2016GCPS：4，黄色砂岩磨制而成，两端残，两侧近直，上下面较为平整，器表磨制光滑。残高 4.5 厘米（图五七，6；图版一一，5、6）。

2016GCPS：5，黄褐色砂岩磨制而成，顶部斜直，两侧近直，单面斜刃。器表磨制光滑。残高 5.2 厘米（图五七，7；图版一二，1、2）。

石矛 2 件。

2016GCPS：3，青灰色砂岩磨制而成，锋部残，两侧斜直，底端残，中部起脊。器表磨制光滑。残高 12.1 厘米（图五七，2；图版一〇，5、6）。

2016GCPS：7，青灰色页岩磨制而成，扁平状，刃部残甚，上下面平整，器身有一圆形对钻穿孔。器表磨制光滑。残高 10.7 厘米（图五七，1；图版一一，1）。

石镞 3 件。

2016GCPS：6，青灰色砂岩磨制而成，由石镞改制，锋部双面磨制成刀刃，两侧斜直，铤部平直。器表磨制光滑。残高 8.1 厘米（图五七，3；图版一一，2）。

2016GCPS：8，青灰色砂岩磨制而成，锋部及铤部均残，刃部斜直，中部起脊。器表磨制较为光滑。残高 2.9 厘米（图五七，5；图版一一，4）。

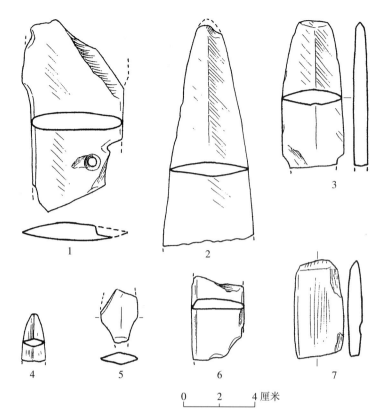

0　　2　　4厘米

图五七　排上村林场遗址采集石器

1、2. 石矛（2016GCPS：7、2016GCPS：3）　3~5. 石镞（2016GCPS：6、2016GCPS：9、2016GCPS：8）

6、7. 石锛（2016GCPS：4、2016GCPS：5）

2016GCPS：9，黄褐色砂岩磨制而成，三角形锋，较圆钝，刃部斜直，中部起脊，铤端残。器表磨制较为光滑。残高2.6厘米（图五七，4；图版一一，3）。

（2）陶器

印纹硬陶陶色有浅灰色、灰色、红色、灰黑色、灰褐色，纹饰有细线纹、叶脉纹、折线纹（图六二，1、2、4）、刻划折线纹（图六二，5）、重菱纹（图五九，7、9、11）、网纹、"重菱纹" + "圆点纹"组合纹饰（图六二，3）、菱格纹（图五九，6、8、10；图六〇，1、2、4、5、7）、方格纹（图五八，2、3、5；图五九，1、5）、弦纹（图六一，5）、"弦纹" + "绳纹"（图六一，4）、雷纹、小方格纹（图五八，1、4、6~10；图五九，2~4）、绳纹（图六〇，3、6、8、9；图六一，1~3、6~9）、交错绳纹（图六二，6）及器表施黑彩的陶片，部分器表施釉，器形见有器盖、罐等；夹砂陶陶色有红色、红褐色、浅黄色、灰色、灰褐色，主要为素面，部分器表见有绳纹，器形见有鼎（足）、罐、钵等；泥质陶陶色有灰色、黄色、多为素面，部分器表饰绳纹，可辨器形较少，仅见有盘。

陶罐　70件。数量较多，可按口部形态分为四型：

A型：侈口，折沿。16件。

Aa型：窄折沿。4件。

2016GCPS：14，灰色硬陶，方唇，唇面有一周凹槽。素面。残高2.4厘米（图六三，3）。

图五八 排上村林场遗址采集陶片纹饰拓片

1、4、6~10. 小方格纹　2、3、5. 方格纹

2016GCPS：21，灰色硬陶，圆唇。器表施菱格纹。残高6.2厘米（图六六，2）。

2016GCPS：24，灰色硬陶，方唇。内外器壁可见轮制痕迹。残高3.4厘米（图六三，6）。

2016GCPS：65，褐色硬陶，圆唇，沿外有一周凸棱。器表施方格纹。残高3.8厘米（图六四，4）。

Ab型：宽折沿。7件。

2016GCPS：31，夹砂灰陶，方唇，唇面有一周凹槽。素面。残高3.6厘米（图六三，10）。

2016GCPS：32，夹砂灰褐陶，圆唇，沿面有一周凸棱。器表施方格纹。残高2.8厘米（图六三，11）。

2016GCPS：36，灰色硬陶，圆唇。器表施方格纹。残高5.4厘米（图六三，12）。

2016GCPS：49，褐色硬陶，方唇，沿面内凹。器表施菱格纹，颈部有轮修痕迹。残高5.4厘米（图六三，18）。

2016GCPS：51，灰褐色硬陶，方唇。器表施方格纹，沿面有轮修痕迹。残高9.2厘米（图六

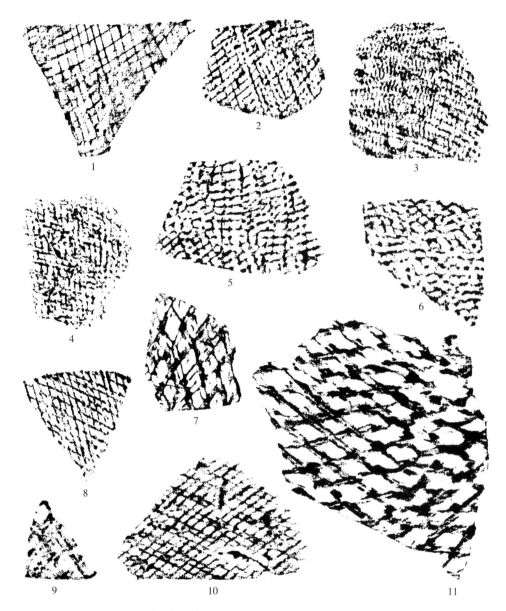

图五九　排上村林场遗址采集陶片纹饰拓片

1、5. 方格纹　2~4. 小方格纹　6、8、10. 菱格纹　7、9、11. 重菱纹

三，19；图版一三，2）。

2016GCPS：56，夹砂灰陶，斜方唇，沿面有数道凹槽。残高3.2厘米（图六三，22）。

2016GCPS：117，灰色硬陶，唇部残。器表施方格纹。残高8.0厘米（图六四，18）。

Ac型：卷沿。5件。

2016GCPS：34，灰色硬陶，圆唇，沿面内凹。器表施菱格纹。残高5.2厘米（图六六，4；图版一三，1）。

2016GCPS：50，灰色硬陶，斜方唇，唇面内凹。素面。残高3.8厘米（图六六，6）。

2016GCPS：77，夹砂灰褐陶，尖圆唇。素面。残高3.6厘米（图六四，10）。

2016GCPS：80，夹细砂黄陶，圆唇。素面。残高4.3厘米（图六六，12）。

2016GCPS：121，灰色硬陶，圆唇，沿面内凹。器表施方格纹，部分被抹平。残高3.7厘米

图六〇 排上村林场遗址采集陶片纹饰拓片
1、2、4、5、7. 菱格纹 3、6、8、9. 绳纹

（图六六，17）。

B 型：敛口。44 件。

Ba 型：窄折沿。10 件。

2016GCPS：26，灰色硬陶，敛口，圆唇。器表施菱格纹。残高 3.1 厘米（图六六，3）。

2016GCPS：41，灰色硬陶，斜方唇。沿面有轮修痕迹，器表施菱格纹。残高 2.4 厘米（图六三，14）。

2016GCPS：46，黄褐色硬陶，方唇，沿面有一周凸棱。器表施方格纹。残高 4.5 厘米（图六六，5）。

2016GCPS：55，灰色硬陶，圆唇。器表施方格纹。残高 3.6 厘米（图六六，8）。

2016GCPS：60，灰色硬陶，敛口，圆唇，折肩。器表施方格纹。残高 4.0 厘米（图六六，9）。

2016GCPS：73，夹砂浅黄陶，尖圆唇，沿面见有多道凹槽。素面。残高 3.8 厘米（图六五，5）。

2016GCPS：82，夹砂灰褐陶，唇部残。素面。残高 4.4 厘米（图六六，13）。

图六一　排上村林场遗址采集陶片纹饰拓片

1~3、6~9. 绳纹　4. "弦纹" + "绳纹"　5. 弦纹

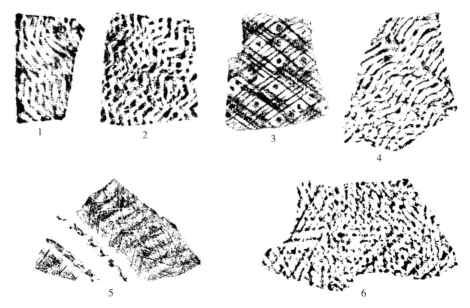

图六二　排上村林场遗址采集陶片纹饰拓片

1、2、4. 折线纹　3. "重菱纹" + "圆点纹" 组合纹饰　5. 刻划折线纹　6. 交错绳纹

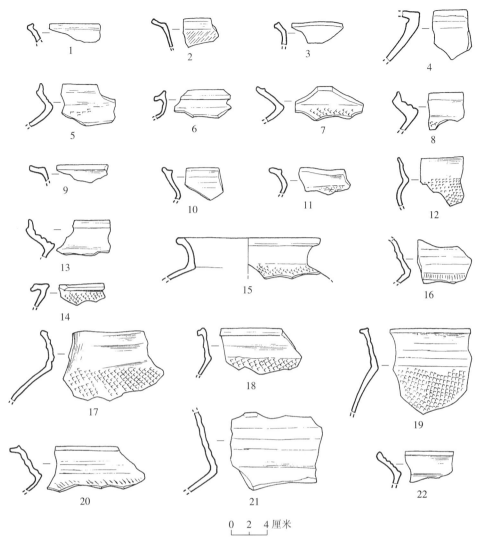

图六三 排上村林场遗址采集陶器

1~22. 罐（2016GCPS：11、2016GCPS：13、2016GCPS：14、2016GCPS：15、2016GCPS：16、2016GCPS：24、2016GCPS：27、2016GCPS：28、2016GCPS：29、2016GCPS：31、2016GCPS：32、2016GCPS：36、2016GCPS：39、2016GCPS：41、2016GCPS：42、2016GCPS：45、2016GCPS：48、2016GCPS：49、2016GCPS：51、2016GCPS：52、2016GCPS：54、2016GCPS：56）

2016GCPS：83，夹砂灰褐陶，唇部残。素面。残高3.6厘米（图六六，14）。

2016GCPS：85，夹砂黄陶，敛口，圆唇，折沿。素面。残高3.4厘米（图六六，15）。

2016GCPS：124，灰色硬陶，尖唇，沿面有一周凸棱。器表施交错线纹。残高2.3厘米（图六六，18）。

Bb型：宽折沿。21件。

2016GCPS：15，灰色硬陶，唇部残。素面。残高5.6厘米（图六三，4）。

2016GCPS：16，夹砂灰陶，斜方唇。器表施方格纹，大部分被抹平。残高4.4厘米（图六三，5）。

2016GCPS：27，夹砂灰陶，圆唇。沿面有一周凸棱，器表施方格纹。残高3.8厘米（图六三，7）。

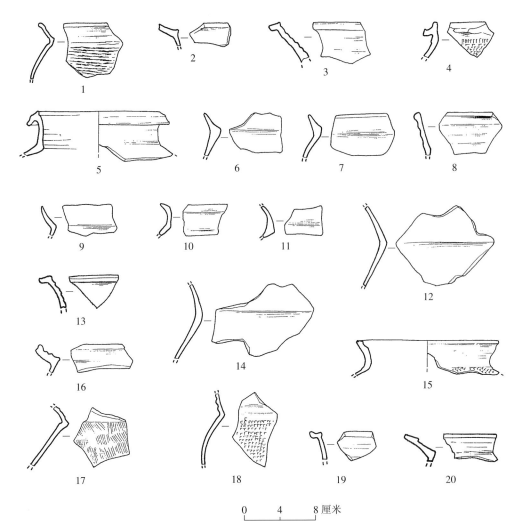

图六四　排上村林场遗址采集陶器

1～20. 罐（2016GCPS：57、2016GCPS：59、2016GCPS：64、2016GCPS：65、2016GCPS：66、2016GCPS：69、2016GCPS：70、2016 GCPS：74、2016GCPS：75、2016GCPS：77、2016GCPS：78、2016GCPS：79、2016GCPS：81、2016GCPS：84、2016GCPS：112、2016GCPS：114、2016GCPS：115、2016GCPS：117、2016GCPS：119、2016GCPS：122）

　　2016GCPS：28，夹砂灰陶，斜方唇，沿面内凹，有两周凸棱。器表施方格纹，大部分被抹平。残高4.1厘米（图六三，8）。

　　2016GCPS：39，夹砂灰陶，方唇内折。沿面有四周凹槽。素面。残高4.2厘米（图六三，13）。

　　2016GCPS：45，灰色硬陶，唇部残。器表施细绳纹。残高5.0厘米（图六三，16）。

　　2016GCPS：48，红色硬陶，方唇。器表施方格纹。残高7.7厘米（图六三，17；图版一二，5、6）。

　　2016GCPS：52，夹砂灰陶，圆唇，唇面内凹。器表施绳纹。残高4.8厘米（图六三，20）。

　　2016GCPS：53，夹砂灰陶，斜方唇。沿面有四周凹槽，器表施菱格纹，大部分被抹平。残高4.8厘米（图六六，7）。

　　2016GCPS：54，夹砂灰陶，唇部残。素面，器表有轮修痕迹。残高8.4厘米（图六三，21）。

　　2016GCPS：57，浅灰色硬陶，圆唇。器表施绳纹。残高6.0厘米（图六四，1）。

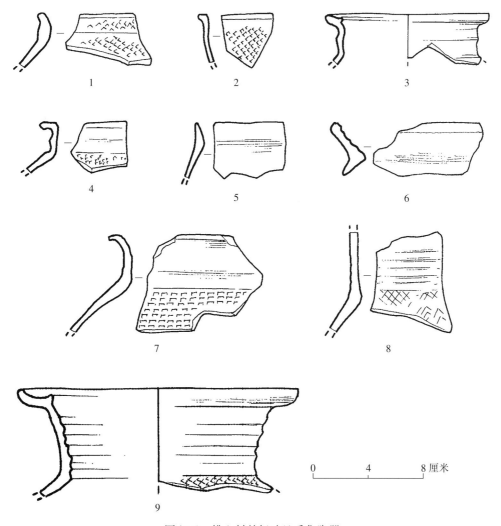

图六五 排上村林场遗址采集陶器

1~9. 罐（2016GCPS：25、2016GCPS：30、2016GCPS：33、2016GCPS：61、2016GCPS：73、2016GCPS：76、2016GCPS：47、2016GCPS：87、2016GCPS：120）

2016GCPS：69，夹砂红陶，唇部残。素面。残高4.4厘米（图六四，6）。

2016GCPS：70，夹砂黄褐陶，圆唇。素面。残高4.6厘米（图六四，7）。

2016GCPS：75，夹砂灰褐陶，尖圆唇。素面。残高3.2厘米（图六四，9）。

2016GCPS：76，夹砂黄陶，方唇内勾。素面。残高3.8厘米（图六五，6）。

2016GCPS：79，夹细砂黄陶，唇部残。素面。残高8.2厘米（图六四，12）。

2016GCPS：84，夹砂黄陶，唇部残。素面。残高8.0厘米（图六四，14）。

2016GCPS：114，夹砂灰陶，方唇，唇面内凹，沿面有轮修痕迹。素面。残高3.2厘米（图六四，16）。

2016GCPS：115，灰色硬陶，唇部残。器表施细线纹。残高6.8厘米（图六四，17）。

2016GCPS：118，夹砂黄褐陶，圆唇。器施方格纹，大部分被抹平。残高3.4厘米（图六六，16）。

2016GCPS：122，夹砂黄陶，圆唇，沿面有一周凸棱。内外壁可见轮修痕迹。素面。残高3.2

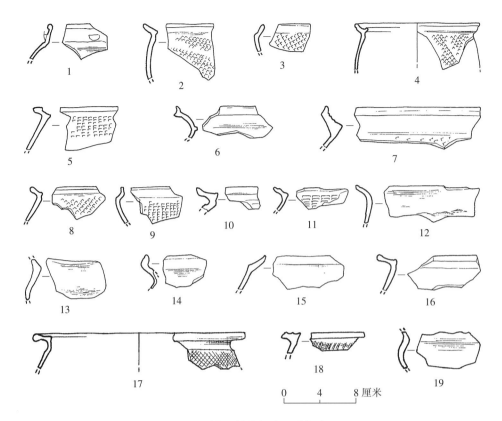

图六六　排上村林场遗址采集陶器

1~19. 罐（2016GCPS：20、2016GCPS：21、2016GCPS：26、2016GCPS：34、2016GCPS：46、2016GCPS：50、
2016GCPS：53、2016GCPS：55、2016GCPS：60、2016GCPS：62、2016GCPS：71、2016GCPS：80、2016GCPS：82、
2016GCPS：83、2016GCPS：85、2016GCPS：118、2016GCPS：121、2016GCPS：124、2016GCPS：125）

厘米（图六四，20）。

Bc 型：卷沿。13 件。

2016GCPS：20，灰色硬陶，圆唇。颈部可见一泥片堆塑，肩部有一凹弦纹。残高4.1厘米（图六六，1）。

2016GCPS：25，夹砂灰陶，唇部残。器表施菱格纹。残高3.8厘米（图六五，1）。

2016GCPS：33，灰色硬陶，尖圆唇，沿面微凹。内外壁可见轮制痕迹。残高3.6厘米（图六五，3）。

2016GCPS：42，浅灰色硬陶，圆唇。器表施方格纹。残高4.4厘米（图六三，15）。

2016GCPS：47，灰色硬陶，卷沿，尖圆唇。器表施方格纹。残高6.8厘米（图六五，7）。

2016GCPS：61，灰褐色硬陶，尖圆唇。器表施菱格纹。残高3.2厘米（图六五，4）。

2016GCPS：62，黄褐色硬陶，方唇。素面。残高2.4厘米（图六六，10）。

2016GCPS：66，灰褐色硬陶，斜方唇，沿面微凸。素面。残高5.6厘米（图六四，5）。

2016GCPS：71，夹细砂红陶，尖圆唇。器表施方格纹。残高2.5厘米（图六六，11）。

2016GCPS：78，夹砂黄陶，唇部残。素面。残高3.2厘米（图六四，11）。

2016GCPS：112，夹砂黄陶，方唇。器表施方格纹。残高4.0厘米（图六四，15）。

2016GCPS：120，灰色硬陶，尖圆唇，沿面内凹。颈部有轮修痕迹，器表施菱格纹，大部分被抹平。残高7.4厘米（图六五，9；图版一三，3、4）。

2016GCPS：125，夹砂灰陶，唇部残。素面。残高3.9厘米（图六六，19）。

C型：敞口。8件。

2016GCPS：11，灰色硬陶，斜方唇，唇面有一周凹槽，内外壁可见轮制痕迹。残高2.0厘米（图六三，1）。

2016GCPS：13，灰色硬陶，圆唇。器表施细线纹。残高3.0厘米（图六三，2）。

2016GCPS：29，红褐色硬陶，圆唇。素面。残高2.0厘米（图六三，9）。

2016GCPS：30，浅灰色硬陶，方唇。器表施方格纹。残高3.6厘米（图六五，2）。

2016GCPS：59，夹砂灰陶，方唇，沿面内凹。素面。残高2.6厘米（图六四，2）。

2016GCPS：64，浅灰色硬陶，圆唇。沿面有数周凹弦纹。残高4.4厘米（图六四，3）。

2016GCPS：81，褐色硬陶，圆唇，素面，器壁内侧有轮修痕迹。残高3.8厘米（图六四，13）。

2016GCPS：119，夹砂灰陶，方圆唇，沿面内凹。素面。残高3.1厘米（图六四，19）。

D型：直口。2件。

2016GCPS：74，夹砂灰黑陶，方唇，沿面有轮修痕迹。素面。残高5.0厘米（图六四，8）。

2016GCPS：87，夹砂黄陶，高领，口沿残，颈部外侧有轮修痕迹。器表施菱格纹。残高7.1厘米（图六五，8）。

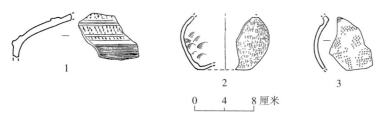

图六七 排上村林场遗址采集陶器
1. 肩部残片（2016GCPS：89） 2、3. 腹部残片（2016GCPS：88、2016GCPS：86）

腹部残片 2件。

2016GCPS：86，夹砂黄陶，侈口，口沿部位残，鼓腹。器表施方格纹。残高7.0厘米（图六七，3）。

2016GCPS：88，泥质灰陶，圆鼓腹，圜底内凹。器内壁可见捏制痕迹，器表施绳纹。残高7.1厘米（图六七，2；图版一二，3、4）。

肩部残片 1件。

2016GCPS：89，红色硬陶，折肩，肩上部及肩腹结合处均有一周凸棱，器表施黑彩绘线条和点状条纹。残高6.2厘米（图六七，1）。

陶盘 6件。

2016GCPS：17，泥质灰陶，敞口，卷沿，尖圆唇。素面。残高2.8厘米（图六八，1）。

2016GCPS：18，泥质灰陶，敞口，圆唇。器表内外壁可见明显轮制痕迹。残高2.4厘米（图六八，2）。

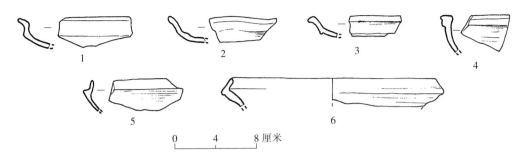

图六八 排上村林场遗址采集陶器

1～6. 盘（2016GCPS：17、2016GCPS：18、2016GCPS：67、2016GCPS：35、2016GCPS：68、2016GCPS：113）

2016GCPS：35，灰色硬陶，微敛口，方唇，唇外侧有一周凹槽。素面。残高 3.4 厘米（图六八，4）。

2016GCPS：67，灰色硬陶，敞口，方唇，腹部有一周凸棱。素面。残高 2.1 厘米（图六八，3）。

2016GCPS：68，泥质黄陶，敛口，沿内折，尖唇。素面。残高 3.0 厘米（图六八，5）。

2016GCPS：113，浅灰色硬陶，敛口，内折沿，圆唇。素面。残高 2.4 厘米（图六八，6）。

陶盆 7 件。

2016GCPS：12，灰色硬陶，敞口，折沿，圆唇。素面。残高 1.9 厘米（图六九，1）。

2016GCPS：22，夹砂灰陶，敛口，折沿，斜方唇，沿面内凹。口沿内侧见有轮制痕迹，器表施绳纹。残高 3.4 厘米（图六九，2）。

2016GCPS：37，夹砂红褐陶，敞口，斜方唇。素面。残高 3.2 厘米（图六九，3）。

2016GCPS：38，灰色硬陶，敛口，卷沿，圆唇，折肩。沿面见有一周凸棱，器表施方格纹。残高 3.2 厘米（图六九，4）。

2016GCPS：43，灰褐色硬陶，敞口，圆唇，斜弧腹。内外壁可见明显轮制痕迹，素面。残高 3.6 厘米（图六九，5）。

2016GCPS：44，灰色硬陶，敞口，圆唇，折沿，沿面有一周凸棱。素面。残高 2.2 厘米（图六九，6）。

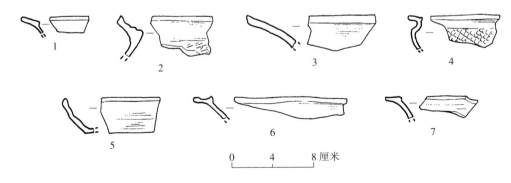

图六九 排上村林场遗址采集陶器

1～7. 盆（2016GCPS：12、2016GCPS：22、2016GCPS：37、2016GCPS：38、2016GCPS：43、2016GCPS：44、2016GCPS：58）

2016GCPS：58，灰褐色硬陶，敞口，折沿，圆唇。素面。残高2.0厘米（图六九，7）。

陶尊　1件。

2016GCPS：111，夹砂浅灰陶，敞口，折沿，圆唇。内外壁可见轮制痕迹。残高3.8厘米（图七〇，3）。

甑形器　1件。

2016GCPS：40，灰色硬陶，敞口，折沿，圆唇，沿面内凹，器表有轮修痕迹，素面。残高4.2厘米（图七〇，1）。

器耳　1件。

2016GCPS：90，夹砂黄陶，桥状附耳。素面。残高7.6厘米（图七〇，2）。

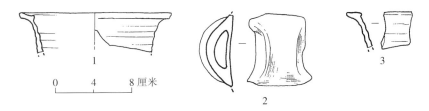

图七〇　排上村林场遗址采集陶器
1. 甑（2016GCPS：40）　2. 器耳（2016GCPS：90）　3. 尊（2016GCPS：111）

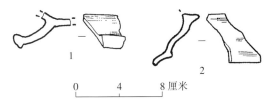

图七一　排上村林场遗址采集陶器
1～2. 圈足（2016GCPS：63、2016GCPS：123）

圈足　2件。

2016GCPS：63，灰褐色硬陶，高圈足，喇叭口状外撇。素面。残高3.2厘米（图七一，1）。

2016GCPS：123，红褐色硬陶，高圈足，喇叭口状外撇。器表有明显轮修痕迹。残高4.2厘米（图七一，2）。

鼎足　23件。鼎足可分为以下两型：

A型：瓦状足。17件。

2016GCPS：19，夹砂黄陶，截面呈圆弧形。素面。残高7.1厘米（图七二，1）。

2016GCPS：23，夹砂灰陶，截面呈圆弧形。素面。残高8.8厘米（图七二，2）。

2016GCPS：72，夹砂黄褐陶，截面略呈三角形。素面。残高4.2厘米（图七二，3）。

2016GCPS：91，夹砂灰陶，截面呈弧形。素面。残高6.4厘米（图七二，4）。

2016GCPS：92，夹砂灰褐陶，两侧外卷，截面呈弧形。素面。残高9.8厘米（图七二，5；图版一四，1、2）。

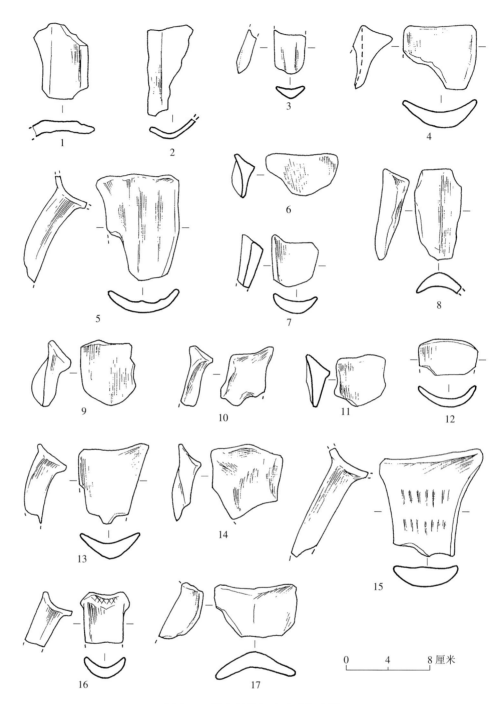

图七二　排上村林场遗址采集陶器

1~17. 鼎足（2016GCPS：19、2016GCPS：23、2016GCPS：72、2016GCPS：91、2016GCPS：92、2016GCPS：95 、
2016GCPS：97、2016GCPS：93、2016GCPS：99、2016GCPS：100、2016GCPS：102、2016GCPS：103、2016GCPS：104、
2016GCPS：105、2016GCPS：107、2016GCPS：109、2016GCPS：108）

2016GCPS：93，夹砂灰褐陶，截面略呈三角形。素面。残高8.8厘米（图七二，8）。

2016GCPS：95，夹砂黄陶，截面呈弧形。素面。残高3.8厘米（图七二，6）。

2016GCPS：97，夹砂黄陶，截面呈弧形。素面。残高5.0厘米（图七二，7）。

2016GCPS：99，夹砂灰褐陶，截面呈长条形。素面。残高6.4厘米（图七二，9）。

2016GCPS：100，夹砂黄陶，截面呈弧形。素面。残高5.3厘米（图七二，10）。

2016GCPS：102，夹砂灰褐陶。素面。残高4.9厘米（图七二，11）。

2016GCPS：103，夹细砂黄陶，截面呈弧形。素面。残高3.4厘米（图七二，12）。

2016GCPS：104，夹砂黄陶。素面。残高8.0厘米（图七二，13）。

2016GCPS：105，夹砂黄褐陶。素面。残高6.9厘米（图七二，14）。

2016GCPS：107，夹砂黄陶。截面呈扁圆形，一侧可见两排竖向短刻槽。残高9.8厘米（图七二，15；图版一四，3、4）。

2016GCPS：108，夹砂黄褐陶，截面呈弧形。素面。残高5.4厘米（图七二，17）。

2016GCPS：109，夹砂灰陶，截面呈弧形。器腹及近底施方格纹，足部素面。残高4.6厘米（图七二，16）。

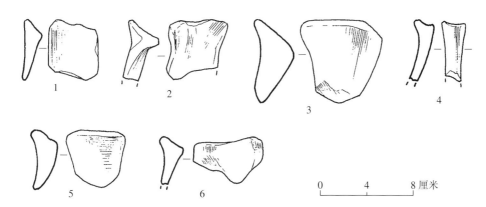

图七三　排上村林场遗址采集陶器

1～6. 鼎足（2016GCPS：94、2016GCPS：96、2016GCPS：98、2016GCPS：101、2016GCPS：110、2016GCPS：101）

B型：扁状足。6件

2016GCPS：94，夹砂黄陶，截面呈长条形。素面。残高5.0厘米（图七三，1）。

2016GCPS：96，夹砂灰陶。素面。残高5.0厘米（图七三，2）。

2016GCPS：98，夹砂红陶，截面呈椭圆形。素面。残高6.6厘米（图七三，3）。

2016GCPS：101，夹砂灰褐陶。素面。残高3.8厘米（图七三，6）。

2016GCPS：106，夹砂黄陶，截面呈半圆形。残高4.5厘米（图七三，5）。

2016GCPS：110，夹砂红褐陶，柱状足，截面近半圆形。素面。残高5.0厘米（图七三，4）。

纺轮　1件。

2016GCPS：116，夹砂黄褐陶，呈喇叭形，一面平整，一面有柱状凸起，中部有一圆形穿孔。器表施细绳纹。残高2.3、直径4.2厘米（图七四；图版一三，5、6）。

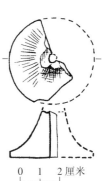

图七四　排上村林场遗址采集陶纺轮
（2016GCPS：116）

3. 遗址性质与年代

排上村林场遗址位于千善乡小型盆地边缘地带，遗址三面紧邻河道，地理位置十分优越。通过调查，发现遗址面积较大，且周边遗址较为密集，说明这一区域是古人宜居之地。由于采集遗物十分丰富，根据采集遗物情况分析，该遗址年代可分为三组：

1组：以瓦状鼎足、大方格纹硬陶为代表。该组遗物与以往发现的角山遗址有较多相似之处，其年代大致为夏商时期。

1.石斧(2016GCPS：1)(正面)

2.石斧(2016GCPS：1)(侧面)

3.石锛(2016GCPS：10)(正面)

4.石锛(2016GCPS：10)(背面)

5.石矛(2016GCPS：3)(正面)

6.石矛(2016GCPS：3)(背面)

图版一〇　排上村林场遗址采集石器

　　2组：以硬陶罐、器盖、绳纹、雷纹、方格纹、折线纹等为代表。该组器物以陶罐为多，其口部特征具有西周时期陶器的特征。另外雷纹、方格纹、折线纹也流行于商周时期。因此，可推断该组的年代为商周时期。

　　3组：以小方格纹硬陶为代表。该组所见陶器为区域内东周时期常见，可推断其年代应为东周时期。

　　通过以上分析，排上村林场遗址有着较长的延续时间。该遗址的发现与初步研究，为区域文化序列建立及社会演进等方面的研究提供了十分重要的考古学资料。

1.石矛(2016GCPS：7)

2.石锛(2016GCPS：6)

3.石镞(2016GCPS：9)

4.石镞(2016GCPS：8)

5.石锛(2016GCPS：4)(正面)

6.石锛(2016GCPS：4)(背面)

图版一一　排上村林场遗址采集石器

1.石锛（2016GCPS：5）（正面）　　　　　　2.石锛（2016GCPS：5）（背面）

3.陶罐（2016GCPS：88）（正面）　　　　　4.陶罐（2016GCPS：88）（背面）

5.陶罐（2016GCPS：48）①　　　　　　　6.陶罐（2016GCPS：48）②

图版一二　排上村林场遗址采集遗物

一〇　排下山Ⅰ号遗址

1. 遗址概况

排下山Ⅰ号遗址位于甘竹镇排下村西北处（图七五），东南距排下村 110 米，东距 206 国道约 410 米，西南距排下山Ⅲ号遗址约 200 米。地理坐标为北纬 26°56′36.6″，东经 116°21′35.8″，海拔 131 米（图七六）。排下山Ⅰ号遗址为一缓坡山岗地形，地势中北部略高，其余区域较低。北侧被人为取土形成断崖，遗址平面为东西向不规则形，长径约 136 米，短径约 96 米。遗址东南部被杉

1.罐（2016GCPS：34）

1.罐（2016GCPS：51）

3.罐（2016GCPS：120）（正面）

4.罐（2016GCPS：120）（背面）

5.纺轮（2016GCPS：116）（侧面）

6.纺轮（2016GCPS：116）（顶面）

图版一三　排上村林场遗址采集陶器

树、毛竹、灌木丛所覆盖，地表植被较茂密，其余区域被人为修整为梯田种植橘树，地表植被较稀疏（图七七）。

2. 遗物介绍

排下山Ⅰ号遗址采集遗物较少，见有少量石器和陶器残片。

（1）石器

石镞　3件。

1.鼎足(2016GCPS：92)(正面)　　　　2.鼎足(2016GCPS：92)(背面)

3.鼎足(2016GCPS：107)(正面)　　　　4.鼎足(2016GCPS：107)(背面)

图版一四　排上村林场遗址采集陶器

2016GCPXⅠ：3，青灰色砂岩磨制而成，锋部及铤部均残，器身中部起脊。器表磨制较为光滑。残高6.0厘米（图七八，1；图版一五，3、4）。

2016GCPXⅠ：4，青灰色闪长岩磨制而成，弧状锋，铤部残，截面呈扁圆形。器表磨制光滑。残高1.9厘米（图七八，3）。

2016GCPXⅠ：5，青灰色闪长岩磨制而成，锋部及铤部残，刃部斜直，较锐利，器身中部起脊。器表磨制较为光滑。残高3.4厘米（图七八，2；图版一五，5、6）。

石锛　1件。

2016GCPXⅠ：2，青褐色页岩磨制而成，两端均残，器身中部起脊。器表磨制较为光滑。残长6.0、残高3.5厘米（图七八，4；图版一五，1、2）。

（2）陶器

陶器主要为印纹硬陶，夹砂陶较少。印纹硬陶陶色有灰色、灰褐色，纹饰见有菱格纹、网格纹（图七九，2、3）、交错绳纹（图七九，1、4），器形仅有罐；夹砂陶较少，陶色有灰色，多为素面，器形见有罐。

陶罐　1件。

2016GCPXⅠ：1，夹砂灰陶，口微敛，圆唇。素面。残高2.6厘米（图八〇）。

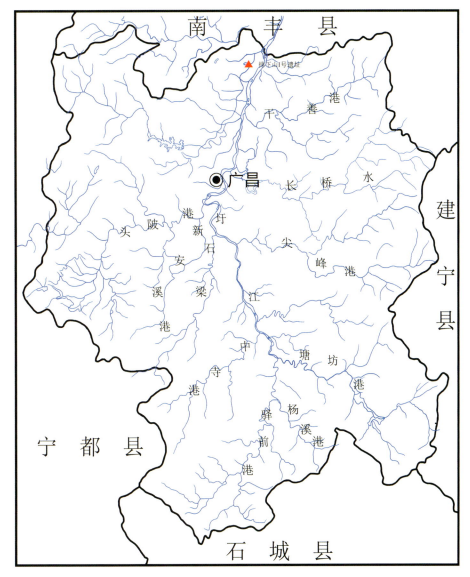

图七五　排下山Ⅰ号遗址位置示意图

3. 遗址性质与年代

排下山Ⅰ号遗址地处旴江沿岸，地理位置优越，为南北窄长坡状山岗。山岗顶部地势平坦。该遗址是一处典型的岗地类聚落。从采集到的陶片来看，主要为印纹硬陶器，烧制火候较高。纹饰以菱格纹、交错绳纹为主，其纹饰风格为商代晚期至西周时期常见。因此，可推测排下山Ⅰ号遗址的年代为晚商至西周时期。该遗址的发现与研究为区域文化发展及社会演进等方面的研究提供了十分重要的考古学资料。

一一　排下山Ⅱ号遗址

1. 遗址概况

排下山Ⅱ号遗址位于甘竹镇排下村东北处（图八一），东距 206 国道约 300 米，西南距排下村约 150 米，西距排下山Ⅰ号遗址约 100 米。地理坐标为北纬 26°56′37.2″，东经 116°21′41.2″，海

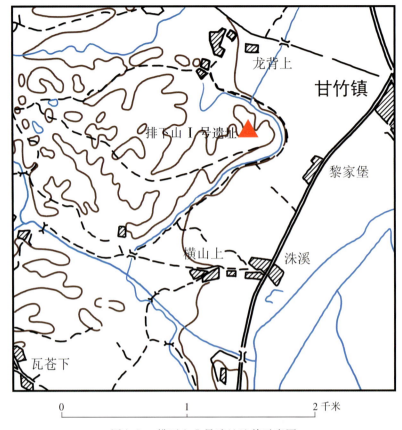

图七六　排下山Ⅰ号遗址地貌示意图

图七七　排下山Ⅰ号遗址全景图（由西北向东南）

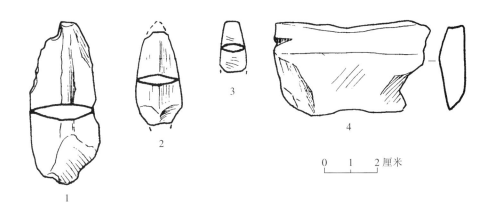

图七八 排下山Ⅰ号遗址采集石器

1~3. 石镞（2016GCPXⅠ:3、2016GCPXⅠ:5、2016GCPXⅠ:4） 4. 石锛 2016GCPXⅠ:2

图七九 排下山Ⅰ号遗址采集陶片纹饰拓片

1、4. 交错绳纹 2、3. 网格纹

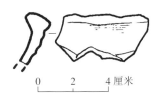

图八〇 排下山Ⅰ号遗址采集陶罐

（2016GCPXⅠ:1）

拔 129 米（图八二）。排下山Ⅱ号遗址为一缓坡山岗地带，地势北高南低。平面呈东北—西南向不规则形，长径约 161 米，短径约 88 米。遗址南侧被人为修整为梯田种植橘树，地表植被较为稀疏，北侧被杉树、杂草、灌木丛覆盖，地表植被较为茂密（图八三）。

2. 遗物介绍

排下山Ⅱ号遗址采集遗物较少，以印纹硬陶为主，夹砂陶较少。

印纹硬陶多呈灰色、灰褐色，纹饰有菱格纹（图八四，3~5）、绳纹（图八四，2）、雷纹（图八四，1）等，器形有罐；夹砂陶陶色为灰褐色，均为素面，主要器形有鼎（足）。

陶罐 3 件。

2016GCPXⅡ:1，灰色硬陶，敛口，折沿，方唇。器表施菱格纹。残高 4.1 厘米（图八五，1；图版一六）。

2016GCPXⅡ:2，夹砂灰陶，敛口，宽折沿，唇部残。口沿下施方格纹。残高 5.6 厘米（图八

1.石锛(2016GCPXⅠ:2)(正面)

2.石锛(2016GCPXⅠ:2)(背面)

3.石镞(2016GCPXⅠ:3)(正面)

4.石镞(2016GCPXⅠ:3)(背面)

5.石镞(2016GCPXⅠ:5)(正面)

6.石镞(2016GCPXⅠ:5)(背面)

图版一五　排下山Ⅰ号遗址采集石器

五，2）。

2016GCPXⅡ:3，褐色硬陶，敛口，卷沿，圆唇。器表有一贴塑泥片。残高4.2厘米（图八五，3）。

鼎足　1件。

2016GCPXⅡ:4，夹砂黄褐陶，瓦状足，截面呈弧形。素面。残高5.1厘米（图八五，4）。

3. 遗址性质与年代

排下山Ⅱ号遗址与Ⅰ、Ⅲ、Ⅳ号遗址处于同一条山岗之上，均临盱江，地理位置优越。该遗址

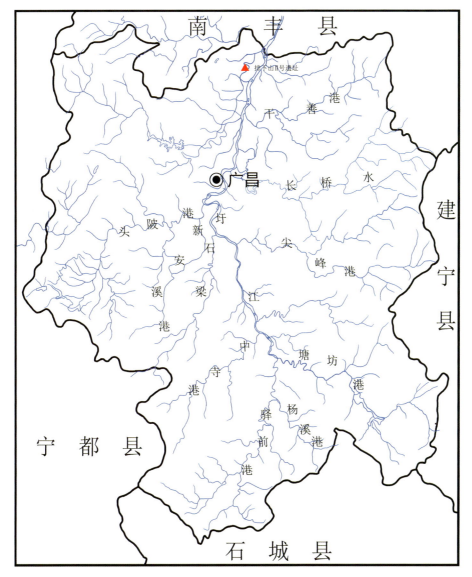

图八一　排下山Ⅱ号遗址位置示意图

是一处较为典型的岗地类聚落。排下山Ⅱ号遗址采集遗物较少。通过少量陶片及纹饰特征来看，其具有商周时期陶器特征。所见鼎足呈瓦状，年代为商代或更早。综合来看，该遗址的年代主要集中在商周时期。

一二　排下山Ⅲ号遗址

1. 遗址概况

排下山Ⅲ号遗址位于甘竹镇排下村西北侧（图八六），东南距排下村约 150 米，东距排下山Ⅰ号遗址约 180 米，西南距排下山Ⅳ号遗址约 360 米。地理坐标为北纬 26°56′36.2″，东经 116°21′29.3″，海拔 135 米（图八七）。遗址为一斜坡山岗，地势中部高四周低，平面呈南北向不规则形，长径约 191 米，短径约 178 米。遗址南部为现代公共墓地，杂草覆盖，北部已被人为修整种植橘树，地表植被较稀疏（图八八）。

图八二 排下山Ⅱ号遗址地貌示意图

图八三 排下山Ⅱ号遗址远景图（由西北向东南）

图八四 排下山Ⅱ号遗址采集陶片纹饰拓片

1. 雷纹 2. 绳纹 3~5. 菱格纹

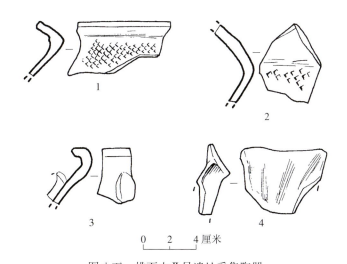

0　2　4厘米

图八五 排下山Ⅱ号遗址采集陶器

1~3. 罐（2016GCPXⅡ：1、2016GCPXⅡ：2、2016GCPXⅡ：3）　4. 鼎足（2016GCPXⅡ：4）

罐（2016GCPXⅡ：1）

图版一六 排下山Ⅱ号遗址采集陶器

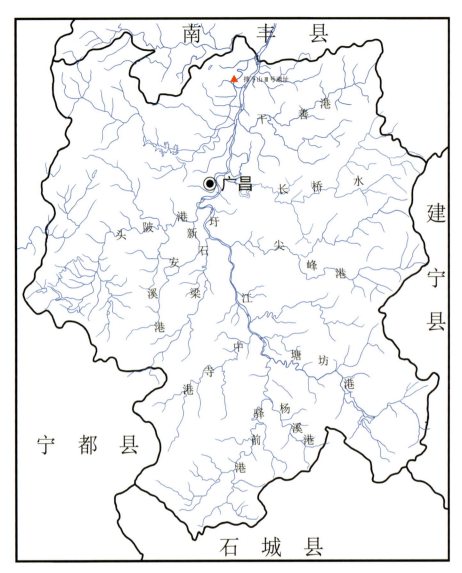

图八六　排下山Ⅲ号遗址位置示意图

2. 遗物介绍

排下山Ⅲ号遗址采集遗物较少，主要为印纹硬陶及少量石器。

（1）石器

石镞　1件。

2016GCPXⅢ：1，青灰色砂岩磨制而成，锋部及铤部均残，两侧刃部斜直，中部起脊。器表磨制光滑。残高2.1厘米（图八九，1；图版一七，2）。

石锛　1件。

2016GCPXⅢ：2，青色砂岩磨制而成，截面略呈方形，顶部残，两侧近直，单面磨制成刃。器表磨制较光滑。残高3.8厘米（图八九，2；图版一七，1）。

（2）陶器

印纹硬陶陶色有灰色、灰黑色，纹饰有绳纹（图九〇，1）、交错绳纹（图九〇，2），陶器多为残片，器形不可辨。

图八七 排下山Ⅲ号遗址地貌示意图

图八八 排下山Ⅲ号遗址远景图（由东北向西南）

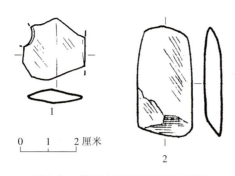

图八九　排下山Ⅲ号遗址采集石器　　　图九〇　排下山Ⅲ号遗址采集陶片纹饰拓片
1. 石镞（2016GCPXⅢ∶1）　2. 石锛（2016GCPXⅢ∶2）　　　1. 绳纹　2. 交错绳纹

3. 遗址性质与年代

排下山Ⅲ号遗址采集遗物较少。从陶片纹饰来看，多见绳纹，纹痕略细，其年代大致相当于商周时期。有关该遗址更详细的年代判断还需开展更多的考古工作。

1.石锛（2016GCPXⅢ∶2）　　　　　　　2.石镞（2016GCPXⅢ∶1）

图版一七　排下山Ⅲ号遗址采集石器

一三　排下山Ⅳ号遗址

1. 遗址概况

排下山Ⅳ号遗址位于甘竹镇排下山西南处（图九一），东北距排下山Ⅲ号遗址约360米，东距206国道约830米，东北距排下山约470米。地理坐标为北纬26°56′27.2″，东经116°21′18.0″，海拔135米（图九二）。遗址为一缓坡地带，地势西北高东南低，平面呈东北—西南向不规则形，长径约234米，短径约170米。遗址现已被人为修整为梯田种植橘树，地表植被较为稀疏，遗址东北部为现代公共墓地，种植有杉树（图九三）。

2. 遗物介绍

（1）石器

砺石　1件。

2016GCPXⅣ∶2，灰褐色砂岩，顶端平直，两侧竖直，底端有打击痕迹。器表较为平整。残高11.0厘米（图九四）。

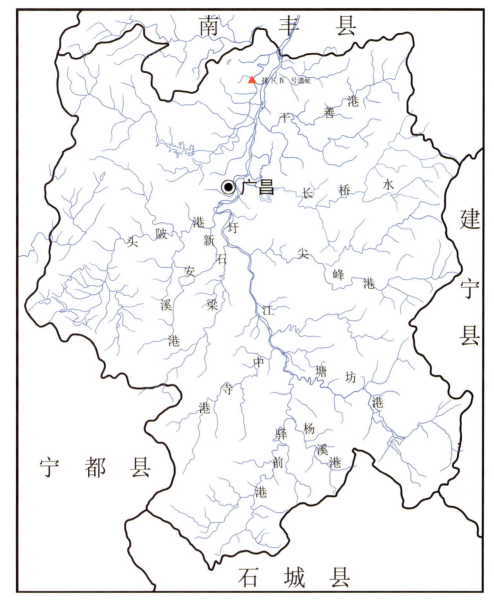

图九一　排下山Ⅳ号遗址位置示意图

（2）陶器

排下山Ⅳ号遗址采集陶器较少，以印纹硬陶为主，夹砂陶少见。印纹硬陶陶色有灰色、浅灰色，纹饰见有小方格纹（图九五，1~4）、绳纹、弦纹，器形有罐；夹砂陶陶色为浅黄色，纹饰见有小方格纹，其余均为素面，器形不明。

陶罐　1件。

2016GCPXⅣ：1，夹砂灰陶，敛口，方唇，矮领。领部外侧有一周凸棱。器表施方格纹，大部分被抹平，肩部有一周凹弦纹。残高4.3厘米（图九六）。

3. 遗址性质与年代

排下山Ⅳ号遗址是一处典型的岗地遗址，该遗址与Ⅰ、Ⅱ、Ⅲ号遗址位置较近，关系应十分密切。

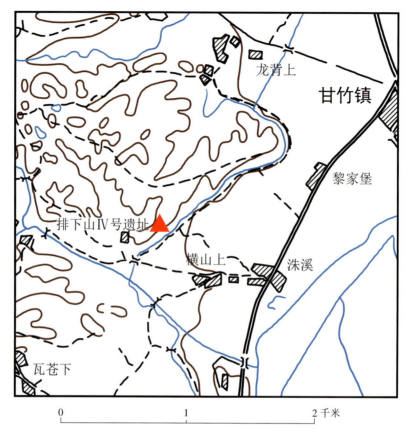

图九二　排下山Ⅳ号遗址地貌示意图

图九三　排下山Ⅳ号遗址远景图（由南向北）

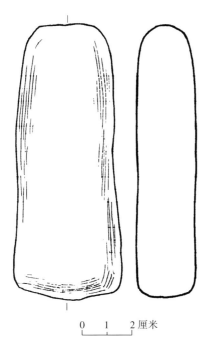

图九四　排下山Ⅳ号遗址采集砺石
（2016GCPXⅣ：2）

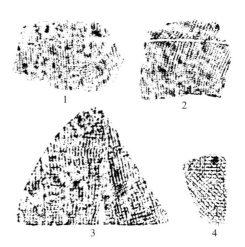

图九五　排下山Ⅳ号遗址采集陶片纹饰拓片
1～4. 小方格纹

从采集到的遗物来看，印纹硬陶陶质较硬，烧制火候较高，纹饰较为细密，多为小方格纹，此类纹饰多流行于东周时期，因此初步判断该遗址的年代为东周时期。

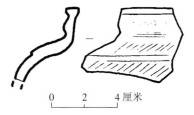

图九六　排下山Ⅳ号遗址采集陶罐
（2016GCPXⅣ：1）

一四　三前嵊遗址

1. 遗址概况

三前嵊遗址位于赤水镇严坊村东侧（图九七），西距

971 县道约 100 米，南距 894 乡道约 350 米，西北距旴江约 350 米。地理坐标为北纬 26°42′11.7″，东经 116°22′14.5″，海拔 164 米（图九八）。三前嵊遗址为一山岗，地势中部高四周低，遗址平面呈西北—东南向不规则形，长径约 188 米，短径约 74 米。遗址现被人为修整为梯田种植橘树，地表植被较为稀疏，遗址西侧被杂草、灌木丛和树木覆盖，地表植被较为茂密（图九九）。

2. 遗物介绍

三前嵊遗址采集遗物较少，见有两件石器和少量印纹硬陶残片。

（1）石器

石斧　2 件。

2016GCSQ：1，黄褐色砂岩磨制而成，顶端平直，两侧斜直，底端残。器表磨制光滑。残高 7.2 厘米（图一〇〇，1；图版一八，1）。

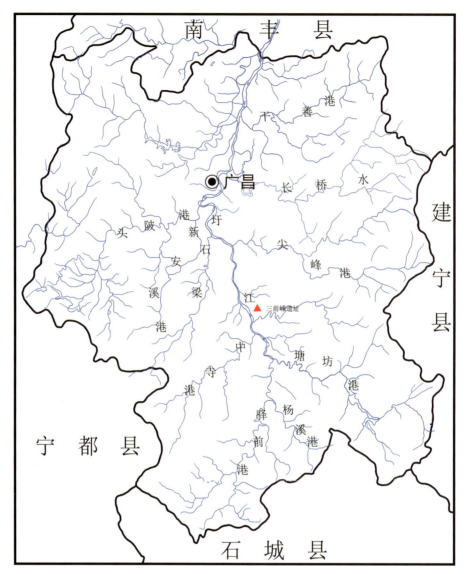

图九七　三前嵊遗址位置示意图

2016GCSQ：2，黄褐色砂岩磨制而成，两侧斜直，顶端有打制痕迹，底端单面磨制成刃。器表磨制光滑。残高 6.4 厘米（图一〇〇，2；图版一八，2）。

（2）陶器

印纹硬陶陶色主要为灰色，纹饰见有绳纹、菱格纹（图九八，1~3）、大菱格纹等，器形仅有罐。

3. 遗址性质与年代

三前嵊遗址是一处典型的岗地类遗址，遗址呈缓坡地形，地理位置较为优越。由于遗址采集遗物较少，通过对少量陶器纹饰进行比较分析，所见大菱格纹，是商代至西周时期的纹饰特征。因此，可初步判断三前嵊遗址的年代为商周时期。

一五　塘下村遗址

1. 遗址概况

塘下村遗址位于头陂镇塘下村西南约 240 米（图一〇二），南距 216 省道约 800 米，东距上塘

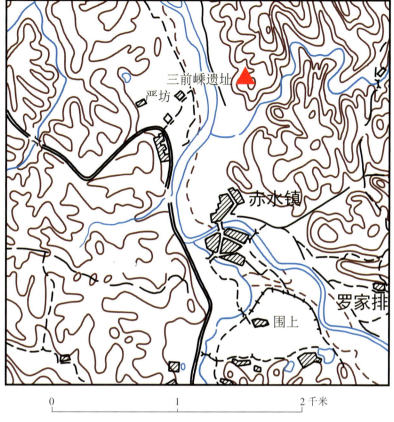

图九八 三前嵊遗址地貌示意图

图九九 三前嵊遗址远景图（由东南向西北）

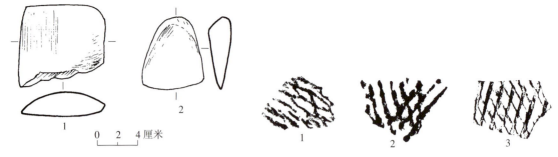

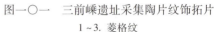

图一○○　三前嵊遗址采集石器　　　　　　图一○一　三前嵊遗址采集陶片纹饰拓片
1、2. 石斧（2016GCSQ：1、2016GCSQ：2）　　　　　　　1～3. 菱格纹

1.石斧（2016GCSQ：1）　　　　　　　　　2.石斧（2016GCSQ：2）

图版一八　三前嵊遗址采集石器

下约 260 米。地理坐标为北纬 26°44′12.2″，东经 116°12′24.3″，海拔 184 米（图一○三）。塘下村遗址为一山岗，地势中部高四周低，平面呈西北—东南向不规则形，长径约 216 米，短径约 148 米。遗址中部有一信号塔，地表被杉树、杂草和灌木丛覆盖，其余区域地表植被稀疏（图一○四）。

2. 遗物介绍

塘下村遗址采集遗物较少，均为印纹硬陶。陶色为灰色，纹饰见有小方格纹（图一○五，1）、绳纹（图一○五，2），均为残碎陶片，器形不可辨。

3. 遗址性质与年代

塘下村遗址是一处典型的岗地类遗址。由于遗址采集遗物较少，从纹饰来看，均为细小方格纹或绳纹，具有东周时期的纹饰风格。因此，可初步判断遗址的年代为东周时期。

一六　大屋下遗址

1. 遗址概况

大屋下遗址位于头陂镇龙虎村北侧（图一○六），西北距山家约 280 米，东南距龙虎村约 360 米，东距龙虎村遗址约 230 米。地理坐标为北纬 26°45′58.3″，东经 116°11′45.5″，海拔 173 米（图一○七）。大屋下遗址为一缓坡岗地，地势南高北低，遗址平面呈西北—东南向不规则形，长径约

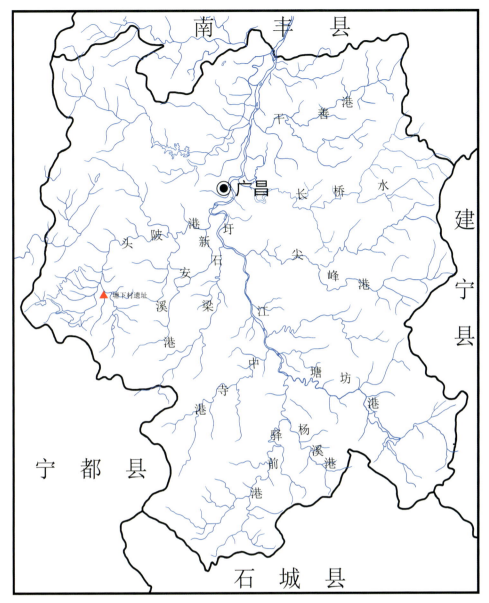

图一〇二　塘下村遗址位置示意图

233 米，短径约 84 米。遗址被人为修整为梯田，地表被杂草、灌木丛和毛竹所覆盖，植被较茂密（图一〇八）。

2. 遗物介绍

大屋下遗址采集遗物较少，主要为印纹硬陶和原始瓷，并发现少量夹砂陶残片。印纹硬陶陶色呈灰色、灰黑色，纹饰有小方格纹（图一〇九，1、2）、方格纹（图一〇九，3）、波浪纹，器形见有罐；夹砂陶多为红色，多素面，器形不明。

陶罐　2 件。

2016GCDW：1，灰色硬陶，侈口，折沿，尖圆唇。素面。残高 5.2 厘米（图一一〇，1）。

2016GCDW：2，灰色硬陶，口微敛，折沿，方唇。沿面刻划波浪纹，器表施方格纹，大部分被抹平。残高 2.6 厘米（图一一〇，2）。

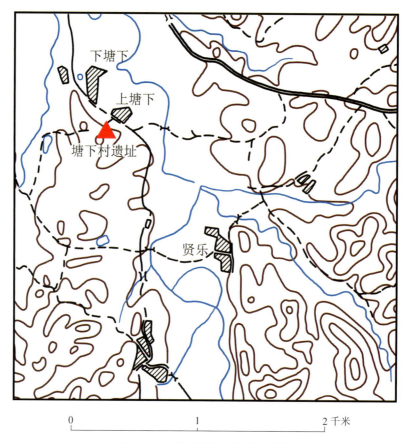

图一〇三　塘下村遗址地貌示意图

图一〇四　塘下村遗址远景图（由东南向西北）

图一○五 塘下村遗址采集陶片纹饰拓片

1. 小方格纹 2. 绳纹

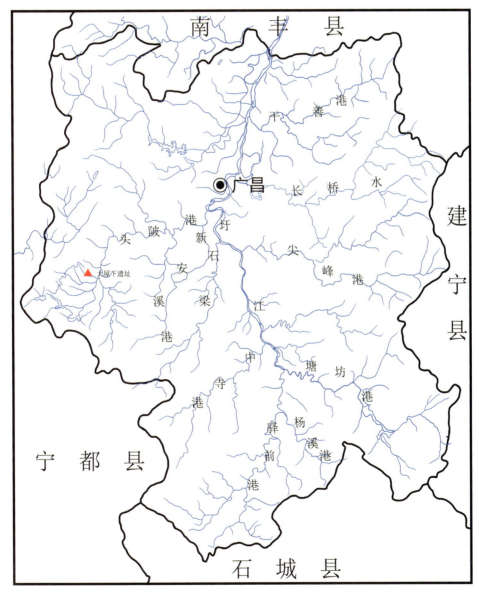

图一○六 大屋下遗址位置示意图

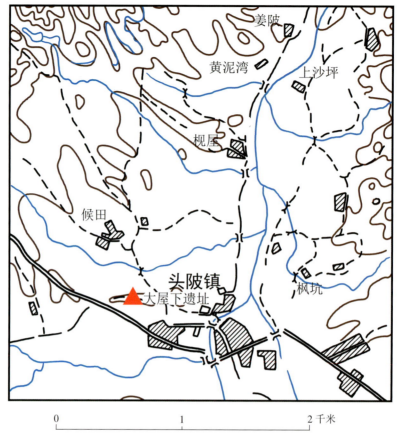

图一〇七　大屋下遗址地貌示意图

图一〇八　大屋下遗址远景图（由东北向西南）

图一〇九 大屋下遗址采集陶片纹饰拓片

1、2. 小方格纹 3. 方格纹

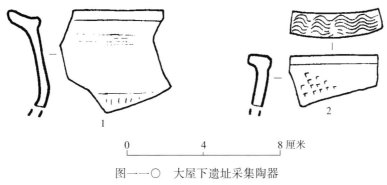

图一一〇 大屋下遗址采集陶器

1、2. 罐（2016GCDW：1、2016GCDW：2）

3. 遗址性质与年代

大屋下遗址是一处典型的岗地类遗址，所处地理位置十分优越。由于遗址采集遗物数量较少，从印纹硬陶纹饰来看，小方格纹具有东周时期的陶器特征，陶罐口沿所饰波浪状纹饰也具有东周时期陶器的特征。因此，初步推测该遗址的年代为东周时期。

一七 下尧Ⅰ号遗址

1. 遗址概况

下尧Ⅰ号遗址位于千善乡安源村（图一一一），东北部距下尧Ⅱ号遗址约320米，南距王泥塘村约830米，东南部紧邻906县道（图一一二）。地理坐标为北纬26°55′35.9″，东经116°27′46.1″，海拔192米。遗址为一山地缓坡地带，地势西北高东南低，平面呈东北—西南向不规则形，长径约169米，短径约69米。遗址被人为修整为梯田种植橘树，地表植被较稀疏（图一一三）。

2. 遗物介绍

下尧Ⅰ号遗址采集遗物较多，主要为石器及陶器。

（1）石器

石刀 1件。

2016GCXYⅠ：1，青石磨制而成，一侧斜直，两端残。器表磨制光滑。残长5.8、残宽3.3厘米（图一一四，1）。

石锛 1件。

2016GCXYⅠ：2，褐色砂岩磨制而成，两侧斜直，顶端平直，两侧近直，底端残。残高4.4厘

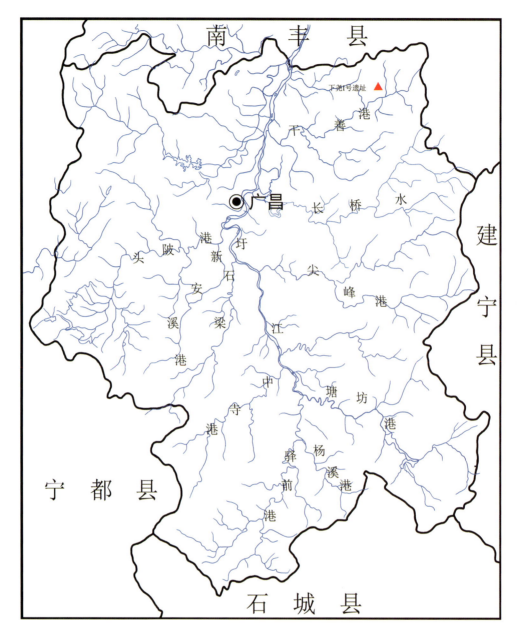

图一一一　下尧Ⅰ号遗址位置示意图

米（图一一四，2）。

（2）陶器

陶器以印纹硬陶为多，夹砂陶较少。印纹硬陶陶色有灰色、灰褐色，纹饰见有小方格纹（图一一五，4、9）、交错绳纹（图一一五，1、2）、短线纹（图一一五，5、7）、菱格纹（图一一五，3、6、8），器形主要为豆、罐；夹砂陶陶色有灰褐色、红色，均为素面，器形仅见鼎（足）。

陶罐　2件。

2016GCXYⅠ：3，灰色硬陶，敛口，宽折沿，圆唇。沿面有一周凸棱，颈部有轮修痕迹。器表施绳纹，大部分被抹平。残高3.8厘米（图一一六，1）。

2016GCXYⅠ：4，灰色硬陶，敞口，微卷沿，圆唇。素面。残高2.4厘米（图一一六，2）。

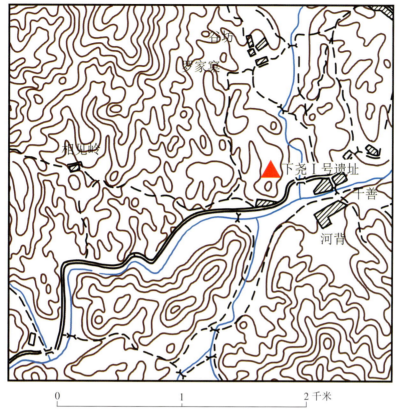

图一一二 下尧Ⅰ号遗址地貌示意图

图一一三 下尧Ⅰ号遗址远景图（由南向北）

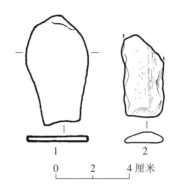

图一一四　下尧Ⅰ号遗址采集石器
（2016GCXYⅠ∶1）　2. 石锛（2016GCXYⅠ∶2）

图一一五　下尧Ⅰ号遗址采集陶片纹饰拓片
1、2. 交错绳纹　3、6、8. 菱格纹　4、9. 小方格纹　5、7. 短线纹

圈足　2件。

2016GCXYⅠ∶5，灰色硬陶，矮圈足外撇。素面。残高2.8厘米（图一一六，4）。

2016GCXYⅠ∶6，灰色硬陶。高圈足外撇，足外侧有一周凸棱。素面。残高3.0厘米（图一一六，3）。

鼎足　1件。

2016GCXYⅠ∶7，夹砂灰褐陶，柱状足。素面。残高5.6厘米（图一一六，5）。

3. 遗址性质与年代

下尧Ⅰ号遗址是一处典型的岗地类遗址，遗址所处地理位置十分优越。由于遗址采集遗物较

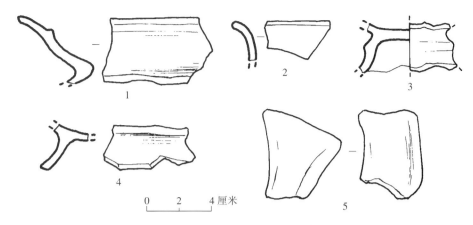

图一一六 下尧Ⅰ号遗址采集陶器

1、2. 陶罐（2016GCXYⅠ：3、2016GCXYⅠ：4） 3、4. 圈足（2016GCXYⅠ：6、2016GCXYⅠ：5） 5. 鼎足（2016GCXYⅠ：7）

少，对其年代判断较为困难。印纹硬陶多见交错绳纹、菱格纹，此类纹饰为抚河流域商周时期常见，所见鼎足具有更早年代的可能。因此，初步推断遗址的年代为商周时期。

一八 下尧Ⅱ号遗址

1. 遗址概况

下尧Ⅱ号遗址位于千善乡下尧村（图一一七），西南距下尧Ⅰ号遗址约 320 米，东南紧邻906 县道，西北距下尧村约 730 米。地理坐标为北纬 26°55′45.1″，东经 116°27′53.0″，海拔 192米（图一一八）。遗址为山岗地形，地势中部高四周低，遗址分布区域平面呈西北—东南向不规则形，长径约 140 米，短径约 85 米。遗址现被人为修整为梯田种植橘树，地表植被较为稀疏（图一一九）。

2. 遗物介绍

下尧Ⅱ号遗址采集遗物较少，主要为印纹硬陶和少量石器。

（1）石器 1 件。

残石器 1 件。

2017GCXYⅡ：1，黄色砂岩磨制而成，顶端平直，底端残，上下面均可见一条竖向磨制凹槽。器表磨制光滑。残高 6.0、残宽 5.8 厘米（图一二○）。

石镞 2 件。

2017GCXYⅡ：2，青灰色砂岩磨制而成，锋部残，刃部锐利，锥状铤，器身中部起脊。器表磨制光滑。残高 4.7 厘米（图一二一，1；图版一九，1）。

2017GCXYⅡ：3，灰褐色砂岩磨制而成，锋部残，刃部斜直，锥状铤，器身中部起脊。器表磨制光滑。残高 4.5 厘米（图一二一，2；图版一九，2）。

（2）陶器

印纹硬陶见有灰色、灰褐色，纹饰见有绳纹、交错绳纹、方格纹（图一二二，1、2），器形仅有罐；夹砂陶较少，陶色为灰色，素面，器形见有罐。

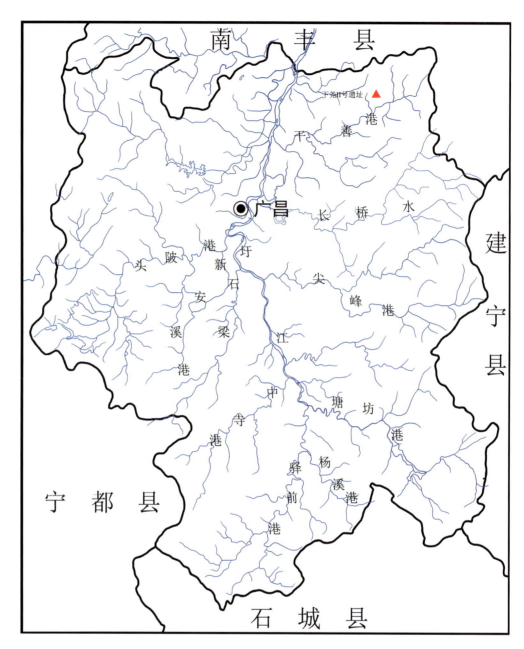

图一一七　下尧 II 号遗址位置示意图

3. 遗址性质与年代

下尧 II 号遗址是一处典型的岗地类遗址。由于采集遗物较少，遗址的年代判断较为困难。从陶器纹饰来看，方格纹为商周时期常见纹饰。因此，初步推定下尧 II 号遗址的年代为商周时期。

一九　营前村遗址

1. 遗址概况

营前村遗址位于千善乡营前村（图一二三），东南距营前村约 270 米，东距 906 县道约 200 米，西南距元上村约 730 米。地理坐标为北纬 26°56′12.1″，东经 116°29′09.3″，海拔 202 米（图

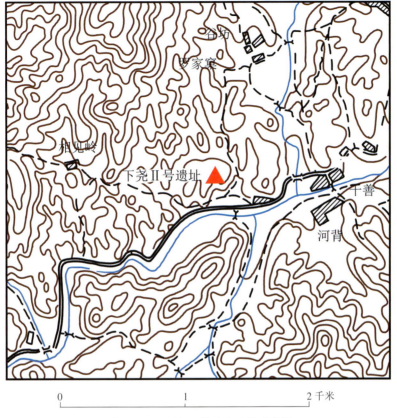

图一一八 下尧Ⅱ号遗址地貌示意图

图一一九 下尧Ⅱ号遗址远景图（由东向西）

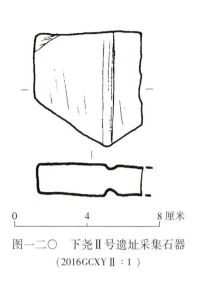

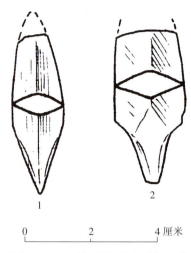

图一二○　下尧Ⅱ号遗址采集石器
（2016GCXYⅡ：1）

图一二一　下尧Ⅱ号遗址采集石器
1、2. 石镞（2017GCXYⅡ：2、2017GCXYⅡ：3）

图一二二　下尧Ⅱ号遗址采集陶片纹饰拓片
1、2. 方格纹

1.石镞(2017GCXYⅡ：2)　　　　　　　　　　　　2.石镞(2017GCXYⅡ：3)

图版一九　下尧Ⅱ号遗址采集石器

一二四）。遗址为一山地缓坡地带，地势西北高东南低。平面呈东北—西南向不规则形，长径约164
米，短径约102米。遗址被人为修整为梯田种植橘树，地表植被较为稀疏。遗址东南部紧邻一村道
（图一二五）。

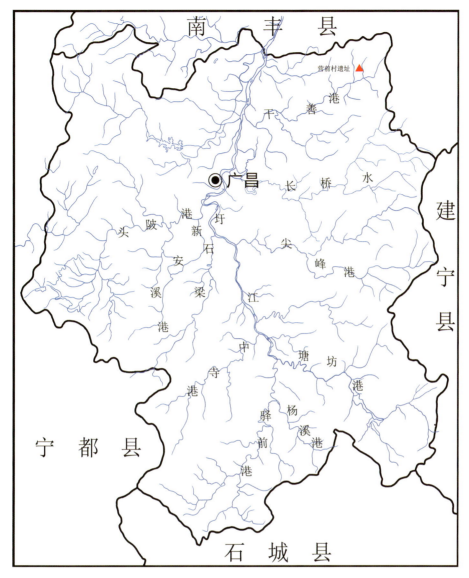

图一二三　营前村遗址位置示意图

2. 遗物介绍

营前村遗址采集遗物较少。主要为印纹硬陶，夹砂陶较少。此外，还见有部分施釉的原始瓷碎片。印纹硬陶陶色有灰色、灰褐色、褐色，纹饰有方格纹（图一二六，1、3）、绳纹、交错绳纹（图一二六，5、6、8、9）、网纹、菱格纹（图一二六，4）、"弦纹" ＋ "绳纹"（图一二六，7）、短线纹（图一二六，2），器形有罐；夹砂陶陶色主要为红褐色，均为素面，器形见有鼎（足）；原始瓷釉色多为褐色，器形主要为罐等。

陶罐　7件。

2016GCYQ：6，褐色硬陶，近直口，窄折沿，尖圆唇。素面。残高3.6厘米（图一二七，1）。

2016GCYQ：1，红褐色硬陶，敛口，卷沿，束颈，尖圆唇。素面。残高6.2厘米（图一二七，8）。

2016GCYQ：2，灰色硬陶，敛口，折沿。器表施绳纹。残高5.4厘米（图一二七，4；图版二〇，1）。

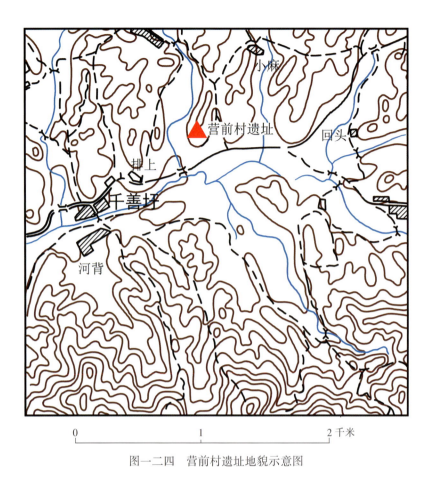

图一二四　营前村遗址地貌示意图

图一二五　营前村遗址远景图（由西南向东北）

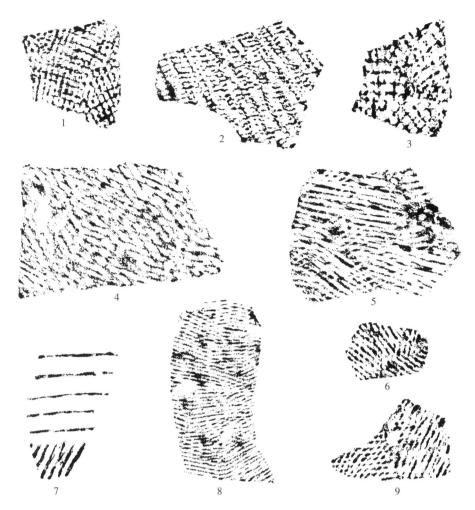

图一二六 营前村遗址采集陶片纹饰拓片

1、3. 方格纹 2. 短线纹 4. 菱格纹 5、6、8、9. 交错绳纹 7. "弦纹" + "绳纹"

2016GCYQ：3，灰色硬陶，敛口，窄折沿，圆唇。沿面内凹，器表施菱格纹。残高 3.3 厘米（图一二七，7）。

2016GCYQ：5，灰色硬陶，侈口，折沿，方唇。器表施席纹。残高 5.0 厘米（图一二七，6；图版二〇，2）。

2016GCYQ：4，灰色硬陶，敛口，折沿，唇部残。器表施菱格纹，部分纹饰被抹平。残高 4.8 厘米（图一二七，5）。

2016GCYQ：9，灰色硬陶，微侈口，圆唇，唇面有一周凹槽。素面。残高 2.6 厘米（图一二七，2）。

陶盆 1 件。

2016GCYQ：7，褐色硬陶，敞口，窄折沿，圆唇，斜腹。素面。残高 2.6 厘米（图一二七，3）。

纺轮 1 件。

2016GCYQ：8，夹砂灰陶，圆饼状，截面呈梭形，中部有一圆形穿孔。直径 3.5、厚 0.8 厘米（图一二八；图版二〇，3）。

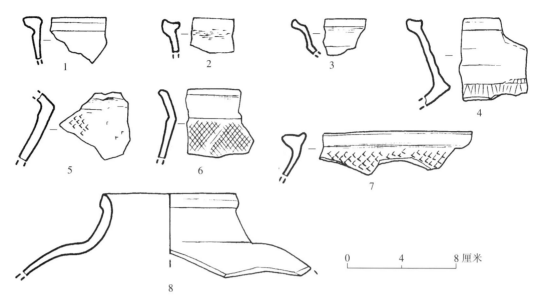

图一二七　营前村遗址采集陶器

1~2、4~8. 罐（2016GCYQ：6、2016GCYQ：9、2016GCYQ：2、2016GCYQ：4、2016GCYQ：5、
2016GCYQ：3、2016GCYQ：1）　3. 盆（2016GCYQ：7）

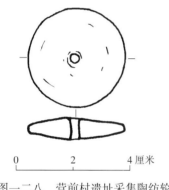

图一二八　营前村遗址采集陶纺轮
（2016GCYQ：8）

3. 遗址性质与年代

营前村遗址是一处典型的岗地类聚落。从遗址采集遗物来看，该遗址主要可分为以下两个年代组：

1 组：以唇部向内凸起的印纹硬陶罐为代表。该组陶器在抚河流域多见，具有西周时期陶器特征。

2 组：以表面施釉的原始瓷罐为代表。该组陶器烧制火候较高，其年代应为战国至汉代。

因此，通过以上分析，可推断营前村遗址的年代为西周和战国时期。该遗址的发现与初步分析对区域文化序列建构具有重要意义。

二〇　袁家山遗址

1. 遗址概况

袁家山遗址位于旴江镇青桐村委会新人坪小组（图一二九），东距青桐村约 270 米，南距 970 县道约 140 米，东北距杨坊约 630 米。地理坐标为北纬 26°51′30.2″，东经 116°17′55.1″，海拔 149 米（图一三〇）。袁家山遗址为一山岗，地势中部高四周低，遗址平面呈西北—东南向不规则形，长径约 176 米，短径约 105 米。遗址被人为修整为梯田种植橘树，地表植被较为稀疏（图一三一）。

2. 遗物介绍

袁家山遗址采集遗物较少，主要以印纹硬陶为主。硬陶陶色有灰色、灰褐色，纹饰见有小方格纹（图一三二，1）、菱格级（图一三二，5）、方格纹（图一三二，2~4、6），器形主要为罐残片。

1.罐（2016GCYQ：2）

2.罐（2016GCYQ：5）

3.纺轮（2016GCYQ：8）

图版二〇　营前村遗址采集遗物

3. 遗址性质与年代

袁家山遗址与河流较近，地形为缓坡状，是一处典型的岗地类遗址，其具有抚河流域岗地类遗址的共有特征。

由于遗址采集遗物较少，从印纹硬陶纹饰来看，多见小方格纹，该种纹饰主要流行于东周时期。因此，可以推断袁家山遗址的年代大致为东周时期。

二一　金盆山环壕遗址

1. 遗址概况

金盆山环壕遗址位于头陂镇头陂村下官小组（图一三三），遗址东临923乡道，北距龙虎村约420米，东南距窑下园约430米。地理坐标为北纬26°45′36.7″，东经116°11′54.1″，海拔160米（图一三四）。

金盆山环壕遗址主要由中台地、四周壕沟和残存壕沟外台地组成（图一三五）。中部台地平面呈西北式东南向不规则形，长径约126米，短径约93米，面积约10464平方米；台地地势东南部边沿地带较高，其余区域稍低且平缓；台地东侧部分区域地表植被已被人为焚毁，其余区域均被树木、杂草和灌木丛等覆盖（图一三六）。中部台地边沿地带高于周围农田2～4米。四周壕沟现存西壕沟和北壕沟残部，壕沟内现种植水稻，现宽35～42米。壕沟外现存西、北壕沟残存外台地，地

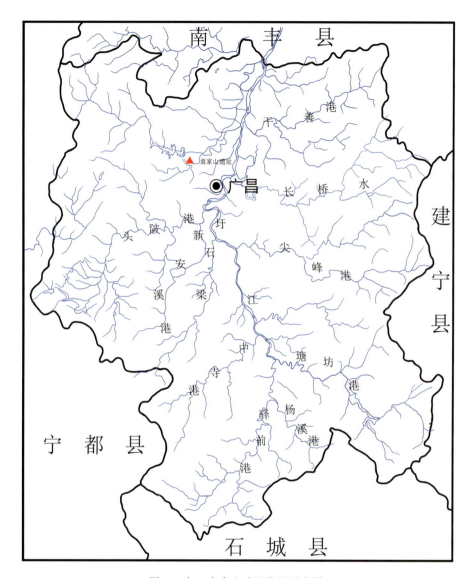

图一二九　袁家山遗址位置示意图

表为杂草地，植被较茂密，壕沟外台地残存宽度约 4 ~ 20 米（图一三七）。

2. 遗物介绍

金盆山环壕遗址采集遗物较多，主要为印纹硬陶和部分夹砂陶，石器发现数量较少，仅见有 1 件石镞。

（1）石器

石镞　1 件。

2016GCJP∶2，青石磨制而成，锋残，两侧刃部磨制锐利，器身中部起脊，截面略呈菱形，铤残。器表磨制光滑。残高 5.0 厘米（图一四二，1；图版二一，1、2）。

（2）陶器

印纹硬陶陶色见有红色、灰色、浅红色、浅黄色，纹饰主要有方格纹（图一三八，6、11；图一四〇，1）、小方格纹（图一三八，1 ~ 5、8 ~ 10）、大方格纹、菱格纹（图一四〇，7、10；图一四一，1、2）、重回纹（图一四〇，2）、折线纹（图一三九，3）、交错绳纹（图一三九，2）、绳纹

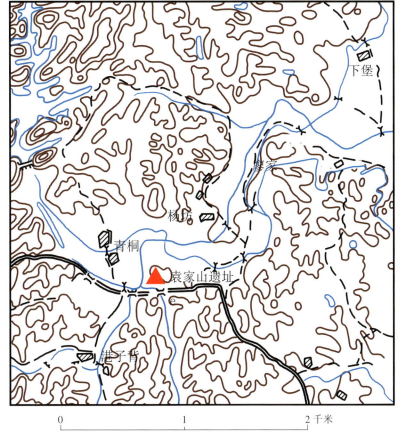

图一三〇 袁家山遗址地貌示意图

图一三一 袁家山遗址远景图（由西南到东北）

图一三二　袁家山遗址采集陶片纹饰拓片

1. 小方格纹　2~6. 方格纹　5. 菱格纹

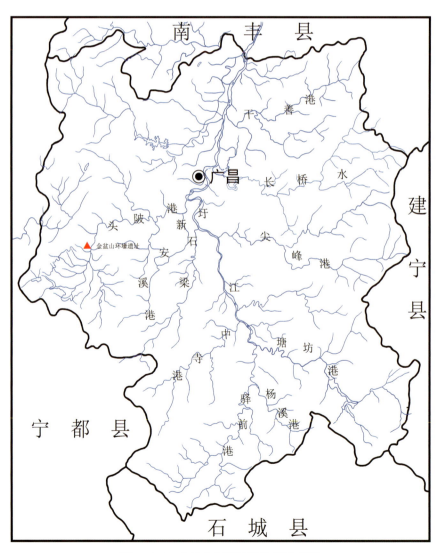

图一三三　金盆山环壕遗址位置示意图

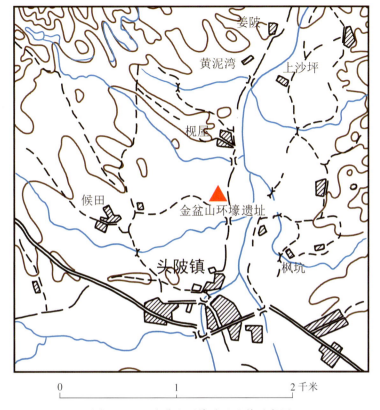

图一三四　金盆山环壕遗址地貌示意图

图一三五　金盆山环壕遗址航拍图

图一三六　金盆山环壕遗址远景图（由南向北）

图一三七　金盆山环壕遗址北壕沟近景图（由西向东）

（图一四一，3~6）、"菱格纹"与"圆点纹"的组合纹饰、"□"与"×"的组合纹饰（图一三九，1）、短线纹（图一三八，7）、雷纹（图一四〇，3~6、8、9）、圆圈纹、"绳纹"＋"雷纹"（图一四一，7、8），器形有罐、器盖、豆等；夹砂陶陶色有红色、灰白色、浅黄色，多为素面，器形见有罐、鼎（足）、甗等。

　　陶罐　14件。据口部形态可划分为以下两型：

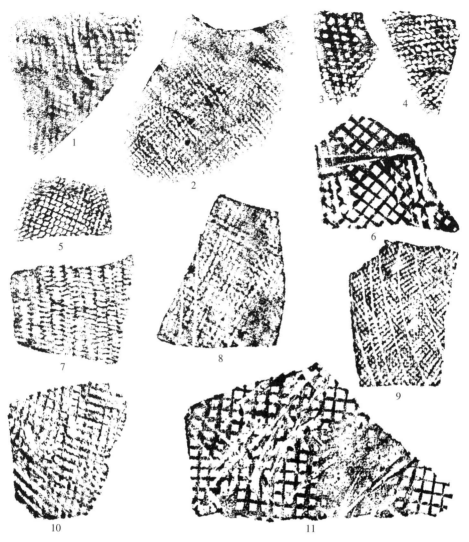

图一三八 金盆山环壕遗址采集陶片纹饰拓片
1～5、8～10. 小方格纹 6、11. 方格纹 7. 短线纹

图一三九 金盆山环壕遗址采集陶片纹饰拓片
1. "□"与"×"的组合纹饰 2. 交错绳纹 3. 折线纹

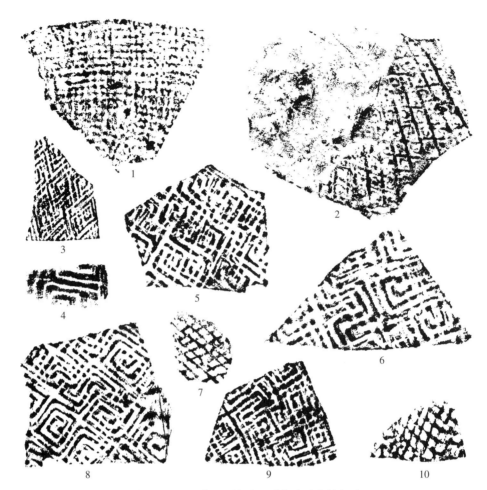

图一四〇　金盆山环壕遗址采集陶片纹饰拓片

1. 方格纹　2. 重回纹　3~6、8、9. 雷纹　7、10. 菱格纹

A 型：侈口。8 件。

2016GCJP：4，浅灰色硬陶，微卷沿，方唇，圆弧腹，上腹部施交错线纹，下腹部及底部施方格纹，口沿一侧有捏制短流，一侧可见泥条器鋬。残高 6.3 厘米（图一四二，6；图版二一，3）。

2016GCJP：5，灰色硬陶，卷沿，圆唇。器表施方格纹。残高 6.8 厘米（图一四三，4；图版二一，5）。

2016GCJP：7，夹砂黄陶，折沿，圆唇。器表有轮修痕迹，素面。残高 6.3 厘米（图一四三，6）。

2016GCJP：8，夹砂黄褐陶，折沿，圆唇。素面。残高 4.5 厘米（图一四三，2）。

2016GCJP：11，夹砂红色硬陶，微卷沿，圆唇。器表施折线纹，口沿烧制变形。残高 5.9 厘米（图一四三，5）。

2016GCJP：12，浅灰色硬陶，尖圆唇。素面。残高 4.4 厘米（图一四三，1）。

2016GCJP：13，夹砂黄陶，卷沿，圆唇。素面。残高 11.4 厘米（图一四三，8）。

2016GCJP：18，灰褐色硬陶，折沿，圆唇。器表施菱格纹。残高 5.4 厘米（图一四四，1）。

B 型：敛口。6 件。

2016GCJP：3，褐色硬陶，折沿略卷，方唇。器表施细弦纹，间施斜向戳印方格纹及同心圆圈

图一四一　金盆山环壕遗址采集陶片纹饰拓片

1、2. 菱格纹　3~6. 绳纹　7、8. "绳纹" + "雷纹"

纹。残高5.0厘米（图一四三, 3；图版二一, 4）。

2016GCJP：14，灰色硬陶，卷沿，唇部残。器表施方格纹。残高7.4厘米（图一四三, 7）。

2016GCJP：15，黄色硬陶，卷沿，圆唇。器表施方格纹。残高6.8厘米（图一四四, 3）。

2016GCJP：16，夹砂红陶，宽折沿，圆唇。素面。残高5.4厘米（图一四四, 2）。

2016GCJP：17，灰色硬陶，折沿，方唇。沿面有轮修痕迹，器表施交错划纹。残高3.0厘米（图一四四, 4）。

2016GCJP：23，灰色硬陶，折沿，唇部残。器表施方格纹，颈部有轮修痕迹。残高3.5厘米（图一四五, 1）。

陶盆　5件。

2016GCJP：1，灰色硬陶，敛口，圆唇，唇面有一周凹槽。器表施方格纹。残高3.5厘米（图一四二, 4）。

2016GCJP：6，夹砂黄陶，敛口，圆唇。素面。残高5.0厘米（图一四二, 3）。

2016GCJP：9，褐色硬陶，口微侈，折沿，圆唇，弧腹。沿面施波浪纹，器表施小方格纹，大部被抹平。残高7.2厘米（图一四二, 7）。

2016GCJP：10，褐色硬陶，口微敛，圆唇。器表施方格纹。残高4.4厘米（图一四二, 2）。

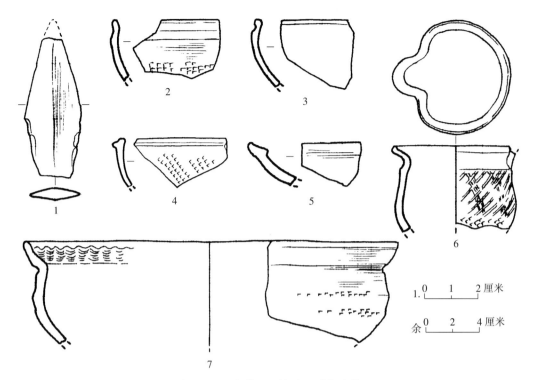

图一四二　金盆山环壕遗址采集遗物

1. 石镞（2016GCJP：2）　　2～5、7. 陶盆（2016GCJP：10、2016GCJP：6、2016GCJP：1、2016GCJP：19、2016GCJP：9）
6. 陶罐（2016GCJP：4）

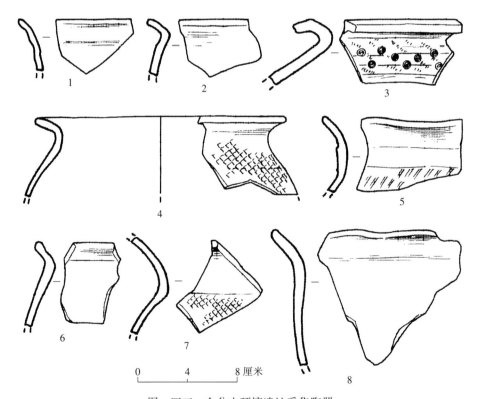

图一四三　金盆山环壕遗址采集陶器

1～8. 陶罐（2016GCJP：12、2016GCJP：8、2016GCJP：3、2016GCJP：5、2016GCJP：11、
2016GCJP：7、2016GCJP：14、2016GCJP：13）

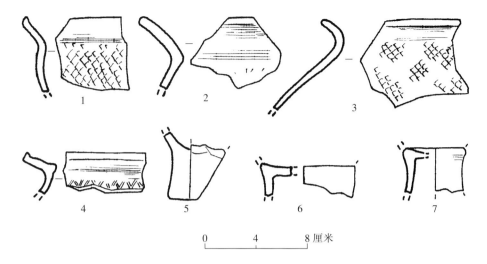

图一四四　金盆山环壕遗址采集陶器

1~4. 罐（2016GCJP：18、2016GCJP：16、2016GCJP：15、2016GCJP：17）　5. 鬲足（2016GCJP：20）

6、7 豆柄.（2016GCJP：21、2016GCJP：22）

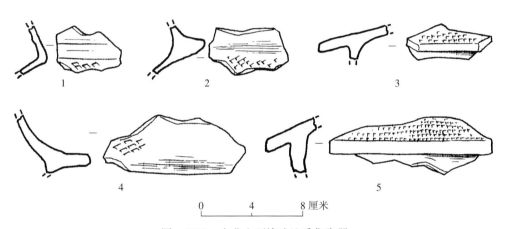

图一四五　金盆山环壕遗址采集陶器

1. 罐（2016GCJP：23）　2、4. 甑形器（2016GCJP：24、2016GCJP：25）　3、5. 器盖（2016GCJP：26、2016GCJP：27）

2016GCJP：19，夹砂浅黄陶，敞口，圆唇，器内壁有一周凸棱。素面。残高3.1厘米（图一四二，5）。

豆柄　2件。

2016GCJP：21，泥制浅灰陶，空心柄。素面。残高2.4厘米（图一四四，6）。

2016GCJP：22，泥制黄陶，空心柄。素面。残高3.4厘米（图一四四，7）。

甑形器　2件。

2016GCJP：24，夹砂红陶，斜弧腹，窄箅隔。器表施方格纹，腰部外侧有一圈泥条加固，残高3.6厘米（图一四五，2）。

2016GCJP：25，夹砂黄陶，弧腹，箅隔较宽，可见捏划痕。器表施菱格纹，大部分被抹平。残高4.6厘米（图一四五，4；图版二一，6；图版二二，1）。

器盖　2件。

2016GCJP：26，灰色硬陶，伞状盖，顶部斜弧，盖缘为方唇，下有圆筒状接口。盖顶部施方格

1.石镞（2016GCJP：2）（正面）

2.石镞（2016GCJP：2）（背面）

3.陶罐（2016GCJP：4）

4.陶罐（2016GCJP：3）

5.陶罐（2016GCJP：5）

6.陶甗形器（2016GCJP：25）（正视）

图版二一　金盆山环壕遗址采集遗物

纹，内壁可见捏痕。残高 2.8 厘米（图一四五，3）。

2016GCJP：27，红色硬陶，伞状盖，顶部斜弧，盖缘为方唇，盖顶中部残，下为圆筒状接口（子口）。盖顶部施方格纹，内壁可见捏痕。残高 4.4 厘米（图一四五，5；图版二二，2、3）。

鬲足　1 件。

2016GCJP：20，夹砂灰陶，空心足，柱状实足根。器表施绳纹被磨光。残高 5.4 厘米（图一四四，5）。

1.甂形器(2016GCJP：25)(俯视)

2.器盖(2016GCJP：27)(俯视)

3.器盖(2016GCJP：27)(正视)

图版二二　金盆山环壕遗址采集陶器

3. 遗址性质与年代

金盆山环壕遗址处于盱江支流，地理位置优越。遗址具备中部台地、外围壕沟及沟外台地等环壕遗址的基本特征。因而该遗址是一处典型的环壕聚落遗址。

根据采集遗物特征，将该遗址所见器物划分为两个年代组：

1组：以雷纹、菱格纹、方格纹硬陶罐及甂形器为代表。所见陶器及器形与鹰潭角山、樟树吴城等遗址所见较为相近，年代应为商代晚期至西周时期。

2组：与圆圈纹、小方格纹、"□"加"×"的组合纹饰为代表。其具有东周时期陶器风格，因此该组年代应为东周时期或略晚。

通过金盆山环壕遗址的发现与初步研究，推断遗址的年代应为晚商至两周时期，或有略晚的可能，可以确认该遗址是目前已发现抚河流域分布最南端的环壕聚落，证实了抚河上游也有此类环壕的分布。该遗址的发现为区域文化序列建立及区域聚落演进等方面的研究，提供了十分重要的考古学资料。

第三章　南丰县先秦时期遗址

第一节　南丰县自然环境与历史沿革

南丰县位于江西省东部边缘，地处抚州市南部，东靠福建省建宁、江西省黎川县；南接广昌县；西毗宁都、宜黄两县；北邻南城县。南丰县辖区平面大致呈东西略长于南北的不规则形状。境内平原、丘陵交错，山地广阔。整个地势东南、西北高，中部低。县境内东南、西北部为低山区，中部和北部为平原、丘陵地带，山地和丘陵占县内土地面积绝大多数。南丰县地处抚河上游，境内河溪纵流网布。南丰县面积为 1909.28 平方千米，全县总人口 28.8 万（截至 2010 年）①。

一　自然环境

1. 地形与地貌

南丰县受多次地壳运动的影响，该县地层裂隙发育复杂，出露的地层主要有第四系、上第三系、下第三系、白垩系、侏罗系、三叠系、石炭系、寒武系、震旦系等。

南丰县地势为东南、西北高，中部、北部低。县境内东南、西北部为低山区，中部和北部为平原、丘陵地带，地貌可分为山地、丘陵、平原等三种类型。中低山区位于县境东南部和西北部，为侵蚀构造形成，山地海拔 800~1300 米，山体多不对称，一般东南缓坡，西北坡略陡。中低丘陵区位于县境东、西部以及盱江两缘，分别为侵蚀和剥蚀构造形成，占全县土地面积 65% 以上，丘陵海拔 100~550 米。平原主要沿盱江及支流两岸呈带状及零星的山间河谷中分布，为侵蚀堆积形成，发育有 I 级、III 级和 IV 级阶地（图一四六）。

县境内主要土壤类型有水稻土、潮土、红壤、山地黄壤、紫色土等五个土类。

2. 山脉与水系

（1）山脉

南丰县境内东南及西北高，中间低，以盱江为界，武夷山脉环绕县境东南部，西北面属雩山山脉，均为东北—西南走向。

雩山山脉　县境内有 24 座主要山峰：军峰、大圳头、寒山、香炉峰、头陀尖、笔架山、大斜嵊、

① 南丰县地方志编纂委员会：《南丰县志》，中共中央党校出版社，1994 年。

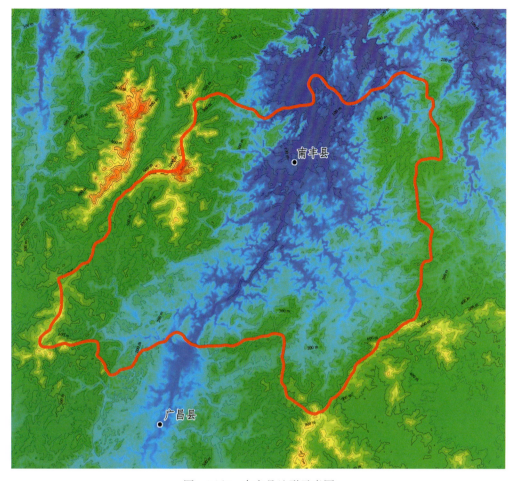

图一四六　南丰县地形示意图

东芹阳、祝家山、宝峰山、王家尖、马鞍寨、笔落寨、西华山、黄砂寨、大排山、蜈蚣嵊、金城嶂、金竹庵、鹰咀山、楼梯坳、亚知寨、翠雷山、金华山。

武夷山脉　县境内有 12 座主要山峰：宝应山、何竺峰、连珠峰、鹜峰山、鸡笼峰、螺蛳嵊、丈隘、木瓜隘、松仔隘、紫华山、双牛山、圣山。

（2）水系

南丰县地处抚河上游，盱江中上游，境内溪流广布。盱江水系是县境内主要河流（图一四七）。

盱江水系　盱江属长江流域抚河水系，源出广昌县驿前乡血木岭，由南向北纵贯县域中部，流经南丰县长度 54 千米，县境以上控制流域面积 3376 平方千米。县境内有盱江一级支流 16 条，西岸有洽村水、上古水、甘坊水、三坑水、三溪水、军港水、富溪水、兜溪水 8 条，其流向大致自西向东流入盱江；东岸有石源水、赖源水、中和水、密港水、九剧水、沧浪水、石际水、东坪水 8 条，其流向大致由东南向西北注入盱江。盱江二级支流有樟坊水、浆坑水、姜源水、长陂水、沙岗水、竹源水 6 条。以上 22 条支流总长 497.25 千米。

3. 气候

南丰县地处华南气候区与华中气候区的过渡地带，日照充足，雨量丰沛，气候温和湿润，无霜期较长，农业气候条件优越。属亚热带湿润性季风气候区。

图一四七　南丰县水系示意图

南丰县春、秋季短，冬、夏季长，四季较为分明。春季多阴雨，日照偏少；初夏高温多暴雨，盛夏燥热少雨；秋季低温少雨；冬季冷空气活动频繁，常有冰雪和冻雨。该县年平均气温为18.2℃左右。在最冷月（1月）的平均气温各地一般均在6.2℃，在最热月（7月）的平均气温各地一般均在29.3℃。

南丰县平均日照时数为1928.2小时。全县日照存在差异，县城附近及中部、北部平坦地区日照较充足，东南、西北部山区日照较少。

该县降雨较丰沛，年均降水量1685.2毫米。各地时空降水分布不均，空间分布大致是自西北和东南向中部递减，山区大于丘陵盆地，西部大于东部。时间分布上降水主要集中在4～6月，占全年降水量的51.9%。

二　历史沿革

南丰县所辖区域春秋战国时期先后属吴、越、楚国，秦属九江郡；汉为南城县地属豫章郡；三国吴太平二年（257年）划南城南部置南丰县；隋开皇二年（589年）县废并入南城；唐代先后三次复置、废入、复置；南宋绍兴八年（1138年）划南境天授乡、南丰乡、兴城乡等置广昌县；元至元十九年（1275年）升县为直隶州；明洪武三年（1370年）复降为县直至清末。

南宋绍兴八年（1138年）建县，建县以来至清末，曾先后属临川郡、抚州、建昌军、江西行中书省、建昌府所辖。民国年间先后属豫章道、省、第七行政区管辖。1949年8月解放至今，先后归江西省抚州专（地）区、抚州市管辖，县政府所在地为琴城镇（图一四八）。

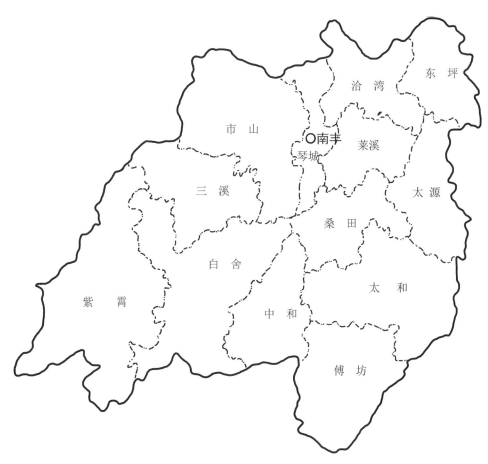

图一四八　南丰县行政区划示意图

第二节　遗址介绍

2016～2017年，在南丰县调查遗址共38处（图一四九），均为岗地类遗址，绝大多数遗址为新发现。以下从遗址地理位置、出土遗物及年代与性质等方面对诸遗址逐一进行介绍。

一　白舍林场遗址

1. 遗址概况

白舍林场遗址位于白舍镇铺前村东北部（图一五○），西距206国道约100米，南临盱江，西南距铺前村约520米。遗址地理坐标为北纬27°01′42.5″，东经116°25′52.5″，海拔118米（图一五一）。遗址现为一缓坡地带，整体地势西部较高，其余区域稍低且平缓。遗址区域平面呈东北—西南向不规则形，长径约138米，短径约60米。地表现已被人为修整种植橘树，植被较为稀疏（图

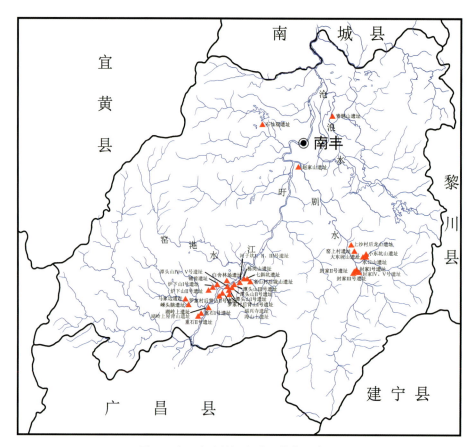

图一四九　南丰县调查遗址分布示意图

一五二)。

2. 遗物介绍

白舍林场遗址采集遗物较少，主要为夹砂陶。陶色有灰色、浅红色，均素面，器形见有罐。

3. 遗址性质与年代

白舍林场遗址属于典型坡状岗地类遗址，由于采集遗物数量较少，遗址年代判断难度较大。仅依靠采集陶片来看，其年代可初步判定为先秦时期，具体年代判断还需要更多的考古工作来开展。

二　大东坑山遗址

1. 遗址概况

大东坑山遗址位于太和镇下桐村（图一五三），南距 897 县道约 510 米，东距水口山遗址约 330 米，东北距小东坑山约 460 米（图一五四）。遗址地理坐标为北纬 27°03′30.3″，东经 116°37′18.3″，海拔 146 米。遗址为一斜坡状山岗，遗址整体地势中部高四周低。遗址区域平面呈南北向不规则形，长径约 322 米，短径约 262 米。遗址现已被人为修整为梯田种植橘树，地表植被较为稀疏。遗址南部外围为水塘（图一五五）。

2. 遗物介绍

大东坑山遗址采集遗物较多，主要为印纹硬陶，夹砂陶较少，另见有少量石器。

图一五○　白舍林场遗址位置示意图

（1）石器

石镞　1件。

2016NFDD：1，青灰色页岩磨制而成，扁平状，一侧略薄，尖锋，刃部斜弧，铤端残。器表较为粗糙。残高5.9厘米（图一五六；图版二三，1）。

石锛　1件。

2016NFDD：2，红褐色砂岩磨制而成，顶端平整，两侧竖直，底端双面磨制成刃，器表磨制较为规整。高8.1、宽5.3厘米（图一五七；图版二三，3、4）。

（2）陶器

印纹硬陶陶色有灰色、浅灰色、浅红色，纹饰有绳纹、方格纹、小方格纹、菱格纹、刻划纹、弦纹、短线纹、折线纹，器形见有罐；夹砂陶陶色有浅黄色、灰色、浅灰色、红色，见有少量绳纹，多为素面，器形有罐、鼎（足）。

陶罐　15件。据口部形态可将其分为四型：

A型：侈口。4件。

2016NFDD：9，夹砂灰陶，窄折沿，圆唇。素面。残高3.2厘米（图一五八，3）。

2016NFDD：10，夹砂灰陶，折沿，圆唇。器表施菱格纹。残高2.6厘米（图一五八，9）。

2016NFDD：11，灰褐色硬陶，折沿，圆唇。沿面有一周凸棱。残高3.5厘米（图一五八，8）。

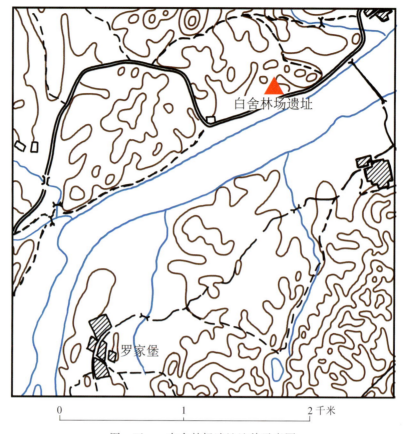

图一五一　白舍林场遗址地貌示意图

图一五二　白舍林场遗址远景图（由南到北）

图一五三　大东坑山遗址位置示意图

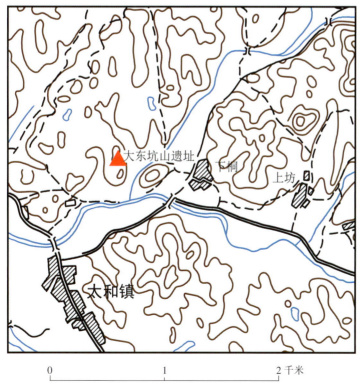

图一五四　大东坑山遗址地貌示意图

图一五五　大东坑山遗址远景图（由西南到东北）

0　1　2厘米

图一五六　大东坑山遗址采集石镞
（2016NFDD∶1）

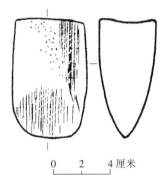

0　2　4厘米

图一五七　大东坑山遗址采集石锛
（2016NFDD∶2）

2016NFDD∶15，浅灰色硬陶，折沿，尖圆唇。器壁内外侧均有轮修痕迹，素面。残高5.2厘米（图一五九，2）。

B型：敛口。7件。

2016NFDD∶4，灰色硬陶，折沿，圆唇。素面。残高2.0厘米（图一五八，1）。

2016NFDD∶5，夹砂灰褐陶，折沿，方唇。沿面有一周凸棱。残高3.0厘米（图一五八，4）。

2016NFDD∶12，夹砂灰褐陶，尖圆唇。沿面有轮修痕迹，器表施方格纹。残高3.2厘米（图一五八，6）。

2016NFDD∶24，灰色硬陶，折沿，圆唇。沿面施一圈凸棱，器表施菱格纹。残高7.2厘米（图一五九，6；图版二三，6）。

2016NFDD∶26，灰色硬陶，窄折沿，圆唇。器表施方格纹，大部分被抹平。残高3.6厘米

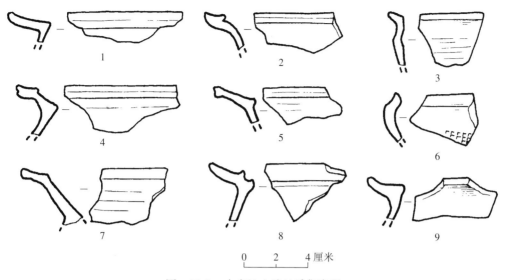

0　　2　　4厘米

图一五八　大东坑山遗址采集陶器

1~9. 陶罐（2016NFDD：4、2016NFDD：6、2016NFDD：9、2016NFDD：5、2016NFDD：7、
2016NFDD：12、2016NFDD：8、2016NFDD：11、2016NFDD：10）

（图一五九，4）。

2016NFDD：27，夹砂灰陶，宽折沿，圆唇。器表施方格纹。残高4.2厘米（图一五九，3）。

2016NFDD：28，夹砂灰陶，折沿，唇部残。器表施粗绳纹。残高6.1厘米（图一五九，1；图

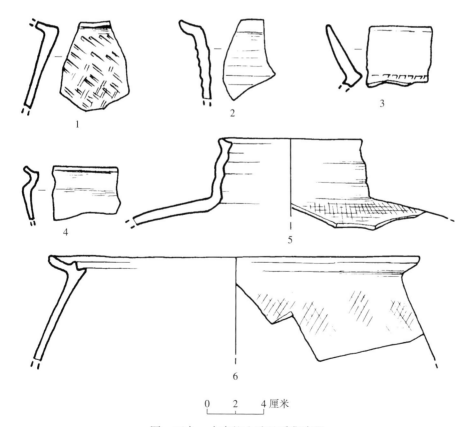

0　　2　　4厘米

图一五九　大东坑山遗址采集陶器

1~6. 陶罐（2016NFDD：28、2016NFDD：15、2016NFDD：27、2016NFDD：26、2016NFDD：25、2016NFDD：24）

版二三，2）。

C型：敞口。3件。

2016NFDD：6，夹砂浅灰陶，沿微卷，尖圆唇。沿面有一周凸棱。残高2.4厘米（图一五八，2）。

2016NFDD：7，灰褐色硬陶，折沿，方唇。沿面有一周凸棱。残高2.4厘米（图一五八，5）。

2016NFDD：8，灰褐色硬陶，折沿，方圆唇。素面。残高3.4厘米（图一五八，7）。

D型：直口。1件。

2016NFDD：25，红褐色硬陶，方唇。器表施方格纹，部分被抹平。残高7.1厘米（图一五九，5；图版二三，5）。

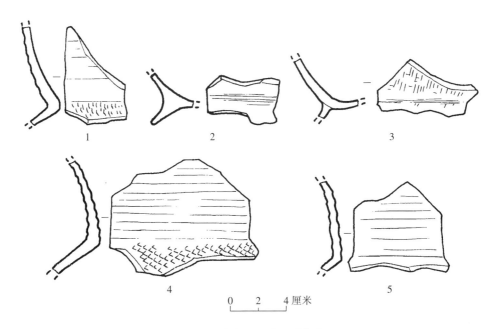

0 2 4厘米

图一六〇　大东坑山遗址采集陶器

1、4、5. 尊肩部残片（2016NFDD：13、2016NFDD：14、2016NFDD：3）　2、3. 圈足（2016NFDD：29、2016NFDD：19）

陶尊　3件。

2016NFDD：3，浅灰色硬陶，敛口，高领，唇部残。内外壁可见轮修痕迹，素面。残高6.2厘米（图一六〇，5）。

2016NFDD：13，夹砂灰褐陶，敛口，高领，唇部残。内外壁可见轮修痕迹，器表施方格纹。残高6.8厘米（图一六〇，1）。

2016NFDD：14，灰褐色硬陶，敛口。内外壁可见轮修痕迹，器表施菱格纹。残高8.0厘米（图一六〇，4；图版二四）。

器底残片　2件。

2016NFDD：16，黄色硬陶，斜直腹，平底。器表施方格纹。残高5.2厘米（图一六一，1）。

2016NFDD：17，灰色硬陶，斜直腹，平底。器内壁可见轮修痕迹，器表施方格纹，大部分被抹平。残高7.2厘米（图一六一，2）。

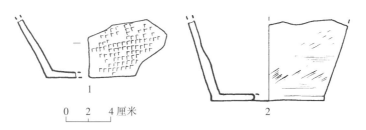

图一六一　大东坑山遗址采集陶器

1、2. 器底残片（2016NFDD：16、2016NFDD：17）

圈足　2件。

2016NFDD：19，灰褐色硬陶，斜弧腹，圈足底残。器内壁有捏痕，器表及外底施交错线纹。残高4.0厘米（图一六〇，3）。

2016NFDD：29，灰色硬陶，斜直腹，矮圈足，底端外撇。内外壁可见明显轮修痕迹。残高3.6厘米（图一六〇，2）。

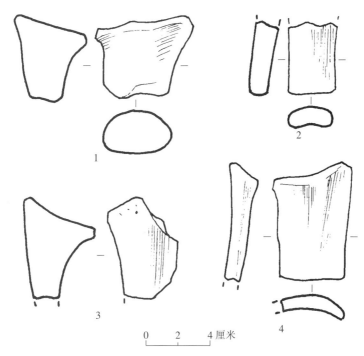

图一六二　大东坑山遗址采集遗物

1～4. 鼎足（2016NFDD：20、2016NFDD：22、2016NFDD：23、2016NFDD：21）

鼎足　4件。

2016NFDD：20，夹砂黄陶，扁柱状足，截面呈椭圆形。素面。残高5.1厘米（图一六二，1）。

2016NFDD：21，夹砂红陶，瓦状足，截面呈弧形。素面。残高7.2厘米（图一六二，4）。

2016NFDD：22，夹砂灰陶，扁状足，截面呈扁圆形。素面。残高4.4厘米（图一六二，2）。

2016NFDD：23，夹砂灰陶，扁柱状足，截面呈椭圆形。素面。残高6.2厘米（图一六二，3）。

3. 遗址性质与年代

　　大东坑山遗址是一处典型的岗地类遗址，该遗址采集遗物较多，对其年代判断提供了重要条件。遗址所见折沿罐，口沿内部多见凸棱，其特征与抚河流域西周时期陶器十分相近；鼎足所见舌状足者，具有商代陶鼎的风格。因此，可判断该遗址的年代为商周时期。该遗址的发现与初步分析，对该区域先秦时期文化序列的建立具有重要意义。

1.石镞(2016NFDD：1)

2.陶罐(2016NFDD：28)

3.石锛(2016NFDD：2)(正面)

4.石锛(2016NFDD：2)(背面)

5.陶罐(2016NFDD：25)

6.陶罐(2016NFDD：24)

图版二三　大东坑山遗址采集遗物

陶尊(2016NFDD：14)

图版二四　大东坑山遗址采集遗物

三　福兴寺遗址

1. 遗址概况

福兴寺遗址位于白舍镇河东村委会罗家村（图一六三），西距罗家村约 680 米，东北距潭头山 Ⅳ 号遗址约 270 米，西北距罗家村后背山 Ⅰ 号遗址约 780 米。遗址地理坐标为北纬 27°00′39.8″，东经 116°25′29.4″，海拔 115 米（图一六四）。福兴寺遗址现为一斜坡状山岗地形，遗址整体地势中部高四周低。遗址区域平面呈南北向不规则形，南北长径约 115 米，东西短径约 107 米，面积 11996.2 平方米。遗址现已被人为修整为梯田种植橘树，地表植被较为稀疏，遗址北、东侧为稻田，南侧为福兴寺，西侧为一乡道（图一六五）。

2. 遗物介绍

福兴寺遗址采集遗物较少，主要为印纹硬陶及夹砂陶。

采集陶器中印纹硬陶较多，陶色有灰色、浅灰色，纹饰有大菱格纹（图一六七，1）、菱格纹（图一六七，2、5）、方格纹（图一六七，3）、"绳纹" + "弦纹"组合纹饰（图一六六）、绳纹（图一六七，4），器形见有罐；夹砂陶较少，陶色为灰色，素面，器形见有鼎（足）。

陶罐　3 件。

2016NFFX：1，灰色硬陶，敞口，折沿，斜方唇。素面。残高 3.2 厘米（图一六八，1）。

2016NFFX：3，灰褐色硬陶，敛口，折沿，唇部残。器表施菱格纹。残高 4.0 厘米（图一六八，2；图版二五，1）。

2016NFFX：4，夹砂黄褐陶，敛口，折沿，唇部残。素面。残高 5.6 厘米（图一六八，3）。

陶尊　1 件。

2016NFFX：2，灰色硬陶，折沿，圆唇，高领。颈部有轮修痕迹，器表施菱格纹。残高 7.4 厘米（图一六八，4；图版二五，2）。

鼎足　2 件。

2016NFFX：5，夹砂黄陶，扁状足。一侧足根部可见一按压凹窝。残高 6.4 厘米（图一六九，1；

图一六三　福兴寺遗址位置示意图

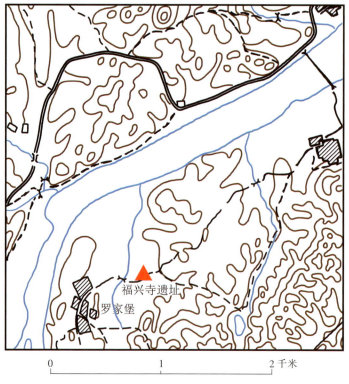

图一六四　福兴寺遗址地貌示意图

图一六五 福兴寺遗址远景图（由西北到东南）

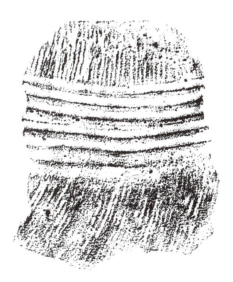

图一六六 福兴寺遗址采集陶片纹饰拓片
（"绳纹"＋"弦纹"组合纹饰）

图版二五，3、4）。

2016NFFX：6，夹砂黄陶，扁状足。侧缘见有圆形浅窝，素面。残高6.8厘米（图一六九，2；图版二五，5）。

3. 遗址性质与年代

福兴寺遗址临近盱江，属于典型的岗地类遗址。从遗址采集到的遗物来看，大口尊为商时期常见器形，鼎足器表所圆窝装饰，多见于商代或略早时期。部分陶器中所见菱格纹等装饰，其年代有略晚的特征。综合来看，福兴寺遗址的年代主要集中在商周时期或略早。

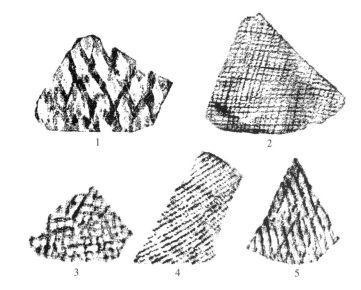

图一六七　福兴寺遗址采集陶片纹饰拓片

1. 大菱格纹　2、5. 菱格纹　3. 方格纹　4. 绳纹

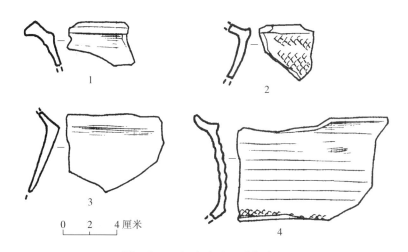

图一六八　福兴寺遗址采集陶器

1 ~ 3. 陶罐（2016NFFX：1、2016NFFX：3、2016NFFX：4）　4. 陶尊（2016NFFX：2）

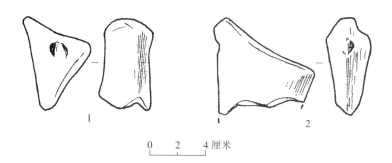

图一六九　福兴寺遗址采集陶器

1、2. 鼎足（2016NFFX：5、2016NFFX：6）

1.罐(2016NFFX：3)

2.尊(2016NFFX：2)

3.鼎足(2016NFFX：5)(正面)

4.鼎足(2016NFFX：5)(侧面)

5.鼎足(2016NFFX：6)

图版二五　福兴寺遗址采集陶器

四　河子坎Ⅰ号遗址

1. 遗址概况

河子坎Ⅰ号遗址位于白舍镇河东村委会湖岭上村（图一七○），北距盱江约 410 米，西距湖岭上村约 410 米，东北距河子坎Ⅱ号遗址约 190 米。遗址地理坐标为北纬 26°59′54.3″，东经 116°24′20.7″，海拔 122 米。河子坎Ⅰ号遗址现为一山岗斜坡地带（南、东向坡地），遗址整体地势西北高四周低（图一七一）。遗址区域平面呈东西向不规则形，长径约 90 米，短径约 58 米。遗址现已被

图一七〇　河子坎Ⅰ号遗址位置示意图

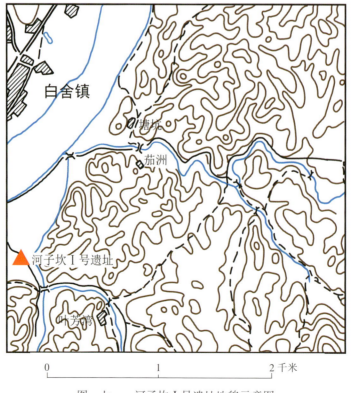

图一七一　河子坎Ⅰ号遗址地貌示意图

图一七二　河子坎Ⅰ号遗址远景图（由东南到西北）

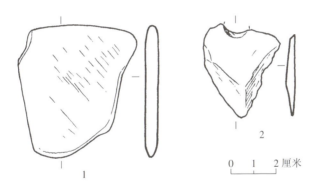

图一七三　河子坎Ⅰ号遗址采集石器
1、2. 石刀（2016NFHZⅠ：2、2016NFHZⅠ：1）

人为修整种植橘树，地表植被较为稀疏（图一七二）。

2. 遗物介绍

河子坎Ⅰ号遗址采集遗物较少，主要为陶器及少量石器。

（1）石器

石刀　2件。

2016NFHZⅠ：1，青石磨制而成，大部残，中部见有一圆形对钻圆孔。器表磨制光滑。残高4.1、残宽3.4厘米（图一七三，2；图版二六，1）。

2016NFHZⅠ：2，黄褐色砂岩磨制而成，背部圆弧，一侧斜直，一端残。器表磨制较为平整。残高5.7、残宽5.2厘米（图一七三，1；图版二六，3、4）。

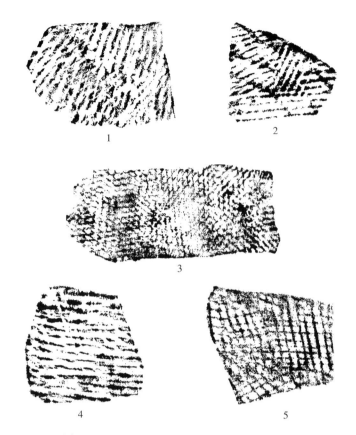

图一七四　河子坎 I 号遗址采集陶片纹饰拓片
1、2. 交错线纹　3、5. 菱格纹　4. 绳纹

（2）陶器

陶器以印纹硬陶为主，陶色有灰色、灰褐色、浅灰色，纹饰有菱格纹（图一七四，3、5）、绳纹（图一七四，4）、小方格纹、交错绳纹（图一七四，1、2），器形见有罐；夹砂陶陶色有红色、灰色，素面，器形不明。

陶罐　4件。

2016NFHZ I ：3，夹砂灰陶，敛口，宽折沿，斜方唇。器表施交错线纹，器内壁可见轮修痕迹。残高8.5厘米（图一七五，1；图版二六，2）。

2016NFHZ I ：4，灰色硬陶，侈口，窄平沿，圆唇。素面。残高2.0厘米（图一七五，2）。

2016NFHZ I ：5，灰色硬陶，敞口，方唇。素面。残高3.8厘米（图一七五，3）。

2016NFHZ I ：6，灰褐色硬陶，敞口，窄折沿。沿面见有一周凸棱。残高3.2厘米（图一七五，4；图版二六，5）。

3. 遗址性质与年代

河子坎I号遗址处于盱江干流东岸，地理位置优越，该遗址属于坡状岗地类遗址。从该遗址采集遗物情况分析，遗址所见陶器主要为印纹硬陶，纹饰见有绳纹和菱格纹；器形主要为罐，陶罐口沿内侧多见凹槽式凸棱，其特征为区域内西周时期陶器风格。因此，可以推测该遗址的年代主要集中在西周时期。该遗址的发现为区域聚落形态的分析及文化序列建构提供了十分重要的考古学材料。

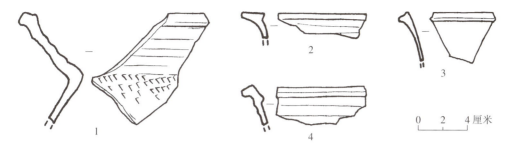

图一七五　河子坎Ⅰ号遗址采集陶器

1～4. 陶罐（2016NFHZⅠ：3、2016NFHZⅠ：4、2016NFHZⅠ：5、2016NFHZⅠ：6）

1.石刀(2016NFHZI：1)

2.陶罐(2016NFHZI：3)

3.石刀(2016NFHZI：2)(正面)

4.石刀(2016NFHZI：2)(背面)

5.陶罐(2016NFHZI：6)

图版二六　河子坎Ⅰ号遗址采集遗物

五 河子坎Ⅱ号遗址

1. 遗址概况

河子坎Ⅱ号遗址位于白舍镇河东村委会湖岭上村（图一七六），北距盱江约360米，西南距河子坎Ⅰ号遗址约190米，东北距河子坎Ⅲ号遗址约120米。遗址地理坐标为北纬26°59′55.5″，东经116°24′27.7″，海拔127米（图一七七）。河子坎Ⅱ号遗址现存为一斜坡状山岗，遗址整体地势北高南低。遗址区域平面呈东北－西南向不规则形，长径约264米，短径约108米。遗址现已被人为修整为梯田种植橘树，地表植被较为稀疏，遗址南部外侧为一村道（图一七八）。

2. 遗物介绍

河子坎Ⅱ号遗址采集遗物较多，除少量石器外主要为印纹硬陶与夹砂陶。

（1）石器

石刀　1件。

2016NFHZⅡ∶1，灰褐色砂岩制成，顶端平直，刃部残。器表磨制较规整。残高4.7厘米（图一七九）。

（2）陶器

印纹硬陶较多，陶色有灰色、灰褐色、浅灰色，纹饰见有方格纹（图一八〇，4、6）、交错线纹、网格纹、菱格纹（图一八〇，3、5、8）、绳纹、小方格纹（图一八〇，1、2、7），器形见有

图一七六　河子坎Ⅱ号遗址位置示意图

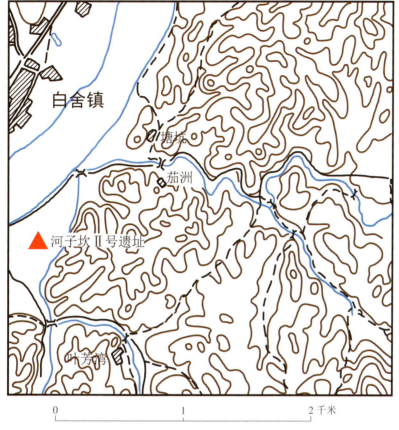

图一七七　河子坎Ⅱ号遗址地貌示意图

图一七八　河子坎Ⅱ号遗址远景图（由南到北）

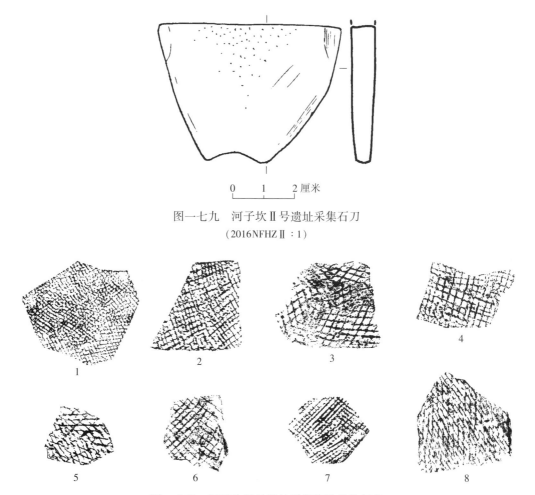

图一七九　河子坎Ⅱ号遗址采集石刀

（2016NFHZⅡ：1）

图一八〇　河子坎Ⅱ号遗址采集陶片纹饰拓片

1、2、7. 小方格纹　　3、5、8. 菱格纹　　4、6. 方格纹

带把杯、罐；夹砂陶较少，陶色为红色，素面，器形见有罐。

陶罐　23件。据口部形态可分为两型：

A型：侈口。4件。

2016NFHZⅡ：3，浅灰色硬陶，折沿，圆唇。器表施菱格纹。残高6.2厘米（图一八一，10；图版二七，2）。

2016NFHZⅡ：11，夹砂灰褐陶，卷沿，斜方唇。素面。残高5.1厘米（图一八二，1）。

2016NFHZⅡ：14，夹砂浅灰陶，折沿，方唇，沿面微内凹。素面。残高3.2厘米（图一八一，9）。

2016NFHZⅡ：24，夹砂红陶，折沿，方圆唇。器表施方格纹。残高4.8厘米（图一八三，1；图版二七，4）。

B型：敛口。16件。

2016NFHZⅡ：2，灰褐色硬陶，折沿，圆唇，沿面有一周凸棱。器表施菱格纹。残高4.8厘米（图一八一，6；图版二七，1）。

2016NFHZⅡ：5，灰褐色硬陶，折沿，方圆唇。素面，内外壁有轮修痕迹。残高3.1厘米（图

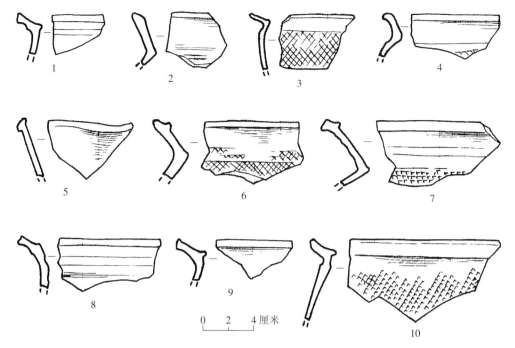

图一八一 河子坎Ⅱ号遗址采集陶器

1～10. 陶罐（2016NFHZⅡ：5、2016NFHZⅡ：6、2016NFHZⅡ：7、2016NFHZⅡ：8、2016NFHZⅡ：4、2016NFHZⅡ：2、2016NFHZⅡ：9、2016NFHZⅡ：10、2016NFHZⅡ：14、2016NFHZⅡ：3）

一八一，1）。

2016NFHZⅡ：6，灰褐色硬陶，折沿，圆唇。器表施绳纹。残高4.2厘米（图一八一，2）。

2016NFHZⅡ：7，浅灰色硬陶，窄折沿，圆唇。器表施菱格纹。残高4.2厘米（图一八一，3）。

2016NFHZⅡ：8，泥制黄褐陶，折沿，方圆唇。器表施方格纹，大部分被抹平。残高3.4厘米（图一八一，4）。

2016NFHZⅡ：9，灰褐色硬陶，宽折沿，方唇，沿面有一周凸棱。器表施菱格纹。残高5.2厘米（图一八一，7）。

2016NFHZⅡ：12，浅灰色硬陶，折沿，圆唇，沿面微内凹。器表施菱格纹，大部分被抹平。残高3.6厘米（图一八二，2）。

2016NFHZⅡ：13，夹砂灰陶，折沿，圆唇。沿面有轮修痕迹。素面。残高5.6厘米（图一八二，6）。

2016NFHZⅡ：15，夹砂灰褐陶，折沿，斜方唇。器表施菱格纹。残高5.2厘米（图一八二，4；图版二七，3）。

2016NFHZⅡ：16，夹细砂灰褐陶，卷沿，尖圆唇。器表施菱格纹。残高4.2厘米（图一八二，5）。

2016NFHZⅡ：17，夹砂灰褐陶，窄折沿，圆唇，沿面有一周凸棱。沿下有数道凹弦纹，器表施菱格纹。残高4.7厘米（图一八二，9）。

2016NFHZⅡ：18，浅灰色硬陶，卷沿，方唇。器表施菱格纹。残高3.8厘米（图一八二，3）。

2016NFHZⅡ：19，夹细砂黄褐陶，窄折沿，唇部残。器表施方格纹，大部分被抹平。残高5.2

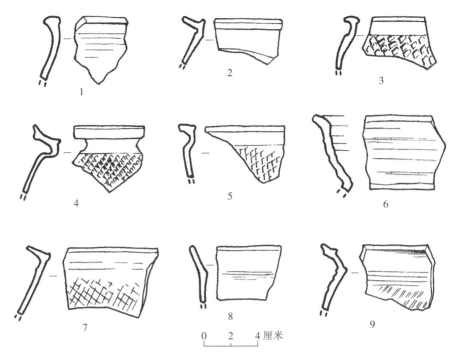

图一八二　河子坎Ⅱ号遗址采集陶片

1～9. 陶罐（2016NFHZⅡ：11、2016NFHZⅡ：12、2016NFHZⅡ：18、2016NFHZⅡ：15、2016NFHZⅡ：16、
2016NFHZⅡ：13、2016NFHZⅡ：19、2016NFHZⅡ：20、2016NFHZⅡ：17）

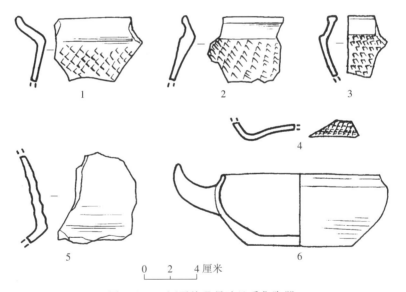

图一八三　河子坎Ⅱ号遗址采集陶器

1～3、5. 陶罐（2016NFHZⅡ：24、2016NFHZⅡ：22、2016NFHZⅡ：23、2016NFHZⅡ：21）

4. 器底（2016NFHZⅡ：26）　6. 陶钵（2016NFHZⅡ：25）

厘米（图一八二，7）。

2016NFHZⅡ：21，夹细砂灰陶，折沿，唇部残。器表施方格纹，大部分被抹平。残高6.9厘米（图一八三，5）。

2016NFHZⅡ：22，灰褐色硬陶，折沿，圆唇。器表施菱格纹。残高5.1厘米（图一八三，2）。

2016NFHZⅡ：23，夹细砂灰褐陶，内折沿，方唇。器表施菱格纹。残高4.6厘米（图一八三，3）。

C 型：敞口。3 件。

2016NFHZⅡ：4，灰褐色硬陶，斜方唇。素面。残高 4.6 厘米（图一八一，5）。

2016NFHZⅡ：10，浅灰色硬陶，卷沿，方唇。口沿处有轮修痕迹，素面。残高 4.2 厘米（图一八一，8）。

2016NFHZⅡ：20，夹砂红陶，折沿，圆唇。素面。残高 4.1 厘米（图一八二，8）。

陶钵　1 件。

2016NFHZⅡ：25，夹细砂红褐陶，敛口，尖圆唇，弧腹，平底，有刻划痕迹。一侧沿下有一牛角形器把。素面。器高 5.3、口径 11.8、底径 7.8 厘米（图一八三，6；图版二七，5、6）。

器底　1 件。

2016NFHZⅡ：26，浅灰色硬陶，斜直腹，底部微内凹。器表施方格纹。残高 1.6 厘米（图一八三，4）。

3. 遗址性质与年代

河子坎Ⅱ号遗址处于旴江东岸，地理环境优越。该遗址是一处典型的岗地类遗址。从遗址采集遗物来看，印纹硬陶数量非常多，纹饰见有方格纹、菱格纹，器形主要为折沿和卷沿罐，此类陶器器形与纹饰与该区域西周时期陶器十分相似。因此，初步判断河子坎Ⅱ号遗址的年代与河子坎Ⅰ号遗址相当，约为西周时期。该遗址的发现与研究为区域文化序列的建构及聚落形态研究提供了十分重要的考古学材料。

1.罐（2016NFHZⅡ：2）

2.罐（2016NFHZⅡ：3）

3.罐（2016NFHZⅡ：15）

4.罐（2016NFHZⅡ：24）

5.钵(2016NFHZⅡ：25)(正视)

6.钵(2016NFHZⅡ：25)(俯视)

图版二七　河子坎Ⅱ号遗址采集陶器

六　河子坎Ⅲ号遗址

1. 遗址概况

河子坎Ⅲ号遗址位于白舍镇河东村委会湖岭上村（图一八四），北距盱江约 260 米，西南距河子坎Ⅱ号遗址约 120 米，西南距河子坎Ⅰ号遗址约 320 米。遗址地理坐标为北纬 26°59′58.2″，东经 116°24′31.2″，海拔 128 米（图一八五）。河子坎Ⅲ号遗址现存为一斜坡状山岗，遗址整体地势西北高东南低。遗址区域平面呈西北—东南向不规则形，长径约 119 米，短径约 48 米。遗址现已被人为修整种植橘树，地表植被较为稀疏，遗址东南部外侧为一村道（图一八六）。

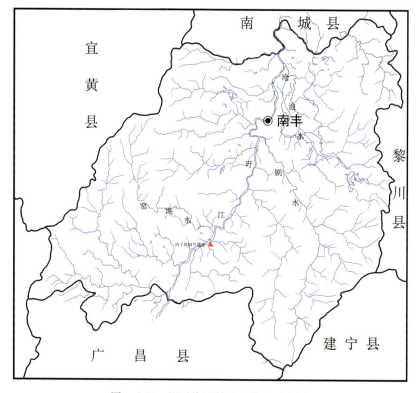

图一八四　河子坎Ⅲ号遗址位置示意图

图一八五 河子坎Ⅲ号遗址地貌示意图

图一八六 河子坎Ⅲ号遗址远景图（由西南到东北）

2. 遗物介绍

河子坎Ⅲ号遗址采集遗物较少，主要为陶器与少量石器。

（1）石器

石刀　1件。

2016NFHZⅢ：1，青灰色砂岩磨制而成，直背，两侧残，刃部亦残。器表磨制光滑。残高2.2、残长5.7厘米（图一八七）。

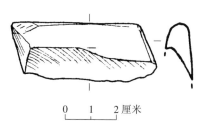

0　1　2厘米

图一八七　河子坎Ⅲ号遗址采集石刀

（2016NFHZⅢ：1）

（2）陶器

以印纹硬陶为主，陶色有灰色、浅灰色，纹饰有绳纹（图一八八，10、11）、菱格纹（图一八八，3~6）、交错线纹（图一八八，7~9）、方格纹（图一八八，2）、小方格纹（图一八八，1）、短线纹，器形见有罐；夹砂陶较少，陶色主要有灰色，素面，器形不明。

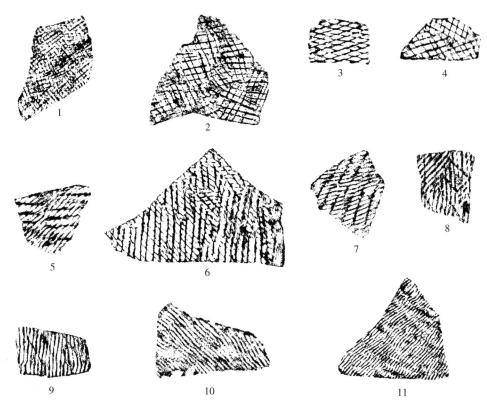

图一八八　河子坎Ⅲ号遗址采集陶片纹饰拓片

1. 小方格纹　2. 方格纹　3~6. 菱格纹　7~9. 交错线纹　10、11. 绳纹

陶罐　7件。据口部形态可分为三型：

A型：侈口。1件。

2016NFHZⅢ：6，灰褐色硬陶，卷沿，斜方唇，沿面见有一道凸棱，素面。残高3.1厘米（图一八九，3）。

B型：敛口。4件。

2016NFHZⅢ：2，褐色硬陶，卷沿，方唇，折腹。器表施菱格纹。残高3.8厘米（图一八九，2）。

2016NFHZⅢ：3，灰色硬陶，窄折沿，圆唇。器表施菱格纹。残高5.4厘米（图一八九，4）。

2016NFHZⅢ：4，灰色硬陶，方唇，颈部有一周凸棱。器表施菱格纹，大部分被抹平。残高4.6厘米（图一八九，1）。

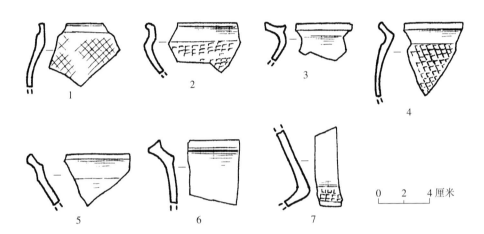

图一八九　河子坎Ⅲ号遗址采集陶器

1~7. 陶罐（2016NFHZⅢ：4、2016NFHZⅢ：2、2016NFHZⅢ：6、2016NFHZⅢ：3、2016NFHZⅢ：5、2016NFHZⅢ：8、2016NFHZⅢ：7）

2016NFHZⅢ：7，浅灰色硬陶，宽折沿，唇部残。器表施菱格纹。残高6.1厘米（图一八九，7）。

C型：敞口。2件。

2016NFHZⅢ：5，夹砂浅灰陶，圆唇。素面。残高4.0厘米（图一八九，5）。

2016NFHZⅢ：8，灰色硬陶，折沿，斜方唇，唇面微凹，沿内壁有一周凸棱。残高4.7厘米（图一八九，6）。

3. 遗址性质与年代

河子坎Ⅲ号遗址出于盱江东岸台地，地理环境较为优越。该遗址属于坡状岗地类遗址。从采集到的陶器来看，主要为印纹硬陶，纹饰多见方格纹、菱格纹、绳纹，器形主要为陶罐。其形态与Ⅰ号、Ⅱ号遗址所见器形相近。因此，河子坎Ⅲ号遗址的年代应为西周时期。

值得注意的是，河子坎Ⅰ、Ⅱ、Ⅲ号遗址的选址位置相近，各遗址所见遗存的年代亦相近，说明三个遗址有密切的关系。或有三个遗址属同一大型遗址的可能性。由于三处选址均分布于盱江岸边，调查过程中以山岗地形为单位将各个遗址划分为不同的遗址地点进行记录。如何准确判断遗址边界，这将是田野考古调查值得思考与讨论的话题。

七 湖岭上屋背山遗址

1. 遗址概况

湖岭上屋背山遗址位于白舍镇河东村委会湖岭上村（图一九〇），西距盱江约 230 米，西南距湖岭上遗址约 480 米，东北距河子坎I号遗址约 330 米。遗址地理坐标为北纬 26°59′53.5″，东经 116°24′08.1″，海拔 123 米（图一九一）。湖岭上屋背山遗址现存为一斜坡山岗，遗址整体地势中北部高，南北两侧低。遗址区域平面呈近西北—东南向"L"形，西北 – 东南向长约 113 米，宽 1~38 米，东北—西南向长约 89 米，宽 1~26 米。遗址现已被人为修整种植橘树，地表植被较为稀疏（图一九二）。

图一九〇　湖岭上屋背山遗址位置示意图

2. 遗物介绍

湖岭上屋背山遗址采集遗物较少，主要为印纹硬陶与夹砂陶。

印纹硬陶较多，陶色有灰色、浅灰色，纹饰有方格纹（图一九三，7、10）、小方格纹（图一九三，2、3、5）、菱格纹（图一九三，4、8、9）、绳纹（图一九三，6）、"方格纹" + "圆点纹"的组合纹饰（图一九三，1），器形见有罐；夹砂陶较少，陶色有灰色，素面，器形不明。

陶罐　3 件。

2016NFHLW∶1，夹砂灰褐陶，敛口，折沿，唇部残。器表施菱格纹。残高 4.5 厘米（图一九四，1）。

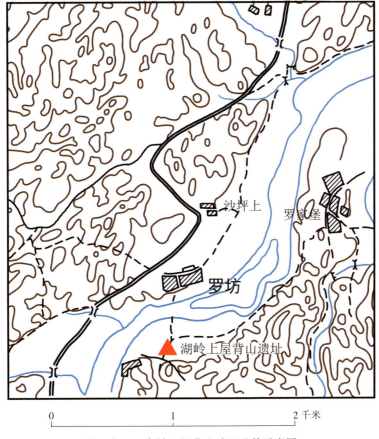

图一九一　湖岭上屋背山遗址地貌示意图

图一九二　湖岭上屋背山遗址远景图（由东到西）

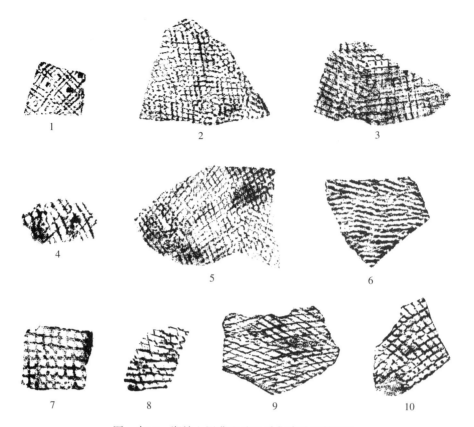

图一九三　湖岭上屋背山遗址采集陶片纹饰拓片

1. "方格纹" + "圆点纹" 组合纹饰　2、3、5. 小方格纹　7、10. 方格纹　6. 绳纹　4、8、9. 菱格纹

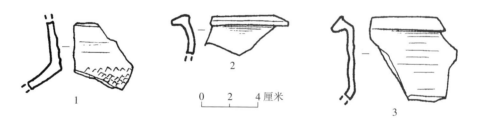

图一九四　湖岭上屋背山遗址采集陶器

1～3. 陶罐（2016NFHLW：1、2016NFHLW：2、2016NFHLW：3）

2016NFHLW：2，夹砂浅灰陶，微侈口，折沿，圆唇。素面。残高2.8厘米（图一九四，2）。

2016NFHLW：3，灰色硬陶，近直口，高领，折沿，斜方唇。素面。残高6.1厘米（图一九四，3）。

3. 遗址性质与年代

湖岭上屋背山遗址处于盱江东岸，紧邻河流，地理位置优越，是一处典型的岗地类遗址。该遗址采集遗物较少，主要为印纹硬陶。从纹饰和器形来看，其与抚河流域商周时期遗存较为相近，可推测该遗址的年代应为商周时期。该遗址的发现对于抚河上游地区文化序列的建构提供了十分重要的考古学材料。

八 湖岭上遗址

1. 遗址概况

湖岭上遗址位于白舍镇河东村委会湖岭上村（图一九五），西紧邻盱江，东北距湖岭上村约340米，西北距206国道约810米。遗址地理坐标为北纬26°59′40.6″，东经116°23′58.0″，海拔122米（图一九六）。遗址现存为一斜坡山岗，遗址整体地势中部较高，四周稍低。遗址区域平面呈东北—西南向不规则形，长径约219米，短径约116米。遗址现已被人为修整种植橘树，中部为杂草地，植被较稀疏。遗址东侧为稻田，西侧为盱江，南北两侧均为橘园（图一九七）。

图一九五　湖岭上遗址位置示意图

2. 遗物介绍

湖岭上遗址采集遗物较多，主要为印纹硬陶与夹砂陶，另见少量石器，包括石斧、石镞等。

（1）石器

石斧　1件。

2016NFHL：1，黄色砂岩制成，顶部圆弧，两侧斜直，底端圆钝。器表较为规整。高17.2、宽6.2厘米（图一九八；图版二八，1、2）。

石镞　1件。

2016NFHL：2，青灰色砂岩磨制而成，锋与铤均残断，两侧刃部经磨制，器表一面磨制较为光

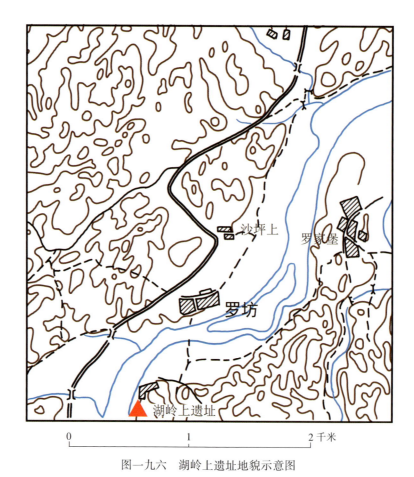

图一九六　湖岭上遗址地貌示意图

图一九七　湖岭上遗址远景图（由北到南）

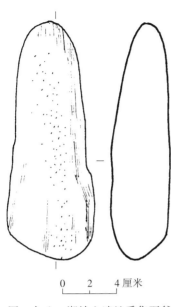

图一九八　湖岭上遗址采集石斧
（2016NFHL：1）

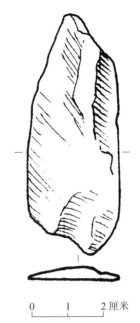

图一九九　湖岭上遗址采集石镞
（2016NFHL：2）

滑。残高6.4厘米（图一九九；图版二八，3）。

（2）陶器

印纹硬陶较多，陶色有灰色、灰褐色、浅灰色，纹饰有绳纹（图二〇〇，5～7）、折线纹、小方格纹（图二〇一，1～3、5～7）、交错绳纹（图二〇〇，1～4）、方格纹（图二〇一，4）、菱格纹（图二〇〇，9～12）、弦纹（图二〇〇，8），器形见有豆、罐；夹砂陶较少，陶色为浅黄色，素面，器形不明。

陶罐　16件。据口部形态可分为三型：

A型：侈口。2件。

图二〇〇　湖岭上遗址采集陶片纹饰拓片

1～4. 交错绳纹　5～7. 绳纹　8. 弦纹　9～12. 菱格纹

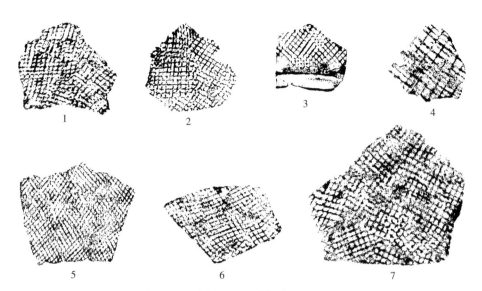

图二〇一　湖岭上遗址采集陶片纹饰拓片

1~3、5~7. 小方格纹　4. 方格纹

2016NFHL：3，灰褐色硬陶，卷沿，圆唇。沿面有一周凸棱，口沿烧制变形。残高2.4厘米（图二〇二，1）。

2016NFHL：5，灰色硬陶，卷沿，斜方唇，沿面微内凹。素面。残高3.7厘米（图二〇二，3）。

B型：敛口。6件。

2016NFHL：4，灰色硬陶，卷沿。器表饰方格纹。残高4.2厘米（图二〇二，2）。

2016NFHL：6，灰褐色硬陶，折沿，圆唇。器表饰菱格纹，部分被抹平。残高4.8厘米（图二〇二，4；图版二八，4）。

2016NFHL：7，灰色硬陶，窄折沿，圆唇。器表饰菱格纹，部分被抹平。残高4.4厘米（图二〇二，5）。

2016NFHL：9，黄褐色硬陶，折沿，圆唇。素面。残高4.1厘米（图二〇二，7）。

2016NFHL：11，灰色硬陶，折沿，圆唇。器表饰方格纹，大部分被抹平。残高3.6厘米（图二〇二，9）。

2016NFHL：15，浅灰色硬陶，折沿，唇部残。器表饰竖线纹。残高6.7厘米（图二〇三，1）。

C型：敞口。6件。

2016NFHL：8，浅灰色硬陶，折沿，圆唇。沿面有一周凸棱。残高2.2厘米（图二〇二，6）。

2016NFHL：10，灰色硬陶，折沿，唇部残。内外壁可见明显轮修痕迹，素面。残高4.7厘米（图二〇二，8）。

2016NFHL：12，灰色硬陶，折沿，斜方唇。素面。残高2.1厘米（图二〇二，10）。

2016NFHL：13，灰色硬陶，折沿，方圆唇。沿面微内凹，素面。残高1.8厘米（图二〇二，11）。

2016NFHL：14，灰褐色硬陶，折沿，方唇。素面。残高2.5厘米（图二〇二，12）。

2016NFHL：20，灰色硬陶，折沿，圆唇。折沿处有一周戳刺纹，沿面有一圆形穿孔。残高2.4厘米（图二〇三，6；图版二八，5、6）。

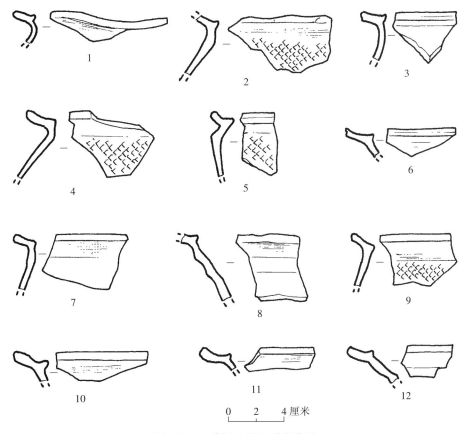

图二〇二　湖岭上遗址采集陶器

1~12. 陶罐（2016NFHL：3、2016NFHL：4、2016NFHL：5、2016NFHL：6、2016NFHL：7、2016NFHL：8、
2016NFHL：9、2016NFHL：10、2016NFHL：11、2016NFHL：12、2016NFHL：13、2016NFHL：14）

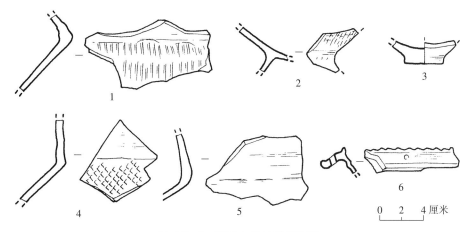

图二〇三　湖岭上遗址采集陶器

1、4~6. 陶罐（2016NFHL：15、2016NFHL：17、2016NFHL：16、2016NFHL：20）
2. 圈足（2016NFHL：18）　3. 器底（2016NFHL：19）

D 型：直口。2 件。

2016NFHL：16，灰色硬陶，宽折沿，唇部残。素面。残高 6.4 厘米（图二〇三，5）。

2016NFHL：17，灰色硬陶，宽折沿，唇部残。器表饰菱格纹。残高 7.4 厘米（图二〇三，4；
图版二九）。

1.石斧(2016NFHL：1)(正面)   2.石斧(2016NFHL：1)(背面)

3.石镞(2016NFHL：2)   4.陶罐(2016NFHL：6)

5.陶罐(2016NFHL：20)(正视)   6.陶罐(2016NFHL：20)(俯视)

图版二八　湖岭上遗址采集陶器

圈足　1件。

2016NFHL：18，灰褐色硬陶，斜直腹，矮圈足。器表施方格纹，大部分被抹平。残高4.1厘米（图二〇三，2）。

器底　1件。

2016NFHL：19，灰褐色硬陶，斜直腹，假圈足。素面。残高2.0厘米（图二〇三，3）。

3. 遗址性质与年代

湖岭上遗址是一处典型的坡状岗地类遗址。该遗址采集遗物主要为印纹硬陶，纹饰多见绳纹、

罐（2016NFHL：17）

图版二九 湖岭上遗址采集陶器

方格纹、菱格纹等。从器形上观察，该遗址所见陶器主要以陶罐为主，器形及口沿部凸棱特征与区域内西周时期陶器相近，因此可推断该遗址的年代为西周时期。

九 老山村后垅山遗址

1. 遗址概况

老山村后垅山遗址位于白舍镇老山村北侧（图二〇四），西侧紧临 311 乡道，南距老山村约 90 米，东南距 311 乡道约 340 米。遗址地理坐标为北纬 27°01′58.3″，东经 116°27′29.7″，海拔 134 米（图二〇五）。遗址现存为一山岗，遗址整体地势东部较高，其余区域稍低且平缓。遗址西部、东部以及中部部分区域已被人为修整种植橘树，植被较为稀疏，其余区域为毛竹、杉树和灌木丛覆盖，植被较为茂密（图二〇六）。

2. 遗址性质与年代

该遗址仅采集到极少量碎陶片，从陶质陶色来看，其年代主要集中在先秦时期。

一〇 栎岗山遗址

1. 遗址概况

栎岗山遗址位于白舍镇河东村委会塘坑村（图二〇七），西距盱江约 470 米，东南距七斜坑遗址约 490 米，西南距塘坑村约 700 米。遗址地理坐标为北纬 27°02′23.1″，东经 116°27′19.5″，海拔 139 米（图二〇八）。栎岗山遗址现存位于一山岗的东、南侧，呈斜坡状，遗址整体地势西北高，东南低。遗址区域平面呈东西—南北向不规则形，长径约 201 米，短径约 110 米。遗址大部现已被人为修整为梯田种植橘树，遗址西南部部分区域现为杉树林、杂草和灌木丛覆盖，植被较为茂密（图二〇九）。

2. 遗物介绍

栎岗山遗址采集遗物较少，主要为 1 件石镞和印纹硬陶。

（1）石器

石镞 1 件。

图二〇四　老山村后垅山遗址位置示意图

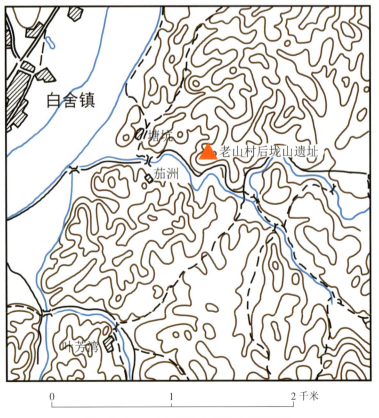

图二〇五　老山村后垅山遗址地貌示意图

图二〇六　老山村后垅山遗址远景图（由西向东）

图二〇七　栎岗山遗址位置示意图

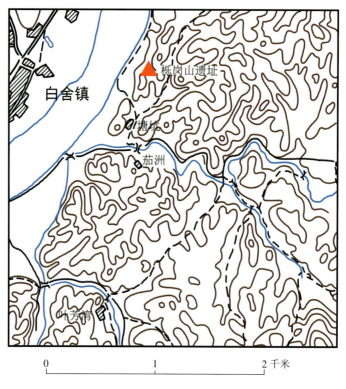

图二〇八　栎岗山遗址地貌示意图

图二〇九　栎岗山遗址远景图（由东南向西北）

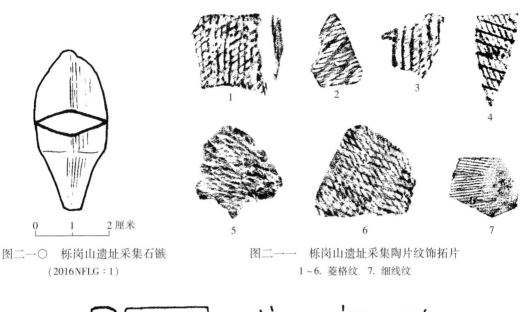

图二一〇 栎岗山遗址采集石镞
（2016NFLG：1）

图二一一 栎岗山遗址采集陶片纹饰拓片
1~6. 菱格纹 7. 细线纹

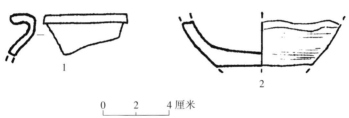

图二一二 栎岗山遗址采集陶器
1. 陶罐（2016NFLG：3） 2. 器底（2016NFLG：2）

2016NFLG：1，青灰色砂岩磨制而成，尖锋端略残，刃部较为锐利，锥状铤略残，中部起脊。器表磨制光滑。残高4.2厘米（图二一〇；图版三〇，1）。

（2）陶器

陶器以印纹硬陶为主，陶色有灰色、浅灰色，纹饰有细线纹（图二一一，7）、绳纹、菱格纹（图二一一，1~6），器形见有罐。

陶罐 1件。

2016NFLG：3，灰褐色硬陶，敛口，卷沿，圆唇。器表施细绳纹，大部分被抹平。残高2.4厘米（图二一二，1）。

器底 1件。

2016NFLG：2，夹砂灰陶，斜直腹，近平底。素面。残高2.6厘米（图二一二，2；图版三〇，2、3）。

3. 遗址性质与年代

栎岗山遗址是一处典型的岗地类遗址。从采集到的遗物来看，主要为印纹硬陶，纹饰多见菱格纹、绳纹和交错线纹。此类纹饰主要流行于周代。因此，可判断该遗址的年代为两周时期。

1.石镞（2016NFLG：1）

2.器底（2016FNLG：2）（内壁面）

3.器底（2016NFLG：2）（外底面）

图版三〇　栎岗山遗址采集遗物

一一　炉下山Ⅰ号遗址

1. 遗址概况

炉下山Ⅰ号遗址位于白舍镇瑶下村南部（图二一三），北距瑶下村约360米，西距炉下山Ⅱ号遗址约380米，南距206国道约410米。遗址地理坐标为北纬27°01′17.7″，东经116°24′40.6″，海拔120米（图二一四）。遗址现存为一缓坡山岗，遗址整体地势中部较高，其余区域稍低且平缓。遗址区域平面呈南北向不规则形，长径约188米，短径约80米。遗址地表现已被人为修整种植橘树，植物较为稀疏。区域南侧有一厂房（图二一五）。

2. 遗物介绍

炉下山Ⅰ号遗址采集遗物较少，主要为印纹硬陶及少量石器。

（1）石器

石矛　1件。

2016NFLXⅠ：1，青色砂岩打制而成，两侧打制成刃，顶端圆弧，底端近直。残高8.7、残宽3.3厘米（图二一六，1；图版三一，1）。

图二一三　炉下山Ⅰ号遗址位置示意图

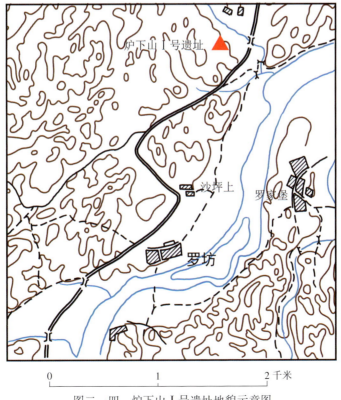

图二一四　炉下山Ⅰ号遗址地貌示意图

图二一五　炉下山 I 号遗址远景图（由东南向西北）

石锛　1件。

2016NFLX I：2，黄褐色砂岩磨制而成，顶端平直，两侧斜直，底端双面磨制成刃，器表磨制规整。高7.2、宽2.6厘米（图二一六，2；图版三一，3、4）。

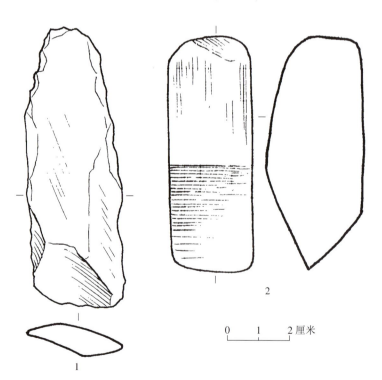

图二一六　炉下山 I 号遗址采集石器

1. 石矛（2016NFLX I：1）　2. 石锛（2016NFLX I：2）

（2）陶器

陶器主要为印纹硬陶，陶色有灰色、浅灰色、褐色，纹饰有小方格纹、弦纹，器形见有罐。

陶罐 3件。

2016NFLXⅠ：3，夹砂灰陶，敛口，折沿，唇部残。器表施方格纹。残高4.8厘米（图二一七，1）。

2016NFLXⅠ：4，红褐色硬陶，口微敛，折沿，唇部残。器表施方格纹。残高5厘米（图二一七，2；图版三一，2）。

2016NFLXⅠ：5，灰褐色硬陶，敛口，卷沿，唇部残。颈外壁有一周凸棱。器表施方格纹。残高5.2厘米（图二一七，3；图版三一，5）。

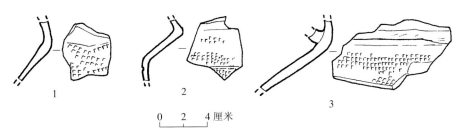

0　2　4厘米

图二一七　炉下山Ⅰ号遗址采集陶器
1～3. 陶罐（2016NFLXⅠ：3、2016NFLXⅠ：4、2016NFLXⅠ：5）

3. 遗址性质与年代

炉下山Ⅰ号遗址属于典型的坡状岗地类遗址。从该遗址采集遗物来看，所见印纹硬陶较多，纹饰主要见有小方格纹。此种纹饰多流行于东周时期。因此，初步判断该遗址年代应为东周时期。

一二 炉下山Ⅱ号遗址

1. 遗址概况

炉下山Ⅱ号遗址位于白舍镇瑶下村南部（图二一八），北距瑶下村约360米，西距炉下山Ⅰ号遗址约380米，南距206国道约410米。遗址地理坐标为北纬27°01′13.3″，东经116°24′27.7″，海拔高度120米（图二一九）。遗址现存为一缓坡山岗，遗址整体地势中部较高，其余区域稍低且平缓。遗址区域平面呈南北向不规则形，长径约188米，短径约80米。地表现已被人为修整种植橘树，植被较为稀疏。区域南侧有一厂房（图二二○）。

2. 遗物介绍

炉下山Ⅱ号遗址采集遗物较少。主要为印纹硬陶，陶色有灰色、浅灰色、浅黄色，纹饰有方格纹，并见有表面施釉的陶器，器形见有罐。

陶罐 4件。

2016NFNLXⅡ：1，褐色硬陶，敛口，卷沿，唇部残。器表施绳纹，部分被抹平。残高5.2厘米（图二二一，1）。

1.石矛(2016NFLXⅠ：1)

2.陶罐(2016NFLXⅠ：4)

3.石锛(2016NFLXⅠ：2)（正面）

4.石锛(2016NFLXⅠ：2)（侧面）

5.陶罐(2016NFLXⅠ：5)

图版三一　炉下山Ⅰ号遗址采集遗物

2016NFNLXⅡ：2，浅灰色硬陶，敛口，方唇。内外壁可见明显轮修痕迹。残高3.2厘米（图二二一，2）。

2016NFNLXⅡ：3，灰褐色硬陶，敛口，折沿，圆唇。沿面微内凹，器表有一周凹弦纹。残高5.0厘米（图二二一，3）。

2016NFNLXⅡ：4，夹砂红褐陶，口微敛，折沿。器表施方格纹。残高3.8厘米（图二二一，4）。

陶盘　1件。

2016NFNLXⅡ：5，红褐色硬陶，敞口，圆唇，斜直腹。素面。残高3.8厘米（图二二一，5）。

图二一八　炉下山Ⅱ号遗址位置示意图

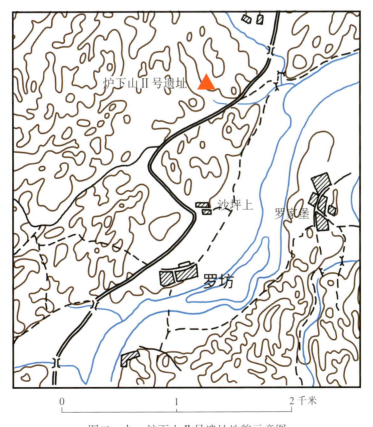

图二一九　炉下山Ⅱ号遗址地貌示意图

图二二○　炉下山Ⅱ号遗址远景图（由东南向西北）

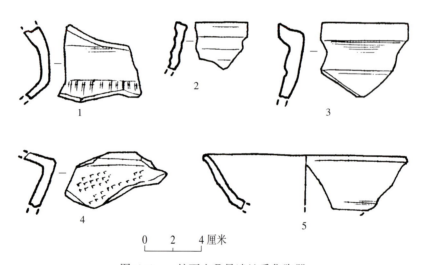

图二二一　炉下山Ⅱ号遗址采集陶器

1～4. 罐（2016NFNLXⅡ：1、2016NFNLXⅡ：2、2016NFNLXⅡ：3、2016NFNLXⅡ：4）　5. 盘（2016NFNLXⅡ：5）

3. 遗址性质与年代

炉下山Ⅱ号遗址是一处坡状岗地类遗址。从该遗址采集遗物情况来看，所见陶器以印纹硬陶为多，纹饰见有小方格纹，部分器表见有施釉痕迹，此类特征为东周时期陶器常见。因此，可初步推断该遗址年代应为东周时期。

一三　罗家村后背山Ⅰ号遗址

1. 遗址概况

罗家村后背山Ⅰ号遗址位于白舍镇河东村委会罗家村北侧（图二二二），南距罗家村约 290 米，西距盱江约 250 米，西南距罗家村后背山 II 号遗址约 530 米。遗址地理坐标为北纬 27°00′53.2″，东经 116°25′03.9″，海拔 124 米（图二二三）。罗家村后背山 I 号遗址现为一斜坡状山岗地带，遗址整体地势北、中部较高，南侧稍低，中部偏北有一沟，地势较低。遗址区域平面呈东北—西南向不规则形，长径约 280 米，短径约 102 米。遗址现已被人为修整种植橘树，地表植被较为稀疏（图二二四）。

图二二二　罗家村后背山 I 号遗址位置示意图

2. 遗物介绍

罗家村后背山 I 号遗址采集遗物较多，主要为印纹硬陶与夹砂陶，另见有石锛、石斧、圆形盘状等石器。

（1）石器

砺石　4 件。

2016NFLHB I：1，灰色砂岩制成，顶端略残，两侧斜直，底端圆弧。器表较为规整。残高 9.9、残宽 6.5 厘米（图二二五，1；图版三二，1）。

2016NFLHB I：3，黄褐色页岩磨成，上下面平整，一侧斜直。器表可见磨痕。残高 10.1、残宽 12.0 厘米（图二二五，2；图版三二，2）。

2016NFLHB I：4，灰色砂岩磨成，呈扁柱状，顶端斜直，一端残。器表磨制较平整。残高 6 厘米（图二二五，3；图版三二，3）。

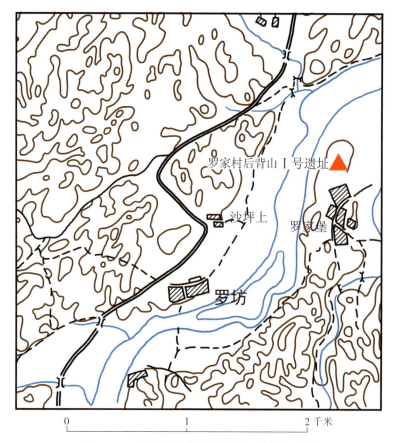

图二二三　罗家村后背山Ⅰ号遗址地貌示意图

图二二四　罗家村后背山Ⅰ号遗址远景图（由东南向西北）

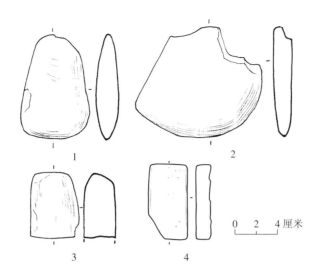

图二二五 罗家村后背山Ⅰ号遗址采集石器

1~4. 砺石（2016NFLHBⅠ：1、2016NFLHBⅠ：3、2016NFLHBⅠ：4、2016NFLHBⅠ：17）

2016NFLHBⅠ：17，红色砂岩磨制而成，顶端及两侧近直，截面近方形。器表磨制较为规整。残高7.0、残宽3.7厘米（图二二五，4；图版三二，4）。

石锛 4件。

2016NFLHBⅠ：2，灰色砂岩磨制而成，顶端近平，两侧竖直，底端有磨痕。器表磨制光滑。残高3.7、残宽2.4厘米（图二二六，1；图版三二，5）。

2016NFLHBⅠ：5，灰褐色砂岩磨制而成，顶端平直，两侧竖直，一端残，截面近方形。器表磨制光滑。残高4.6、残宽3.7厘米（图二二六，2）。

2016NFLHBⅠ：13，青灰色页岩磨制而成，顶端近直，两侧竖直，一面平直，一面中部有阶，单面磨制成刃。器表较为光滑。高8.2、宽3.6厘米（图二二六，4；图版三三，3、4）。

2016NFLHBⅠ：15，青灰色砂岩磨制而成，顶端近直，两侧斜直，上下面较平整，单面斜刃。器表磨制光滑。残高3.3、残宽2.8厘米（图二二六，3；图版三三，1、2）。

石刀 2件。

2016NFLHBⅠ：16，灰色砂岩磨制而成，石刀残片，近直背，一侧竖直，残甚。器表磨制较为规整。残高1.9、残宽2.3厘米（图二二六，5）。

2016NFLHBⅠ：18，青灰色页岩磨制而成，直背，一侧斜直，刃部圆钝，中部见有两对钻圆形穿孔。残高4.7、残宽12.1厘米，两孔径均为0.6厘米（图二二六，6；图版三三，5、6）。

石镞 4件。

2016NFLHBⅠ：14，青灰色砂岩磨制而成，石刀残片，尖锋及铤端均残，刃部有打击痕迹，器表较为规整。残高8.0、残宽2.3厘米（图二二七，1；图版三二，6）。

2016NFLHBⅠ：19，青灰色闪长岩磨制而成，尖锋，刃部较为锐利，铤端残。器表磨制光滑。残高6.8、宽2.2厘米（图二二七，2；图版三四，1）。

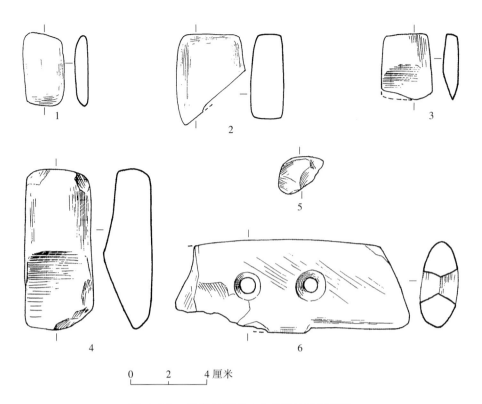

0　　2　　4厘米

图二二六　罗家村后背山Ⅰ号遗址采集石器

1～4. 石锛（2016NFLHBⅠ：2、2016NFLHBⅠ：5、2016NFLHBⅠ：15、2016NFLHBⅠ：13）

5、6. 石刀（2016NFLHBⅠ：16、2016NFLHBⅠ：18）

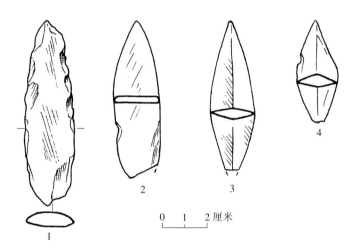

0　　1　　2厘米

图二二七　罗家村后背山Ⅰ号遗址采集石器

1～4. 石镞（2016NFLHBⅠ：14、2016NFLHBⅠ：19、2016NFLHBⅠ：20、2016NFLHBⅠ：21）

　　2016NFLHBⅠ：20，青灰色砂岩磨制而成，尖锋，两侧刃锐利，中部起脊，铤端残。器表磨制光滑。残高6.5、残宽2.1厘米（图二二七，3；图版三四，2）。

　　2016NFLHBⅠ：21，青灰色砂岩磨制而成，尖锋，两侧刃部锐利，中部起脊，铤端残。器表磨制光滑。残高4.4、残宽1.8厘米（图二二七，4；图版三四，3）。

（2）陶器

印纹硬陶较多，陶色主要为灰色、浅灰色，纹饰有绳纹、交错绳纹（图二二九，10）、方格纹（图二二八，2；图二二九，2、5）、小方格纹（图二二八，1、3；图二二九，4、6、7）、"弦纹" + "方格纹"（图二二九，8）、雷纹（图二二九，9）、短线纹（图二二八，4、5）、菱格纹（图二二八，6；图二二九，1、3）、重菱格纹（图二二八，7）、折线纹（图二二九，11～14），器形见有罐；夹砂陶较少，陶色主要有红色、浅黄色，素面，器形不明。

图二二八　罗家村后背山Ⅰ号遗址采集陶片纹饰拓片

1、3. 小方格纹　2. 方格纹　4、5. 短线纹　6. 菱格纹　7. 重菱纹

陶罐　11件。据口部形态可分为三型：

A型：侈口。5件。

2016NFLHBⅠ：6，夹砂灰陶，折沿。器表施方格纹。残高4.1厘米（图二三〇，1）。

2016NFLHBⅠ：9，灰褐色硬陶，折沿，方唇。素面。残高3.7厘米（图二三〇，4）。

2016NFLHBⅠ：10，灰色硬陶，折沿，圆唇。素面。残高3.2厘米（图二三〇，5）。

2016NFLHBⅠ：12，褐色硬陶，折沿，方唇，沿内侧有一周凸棱。残高2厘米（图二三〇，7）。

2016NFLHBⅠ：22，灰褐色硬陶，折沿，圆唇。器表施方格纹。残高4.9厘米（图二三〇，8）。

B型：敛口。2件。

2016NFLHBⅠ：8，灰色硬陶，宽折沿，唇部残。沿面有轮修痕迹，器表施菱格纹。残高8.5厘米（图二三〇，3；图版三四，4）。

2016NFLHBⅠ：23，灰色硬陶，斜方唇。器表有轮修痕迹。素面。残高1.8厘米（图二三〇，9）。

C型：敞口。4件。

2016NFLHBⅠ：7，灰色硬陶，折沿，方唇。素面。残高2.4厘米（图二三〇，2）。

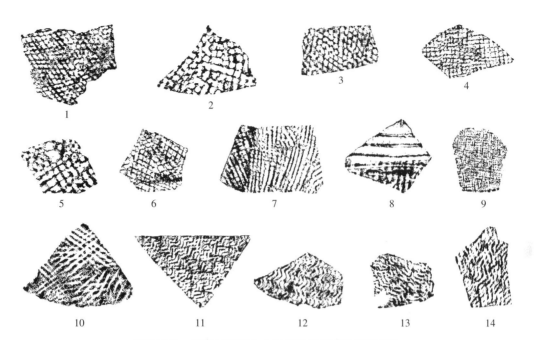

图二二九　罗家村后背山 I 号遗址采集陶片纹饰拓片

1、3. 菱格纹　2、5. 方格纹　4、6、7. 小方格纹　8. "弦纹" + "方格纹"　9. 雷纹　10. 交错绳纹　11～14. 折线纹

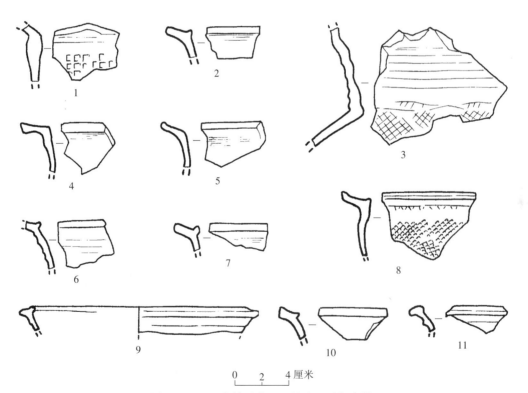

0　2　4厘米

图二三〇　罗家村后背山 I 号遗址采集陶器

1～11. 陶罐（2016NFLHBI：6、2016NFLHBI：7、2016NFLHBI：8、2016NFLHBI：9、2016NFLHBI：10、2016NFLHBI：11、2016NFLHBI：12、2016NFLHBI：22、2016NFLHBI：23、2016NFLHBI：24、2016NFLHBI：25）

2016NFLHBI：11，夹砂浅灰陶，折沿。沿面可见轮修痕迹。残高3.4厘米（图二三〇，6）。

2016NFLHB I：24，夹砂浅灰陶，折沿，方唇。素面。残高2.4厘米（图二三〇，10）。

2016NFLHBⅠ:25，夹砂灰陶，折沿，圆唇。沿外侧有一周凸棱。残高2.0厘米（图二三〇，11）。

3. 遗址性质与年代

罗家村后背山Ⅰ号遗址是一处坡状岗地类遗址。从采集遗物情况分析，主要以印纹硬陶为多，纹饰主要见方格纹、绳纹、折线纹等，器形主要有罐、尊等。该遗址发现的器形和纹饰与该区域以往发现的商周时期陶器风格十分相近。所见的小方格纹等纹饰或可显示该遗址的年代下限可至东周时期。因此，可推断该遗址的年代为商周时期。

1.砺石(2016NFLHBⅠ:1)

2.砺石(2016NFLHBⅠ:3)

3.砺石(2016NFLHBⅠ:4)

4.砺石(2016NFLHBⅠ:17)

5.石锛(2016NFLHBⅠ:2)

6.石镞(2016NFLHBⅠ:14)

图版三二　罗家村后背山Ⅰ号遗址采集遗物

1.石锛(2016NFLHBⅠ:15)(正面)

2.石锛(2016NFLHBⅠ:15)(背面)

3.石锛(2016NFLHBⅠ:13)(正面)

4.石锛(2016NFLHBⅠ:13)(背面)

5.石刀(2016NFLHBⅠ:18)(正面)

6.石刀(2016NFLHBⅠ:18)(背面)

图版三三　罗家村后背山Ⅰ号遗址采集遗物

一四　罗家村后背山Ⅱ号遗址

1. 遗址概况

罗家村后背山Ⅱ号遗址位于白舍镇河东村委会罗家村西侧（图二三一），西紧邻旴江，东北距罗家村后背山Ⅰ号遗址约530米，东距罗家村约210米。遗址地理坐标为北纬27°00′37.0″，东经116°24′56.9″，海拔130米（图二三二）。遗址现存为一斜坡状山岗，遗址整体地势东北高西南低。

1.石镞(2016NFLHBⅠ:19)

2.石镞(2016NFLHBⅠ:20)

3.石镞(2016NFLHBⅠ:21)

4.陶罐(2016NFLHBⅠ:8)

图版三四　罗家村后背山Ⅰ号遗址采集遗物

遗址区域平面呈西北—东南向不规则形，长径约 176 米，短径约 95 米。遗址大部现已被人为修整种植橘树，部分区域为菜地，地表植被较为稀疏（图二三三）。

2. 遗物介绍

罗家村后背山Ⅱ号遗址采集遗物较少，主要为印纹硬陶与夹砂陶，另发现石镞和砺石各 1 件。

（1）石器

石镞　1 件。

2016NFLHBⅡ:2，青灰色砂岩磨制而成，尖锋及铤端残，刃部较为锋利，中部起脊。器表磨制光滑。残高 2.2、残宽 1.6 厘米（图二三四，1；图版三五，2）。

砺石　1 件。

2016NFLHBⅡ:1，灰褐色闪长岩磨制而成，顶端平直，两侧斜直，一端残，器身截面呈扁圆形。器表磨制光滑。残高 5.8、残宽 4.0 厘米（图二三四，2；图版三五，1）。

（2）陶器

印纹硬陶居多，陶色有灰色、浅灰色，纹饰有小方格纹、方格纹、菱格纹、绳纹、“方格纹”＋“圆点纹”的组合纹饰，器形见有罐；夹砂陶较少，陶色主要为红色、灰褐色、灰色，纹饰见有菱格纹、绳纹，器形不明。

图二三一　罗家村后背山 II 号遗址位置示意图

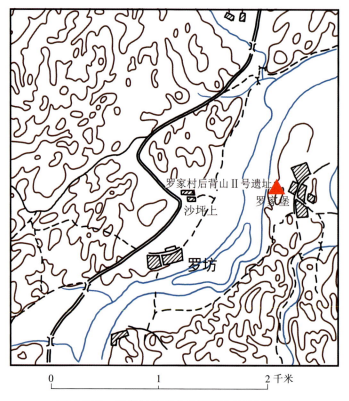

图二三二　罗家村后背山 II 号遗址地貌示意图

图二三三　罗家村后背山Ⅱ号遗址远景图（由东南到西北）

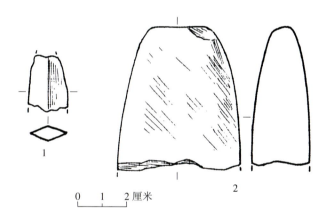

0　1　2 厘米

图二三四　罗家村后背山Ⅱ号遗址采集石器

1. 石镞（2016NFLHBⅡ：2）　2. 砺石（2016NFLHBⅡ：1）

陶罐　2件。

2016NFLHBⅡ：5，灰色硬陶，敞口，方唇。素面。残高1.9厘米（图二三五，2）。

2016NFLHBⅡ：6，夹细砂灰色硬陶，敛口，方唇，折肩。器表施方格纹。残高3.6厘米（图二三五，1）。

陶尊　1件。

2016NFLHBⅡ：3，灰褐硬陶，侈口，高领，唇部残。器表施竖线纹，肩部有三周凸棱。残高7.6厘米（图二三五，3；图版三五，3）。

鼎足　1件。

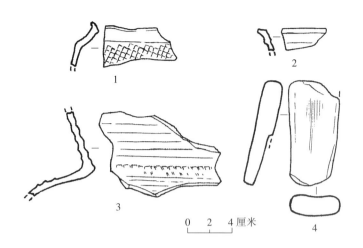

图二三五　罗家村后背山Ⅱ号遗址采集陶器

1、2. 陶罐（2016NFLHBⅡ：6、2016NFLHBⅡ：5）　3. 陶尊（2016NFLHBⅡ：3）　4. 鼎足（2016NFLHBⅡ：4）

2016NFLHBⅡ：4，夹砂浅灰陶，扁状足，截面近方形。素面。残高9.2厘米（图二三五，4；图版三五，4）。

3. 遗址性质与年代

罗家村后背山Ⅱ号遗址选址处于盱江岸边，是一处典型的坡状岗地类遗址。从该遗址采集遗物来看，陶器中印纹硬陶器形主要为尊和罐，纹饰多见菱格纹或方格纹，并发现一素面扁平状鼎足。此类器形与纹饰特征与周边进行比较，可初步判断该遗址的年代为商周时期。

一五　马家边遗址

1. 遗址概况

马家边遗址位于白舍镇田东村的马家边老村东北部（图二三六），东距206国道约1.8千米，西南距田东村约540米，西距李家村约700米。遗址地理坐标为北纬27°00′06.9″，东经116°22′19.0″，海拔121米（图二三七）。该遗址现存为一缓坡状山岗，遗址内整体地势西高东低。遗址区域平面呈南北向不规则形，长径约71米，短径约52米。地表已被人为修整种植橘树，植被较为稀疏，中部有一房屋。区域西南临老马家边村（村内已搬迁），北侧有一小河流经（图二三八）。

2. 遗物介绍

马家边遗址采集遗物较少，主要为印纹硬陶及夹砂陶，另见有砺石2件。

（1）石器

砺石　2件。

2016NFMJ：1，黄褐色砂岩制成，平面呈不规则状，两端及一侧均残，一侧竖直。器表见有打磨痕迹。残高11.4、残宽12.5厘米（图二三九，1；图版三六，1、2）。

2016NFMJ：2，红褐色砂岩制成，近长舌状，顶端残，底端圆弧。器表有打磨痕迹。残高8.1、

1.砺石(2016NFLHBⅡ∶1)

2.石镞(2016NFLHBⅡ∶2)

3.陶尊(2016NFLHBⅡ∶3)

4.陶鼎足(2016NFLHBⅡ∶4)

图版三五　罗家村后背山Ⅱ号遗址采集遗物

残宽4.7厘米（图二三九，2；图版三六，3）。

（2）陶器

印纹硬陶陶色为灰色，纹饰见有绳纹（图二四〇，4～6）、重菱纹（图二四〇，1）、小方格纹（图二四〇，3、7）、菱格纹（图二四〇，2），器形有罐；夹砂陶陶色为灰色，见有少量方格纹，多为素面，器形不明。

陶罐　7件。

2016NFMJ∶3，灰色硬陶，斜直口，折沿，唇部残。器表施菱格纹。残高5.1厘米（图二四一，1）。

2016NFMJ∶4，灰色硬陶，敛口，窄折沿，圆唇。器表施方格纹。残高3.2厘米（图二四一，2）。

2016NFMJ∶5，灰色硬陶，侈口，宽折沿，圆唇。沿面有一周凸棱，器表施方格纹。残高4.6厘米（图二四一，3；图版三六，4）。

2016NFMJ∶7，灰褐色硬陶，侈口，卷沿，斜方唇。器表施方格纹。残高3.4厘米（图二四一，4；图版三六，5、6）。

图二三六　马家边遗址位置示意图

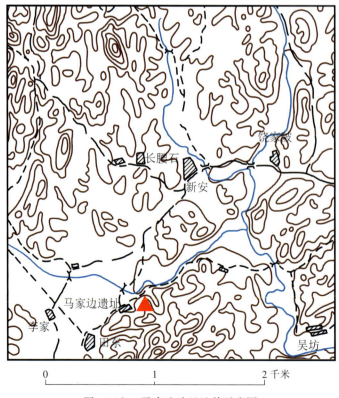

图二三七　马家边遗址地貌示意图

图二三八 马家边遗址远景图（由东向西）

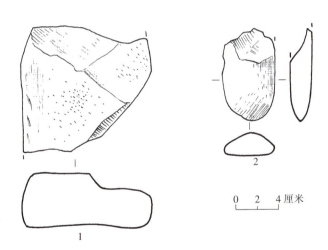

图二三九 马家边遗址采集石器

1、2. 砺石（2016NFMJ：1、2016NFMJ：2）

2016NFMJ：8，灰色硬陶，侈口，折沿。沿面有一周凸棱，素面。残高2.6厘米（图二四一，5）。

2016NFMJ：9，灰色硬陶，敛口，折沿，圆唇。沿面有一周凸棱，器表施方格纹，大部分被抹平。残高3.8厘米（图二四一，6；图版三七，3）。

2016NFMJ：10，灰褐色硬陶，敞口，卷沿，圆唇。沿面有一周凸棱，素面。残高3.2厘米（图二四一，7）。

圈足 1件。

2016NFMJ：6，灰褐色硬陶，斜直腹，矮圈足，底端外撇。内外壁可见轮修痕迹。残高3.4厘

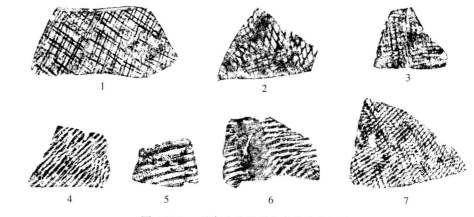

图二四〇　马家边遗址采集陶片纹饰拓片

1. 重菱纹　2. 菱格纹　3、7. 小方格纹　4~6. 绳纹

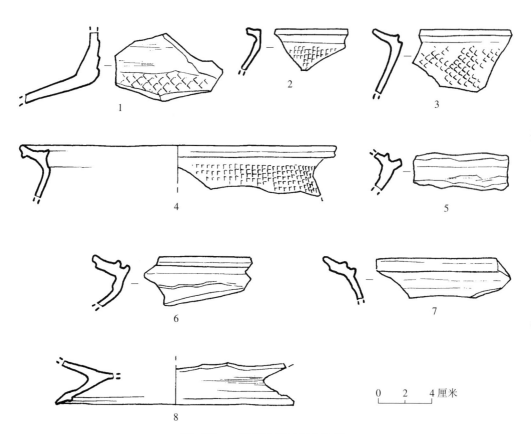

图二四一　马家边遗址采集陶器

1~7. 陶罐（2016NFMJ：3、2016NFMJ：4、2016NFMJ：5、2016NFMJ：7、2016NFMJ：8、
2016NFMJ：9、2016NFMJ：10）　8. 圈足（2016NFMJ：6）

米（图二四一，8；图版三七，1、2）。

3. 遗址性质与年代

马家边遗址位于盱江支流沿岸，是一处坡状岗地类遗址。该遗址采集遗物不甚丰富，主要为印纹硬陶器，纹饰主要见有菱格纹、方格纹、绳纹等。所见器形与西周时期常见形态相近。因此，初步判断该遗址的年代为西周时期。

1.砺石(2016NFMJ：1)(正面)　　　　　　　　2.砺石(2016NFMJ：1)(背面)

3.砺石(2016NFMJ：2)　　　　　　　　　　　4.陶罐(2016NFMJ：5)

5.陶罐(2016NFMJ：7)(侧视)　　　　　　　　6.陶罐(2016NFMJ：7)(侧俯视)

图版三六　马家边遗址采集遗物

一六　铺前遗址

1. 遗址概况

铺前遗址位于白舍镇铺前村西南方向（图二四二），东南距 206 国道约 90 米，西距瑶下村约 800 米，东北距铺前村约 800 米。遗址地理坐标为北纬 27°01′23.6″，东经 116°25′10.6″，海拔 122 米（图二四三）。铺前遗址现存为一缓坡状山岗，遗址整体地势西部较高，其余区域稍低且平缓。遗址区域平面呈西北—东南向不规则形，长径约 105 米，短径约 52 米，面积 4390.6 平方米。地表

1.圈足(2016NFMJ：6)(正视)

2.圈足(2016NFMJ：6)(俯视)

3.罐(2016NFMJ：9)

图版三七　马家边遗址采集陶器

已被人为修整为梯田种植橘树，植被较为稀少。遗址区域南临一村道，西临橘园，北、东侧邻近树林（图二四四）。

2. 遗物介绍

铺前遗址采集遗物较少，主要为印纹硬陶与夹砂陶，另见有一残石器。

（1）石器

砺石　1件。

2016NFPQ：1，灰褐色砂岩制成，顶端近直，两侧竖直，底端残。器表磨制较为规整。残高5.2、残长5.6厘米（图二四六）。

（2）陶器

印纹硬陶较多，陶色有灰色、浅灰色，纹饰有小方格纹（图二四五，3、4、11）、方格纹（图二四五，1、5）、绳纹（图二四五，6）、叶脉纹（图二四五，7～9）、折线纹、菱格纹（图二四五，2）、"叶脉纹"与"小方格纹"组合纹饰（图二四五，10），器形见有罐；夹砂陶较少，陶色主要有浅灰色、浅黄色，素面，器形不明。

陶罐　2件。

2016NFPQ：2，灰色硬陶，敞口，折沿，方唇。器表施菱格纹。残高2.1厘米（图二四七，1）。

图二四二 铺前遗址位置示意图

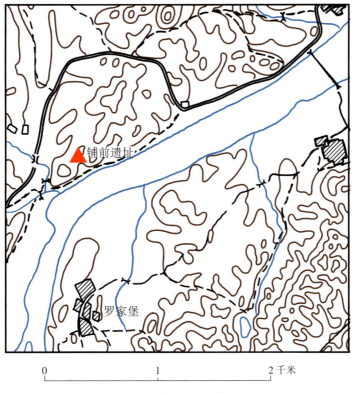

图二四三 铺前遗址地貌示意图

图二四四　铺前遗址远景图（由东南向西北）

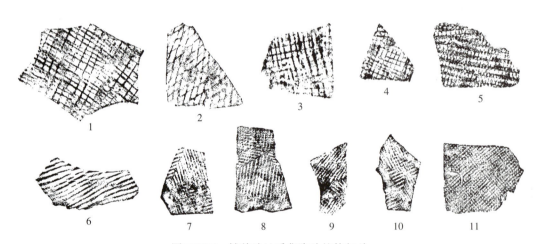

图二四五　铺前遗址采集陶片纹饰拓片

1、5. 方格纹　2. 菱格纹　3、4、11. 小方格纹　6. 绳纹　7～9. 叶脉纹　10. "叶脉纹" + "小方格纹"

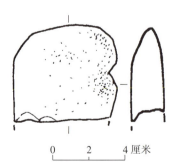

0　　2　　4厘米

图二四六　铺前遗址采集砺石

（2016NFPQ∶1）

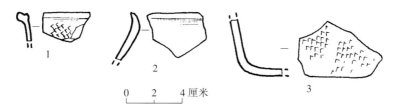

0   2   4厘米

图二四七　铺前遗址采集陶器

1、2. 陶罐（2016NFPQ：2、2016NFPQ：4）　3. 腹部残片（2016NFPQ：3）

2016NFPQ：4，夹砂灰陶，敛口，尖圆唇。素面。残高 3.2 厘米（图二四七，2）。

底部残片　1 件。

2016NFPQ：3，灰色硬陶，斜直腹，近平底。器表施方格纹。残高 4.1 厘米（图二四七，3）。

3. 遗址性质与年代

铺前遗址地处盱江左岸，地理环境优越，是一处坡状岗地类遗址。从采集陶器来看，纹饰主要流行绳纹、小方格纹、菱格纹、短线纹等。与周边比较，此类纹饰多为东周时期常见纹饰。所见方格纹及叶脉纹或代表了遗址中有年代略早遗存的可能。因此，初步推断铺前遗址的年代为周代。

一七　七斜坑遗址

1. 遗址概况

七斜坑遗址位于白舍镇河东村委会老山村（图二四八），西南距塘坑村约 600 米，东距老山村约 440 米，西北距栎岗山遗址约 500 米。遗址地理坐标为北纬 27°02′09.3″，东经 116°27′29.8″，海拔 139 米（图二四九）。七斜坑遗址现存为一斜坡状山岗，遗址整体地势中部高四周低。遗址区域平面呈东西向不规则形，长径约 327 米，短径约 106 米，面积 30805.5 平方米。遗址现已被人为修整为梯田种植橘树，地表植被较为稀疏（图二五〇）。

2. 遗物介绍

七斜坑遗址采集遗物相对较少，主要以石器和陶器为主。

（1）石器

砺石　1 件。

2016NFQX：1，灰褐色砂岩制成，顶部近平，两侧残，底端有打击痕迹。器表磨制规整。残高 5.2 厘米（图二五二，2；图版三八，1、2）。

石矛　1 件。

2016NFQX：2，青灰色页岩磨制而成，器形近长条形，器表打制痕迹明显，地段打制成刃。残高 7.6 厘米（图二五二，1；图版三八，3）。

石刀　1 件。

2016NFQX：3，黄褐色页岩磨制而成，弧背，一侧斜直，单面磨制成刃。近背部有一圆形对钻穿孔，器表磨制光滑。残高 4.0、残宽 4.9 厘米（图二五二，3；图版三八 5、6）。

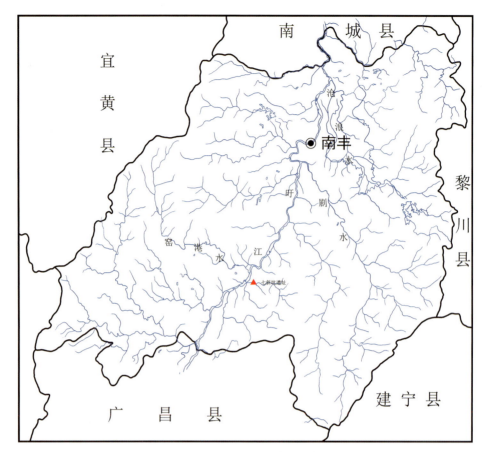

图二四八　七斜坑遗址位置示意图

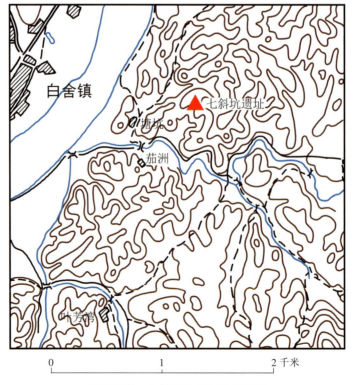

图二四九　七斜坑遗址地貌示意图

图二五〇　七斜坑遗址远景图（由东南向西北）

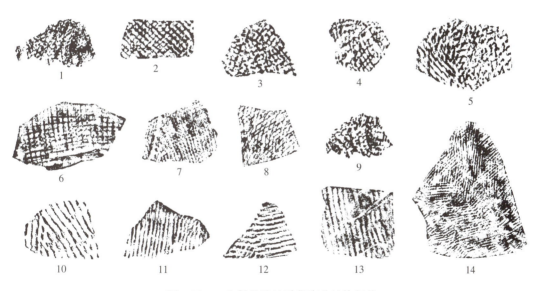

图二五一　七斜坑遗址采集陶片纹饰拓片

1、5、8、9. 菱格纹　2~4、6. 方格纹　7. 小方格纹　10~13. 绳纹　14. 交错绳纹

石镞　1件。

2016NFQX：4，灰褐色闪长岩磨制而成，尖锋，刃部斜弧，较为锐利，直铤。器表磨制光滑。残高6.1厘米（图二五二，4；图版三八，4）。

（2）陶器

七斜坑遗址采集遗物较多，以印纹硬陶为主，夹砂陶较少。印纹硬陶陶色有灰色，纹饰有方格纹（图二五一，2~4、6）、小方格纹（图二五一，7）、菱格纹（图二五一，1、5、8、9）、绳纹

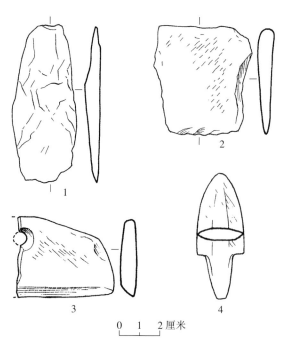

图二五二 七斜坑遗址采集石器

1. 砺石（2016NFQX：1）　2. 石矛（2016NFQX：2）　3. 石刀（2016NFQX：3）　4. 石镞（2016NFQX：4）

（图二五一，10～13）、交错绳纹（图二五一，14）、席纹，器形见有罐；夹砂陶陶色有浅灰色、灰色、红色，素面，器形见有罐、鼎（足）。

陶罐　10件。据口部形态可分为两型：

A型：敛口。7件。

2016NFQX：6，灰褐色硬陶，折沿，斜方唇。器表施竖向绳纹。残高4.0厘米（图二五三，2；图版三九，1）。

2016NFQX：7，灰褐色硬陶，卷沿，圆唇。素面。残高2.8厘米（图二五三，3）。

2016NFQX：8，灰色硬陶，折沿。器表饰方格纹。残高3.8厘米（图二五三，4）。

2016NFQX：10，夹砂红褐陶，折沿，圆唇。素面。残高5.1厘米（图二五三，5）。

2016NFQX：15，灰色硬陶，折沿，唇部残。素面。残高3.8厘米（图二五三，8）。

2016NFQX：16，灰褐色硬陶，折沿，斜方唇。唇面见有一道凹槽。器表施菱格纹。残高5.8厘米（图二五三，9；图版三九，2）。

2016NFQX：17，夹砂黄陶，宽折沿。素面。残高4.4厘米（图二五三，10）。

B型：敞口。3件。

2016NFQX：5，灰色硬陶，折沿，圆唇。素面。残高2.6厘米（图二五三，1）。

2016NFQX：13，灰色硬陶，折沿，圆唇。素面。残高2.2厘米（图二五三，6）。

2016NFQX：14，灰褐色硬陶，折沿，圆唇。沿面微内凹，素面。残高1.4厘米（图二五三，7）。

圈足　1件。

2016NFQX：9，灰褐色硬陶，高圈足，底端外撇，烧制变形。素面。残高4.1厘米（图二五三，11）。

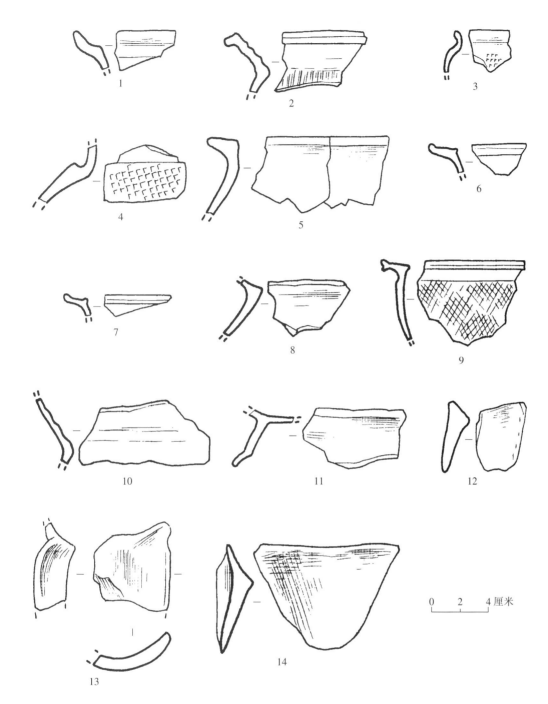

图二五三　七斜坑遗址采集陶器

1～10. 陶罐（2016NFQX：5、2016NFQX：6、2016NFQX：7、2016NFQX：8、2016NFQX：10、2016NFQX：13、2016NFQX：14、2016NFQX：15、2016NFQX：16、2016NFQX：17）　11. 圈足（2016NFQX：9）　12～14. 鼎足（2016NFQX：11、2016NFQX：12、2016NFQX：18）

鼎足　3件。

2016NFQX：11，夹砂黄陶，扁足，截面呈扁圆形。素面。残高4.6厘米（图二五三，12）。

2016NFQX：12，夹砂红陶，瓦状扁足，截面呈弧形。素面。残高5.8厘米（图二五三，13；图版三九，3、4）。

2016NFQX：18，夹砂红陶，舌状扁足，截面呈扁条形。素面。残高7.1厘米（图二五三，14；图版三九，5、6）。

3. 遗址性质与年代

七斜坑遗址与旴江距离较近，地形为斜坡状，该遗址是一处典型的岗地类遗址。从遗址采集遗物特征分析，该遗址年代应为以下两个年代：

1.砺石(2016NFQX：1)(正面)

2.砺石(2016NFQX：1)(背面)

3.石矛(2016NFQX：2)

4.石镞(2016NFQX：4)

5.石刀(2016NFQX：3)(正面)

6.石刀(2016NFQX：3)(背面)

图版三八　七斜坑遗址采集石器

　　1 组：以舌状鼎足为代表，器形多见印纹硬陶器，纹饰多见绳纹和交错线纹。该组陶器的风格具有商代陶器的特征。因此，可判断该组年代为商时期。

　　2 组：以绳纹、菱格纹、硬陶罐等为代表。此组陶罐口沿内侧有凸棱式凹槽特征，其陶器与西周时期陶器相似。因此，可推测该组陶器的年代为西周时期。

　　通过以上分析，可判断该遗址的年代为商周时期。该遗址的发现与初步研究为该区域文化序列建立及聚落形态研究提供了十分重要的考古学材料。

1.罐(2016NFQX：6)

2.罐(2016NFQX：16)

3.鼎足(2016NFQX：12)（正面）

4.鼎足(2016NFQX：12)（背面）

5.鼎足(2016NFQX：18)（正面）

6.鼎足(2016NFQX：18)（背面）

图版三九　七斜坑遗址采集陶器

一八 青铜山遗址

1. 遗址概况

青铜山遗址位于莱溪乡九联村（图二五四），东距 G35 济广高速约 160 米，东南距九联村约 750 米，西南距下井村约 550 米。遗址地理坐标为北纬 27°14′07.1″，东经 116°34′40.8″，海拔 107 米（图二五五）。遗址现为一斜坡状山岗，整体地势北高南低。遗址平面近"L"形，南北长 24 ~ 64 米，东西长 40 ~ 79 米。遗址现已被人为修整种植橘树，地表植被较为稀疏，部分区域岩石暴露，遗址南侧山顶部为青铜山寺（图二五六）。

图二五四　青铜山遗址位置示意图

2. 遗物介绍

青铜山遗址采集遗物较少，多见印纹硬陶碎片，陶色多为灰色，纹饰主要只有菱格纹。

器腹残片　1件。

2016NFQT：1，灰色硬陶，圆弧腹。器表施菱格纹，大部分被抹平。残高 10.8 厘米（图二五七）。

3. 遗址性质与年代

青铜山遗址是一处典型的岗地类遗址。该遗址因修建青铜山寺而破坏严重，采集遗物极少，仅有少量陶片为印纹硬陶，纹饰为菱格纹，其形态具有商周时期陶器特征。因此，可推断青铜山遗址的年代为商周时期。

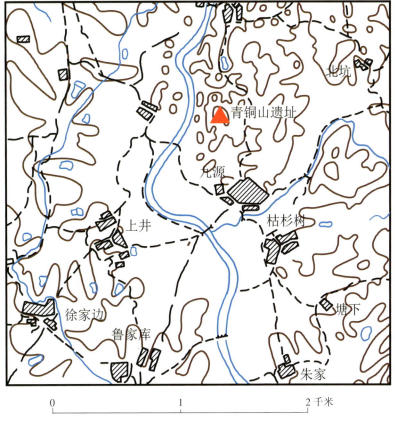

图二五五　青铜山遗址地貌示意图

图二五六　青铜山遗址远景图（由东南向西北）

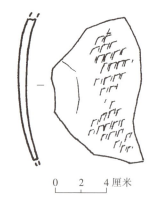

图二五七　青铜山遗址采集陶器

（2016NFQT：1）

一九　上沙村后龙山遗址

1. 遗址概况

上沙村后龙山遗址位于太和镇上沙村（图二五八），西距 209 省道约 110 米，东距上沙村约 90 米，东南距太和镇窑上村约 980 米。遗址地理坐标为北纬 27°04′27.8″，东经 116°36′04.3″，海拔 126 米（图二五九）。遗址整体地势东高西低，所在地现为一斜坡状山岗，平面呈东北—西南向不规则形，长径约 160 米，短径约 39 米。遗址大部现为杉树、杂草和灌木丛所覆盖，地表植被较茂密，遗址中部部分区域现已被人为修整为梯田种植橘树，植被较稀疏（图二六○）。

图二五八　上沙村后龙山遗址位置示意图

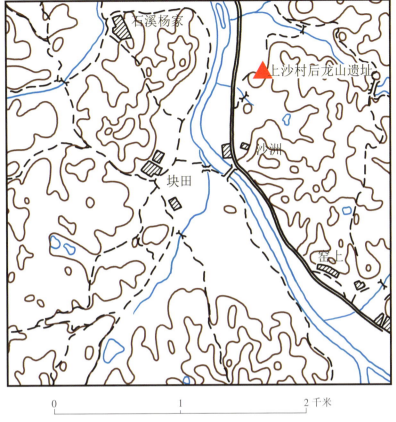

图二五九　上沙村后龙山遗址地貌示意图

图二六○　上沙村后龙山遗址远景图（由西北向东南）

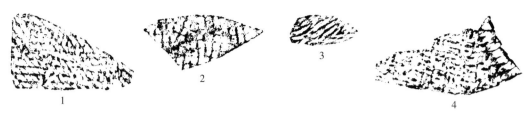

图二六一　上沙村后龙山遗址采集陶片纹饰拓片

1. 菱格纹　2. 方格纹　3. 短线纹　4. 席纹

2. 遗物介绍

上沙村后龙山遗址采集遗物较少，主要为印纹硬陶与夹砂陶，仅只有 1 件石器。

（1）石器　1 件。

2016NFSS：1，青灰色砂岩磨制而成，一侧斜直，两端及一侧残。上下面较粗糙。残高 9.1、残宽 2.8 厘米（图二六二；图版四〇，1）。

（2）陶器

印纹硬陶较多，陶色有灰色，纹饰有菱格纹（图二六一，1）、方格纹（图二六一，2）、席纹（图二六一，4）、绳纹、短线纹（图二六一，3），器形见有罐、尊；夹砂陶较少，陶色有红色、灰色，素面，器形见有罐。

陶罐　2 件。

2016NFSS：2，灰色硬陶，敛口，折沿，圆唇。口沿下有一周凹槽，器表施方格纹。残高 3.6 厘米（图二六三，2；图版四〇，2）。

2016NFSS：3，夹砂灰褐陶，侈口，卷沿，方圆唇。素面。残高 3.4 厘米（图二六三，3）。

陶尊　1 件。

2016NFSS：4，灰色硬陶，侈口，高领，微卷沿，方圆唇。颈部有轮修痕迹。残高 10.1 厘米（图二六三，1；图版四〇，3、4）。

陶刀　1 件。

2016NFSS：5，夹砂黄褐陶，背部平直，一侧斜直。素面。残高 2.2 厘米（图二六三，4）。

3. 遗址性质与年代

上沙村后龙山遗址地处剧水东岸，地形为斜坡状岗地，是一处典型的岗地类遗址。从采集遗物来看，主要以印纹硬陶器为主，纹饰多见方格纹和席纹。与周边比较，采集遗物年代主要集中在西周时期。该遗址的发现为区域文化序列建立及聚落形态研究提供了十分重要的考古学材料。

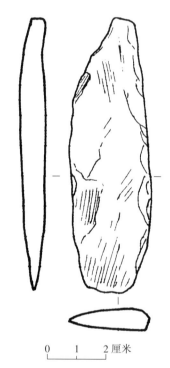

0　　1　　2厘米

图二六二　上沙村后龙山遗址采集石器

（2016NFSS：1）

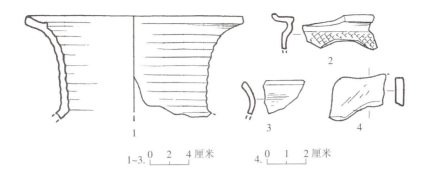

1~3. 0 2 4厘米   4. 0 1 2厘米

图二六三　上沙村后龙山遗址采集陶器

1. 陶尊（2016NFSS：4）　2、3. 陶罐（2016NFSS：2、2016NFSS：3）　4. 陶刀（2016NFSS：5）

1.石器（2016NFSS：1）

2.陶罐（2016NFSS：2）

3.陶尊（2016NFSS：4）（正面）

4.陶尊（2016NFSS：4）（背面）

图版四〇　上沙村后龙山遗址采集遗物

二〇　嵊头垴遗址

1. 遗址概况

嵊头垴遗址位于白舍镇田东村的马家边小组新村北侧（图二六四），西南距嵊头垴村约330米，北距长腰石（村）约770米，东南距马家边（村）约480米。遗址地理坐标为北纬27°00′20.8″，东经116°22′12.7″，海拔124米（图二六五）。遗址现存为一缓坡地带，被一乡道（南北

图二六四　嵊头垴遗址位置示意图

向）贯穿分为东西两部分，整体地势北部较高，其余区域稍低且平缓。遗址区域平面呈东北—西南向不规则形，长径约 213 米，短径约 138 米。遗址现被人为修整种植橘树，地表植被较稀疏（图二六六）。

2. 遗物介绍

嵊头垴遗址采集遗物较多，主要为陶器，另见有少量石器。

（1）石器

砺石　1 件。

2016NFST：1，青灰色页岩制成，呈长方体，上下面较为平整，一侧磨光，两端残。残长 11.4、宽 4.8 厘米（图二六七，1；图版四一，1）。

石锛　3 件。

2016NFST：2，灰褐色砂岩磨制而成，顶端尖圆，两侧斜直，底端双面打制成刃。器表较为规整。高 17.2、宽 5.6 厘米（图二六七，2；图版四一，3、4）。

2016NFST：3，黄色砂岩制成，顶端斜直，两侧竖直，底端双面磨制成刃。器表磨制较为规整。高 15.0、宽 4.9 厘米（图二六七，3；图版四一，2）。

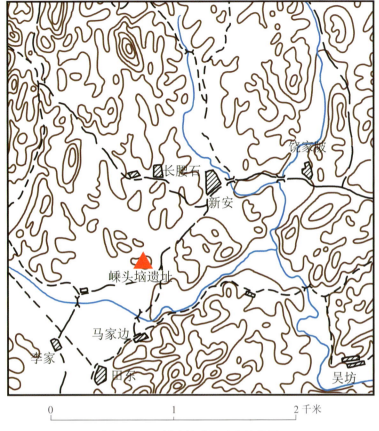

图二六五　嵊头垴遗址地貌示意图

图二六六　嵊头垴遗址远景图（由东南向西北）

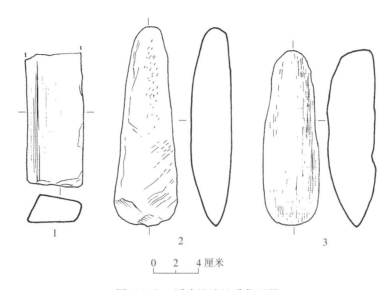

0　　2　　4厘米

图二六七　嵊头堎遗址采集石器

1. 砺石（2016NFST∶1）　　2、3. 石锛（2016NFST∶2、2016NFST∶3）

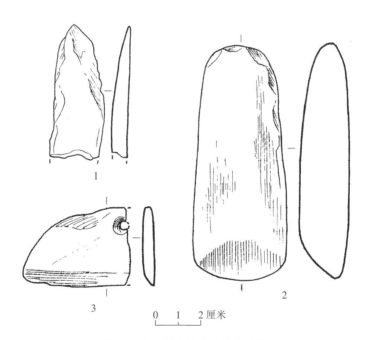

0　　1　　2厘米

图二六八　嵊头堎遗址采集石器

1. 石镞（2016NFST∶4）　　2. 石锛（2016NFST∶9）　　3. 石刀（2016NFST∶10）

2016NFST∶9，黄褐色砂岩磨制而成，顶端圆弧，有打击痕迹，两侧斜直，单面斜刃。器表磨制规整。高 10.1、宽 4.2 厘米（图二六八，2；图版四一，5）。

石镞　1件。

2016NFST∶4，青灰色页岩磨制而成，尖锋及铤端均残，刃部斜直。器表磨制光滑。残高 5.6、残宽 2.6 厘米（图二六八，1；图版四二，1）。

石刀　1件。

2016NFST∶10，青灰色砂岩磨制而成，弧背，单面磨制成刃，近背部有一圆形对钻穿孔。器表磨制光滑。残长 4.8、残高 3.4 厘米，孔径 0.3 厘米（图二六八，3；图版四一，6）。

（2）陶器

采集陶器以印纹硬陶为主，陶色为灰色、浅灰色，纹饰见有绳纹（图二六九、8、10～13）、交错绳纹（图二六九、5～7）、重菱纹（图二六九、2）、方格纹（图二六九、1、3、4）、弦纹、小方格纹、"弦纹" + "绳纹"（图二六九、9），器形见有罐；夹砂陶较少，陶色有灰色，素面，器形见有鼎（足）、盆。

图二六九　嵊头垴遗址采集陶片纹饰拓片

1、3、4. 方格纹　2. 重菱纹　5～7. 交错绳纹　8、10～13. 绳纹　9. "弦纹" + "绳纹"

陶盆　2 件。

2016NFST：5，灰色硬陶，敞口，圆唇。沿面可见明显轮修痕迹。残高 2.2 厘米（图二七〇，1）。

2016NFST：6，灰色硬陶，敞口，方唇。沿面有一周凸棱。残高 2.2 厘米（图二七〇，2）。

刻槽盆　1 件。

2016NFST：7，灰褐色硬陶，斜直腹，平底，微内凹。器内壁有竖向刻槽，器表素面。残高 3.4 厘米（图二七〇，5）

鼎足　1 件。

2016NFST：8，夹砂黄陶，扁足，截面呈长条形。素面。残高 6 厘米（图二七〇，4；图版四二，3、4）。

陶饼　1 件。

2016NFST：11，夹砂红陶，扁圆柱状，上下面磨制平整，外缘竖直。素面。厚 1.1、直径 2.9 厘米（图二七〇，3；图版四二，2）。

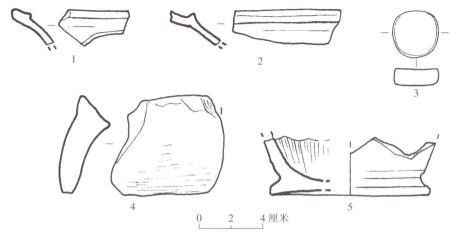

图二七〇　嵊头塘遗址采集陶器

1、2. 陶盆（2016NFST：5、2016NFST：6）　3. 陶饼（2016NFST：11）　4. 鼎足（2016NFST：8）　5. 刻槽盆（2016NFST：7）

3. 遗址性质与年代

从地形和文化内涵来看，嵊头塘遗址是一处岗地类遗址。从遗址采集遗物来看，多为印纹硬陶器，纹饰多见绳纹、菱格纹、方格纹等。其年代可推断为两周时期。另遗址见有年代更晚的刻槽盆，其年代为战国秦汉时期。因此，可判断该遗址的年代主体为两周时期，部分遗存年代可晚至汉代。

1.砺石（2016NFST：1）

2.石锛（2016NFST：3）

3.石锛（2016NFST：2）（正面）

4.石锛（2016NFST：2）（背面）

5.石锛(2016NFST：9)

6.石刀(2016NFST：10)

图版四一 嵊头垴遗址采集石器

1.石镞(2016NFST：4)

2.陶饼(2016NFST：11)

3.陶鼎足(2016NFST：8)（正面）

4.陶鼎足(2016NFST：8)（背面）

图版四二 嵊头垴遗址采集遗物

二一 石仙观遗址

1. 遗址概况

石仙观遗址位于市山镇官陂上村（图二七一），北距车磨岭水库约 400 米，东南距官陂上村约 800 米，西南距石仙观约 480 米。遗址地理坐标为北纬 27°13′44.9″，东经 116°28′53.2″，海拔 161

图二七一　石仙观遗址位置示意图

米（图二七二）。遗址现存为一斜坡状山岗，遗址整体地势东高西低。遗址区域平面呈南北向不规则形，长径约105米，短径约73米。遗址现大部区域岩石暴露，地表植被较为光秃，中部部分区域已被人为修整为梯田种植橘树，地表植被较为稀疏。遗址北侧外围为水磨岭水库（图二七三）。

2. 遗物介绍

石仙观遗址采集遗物较多，主要为印纹硬陶，夹砂陶较少，另见有少许石器。

（1）石器

砺石　3件。

2016NFSX：1，黄褐色砂岩制成，一端残，大致呈椭圆形，一面有磨痕。器表磨制较为平整。残高10.5、残宽10.4厘米（图二七四，1；图版四四，1）。

2016NFSX：3，褐色砂岩制成，两端残断，上下面平整，有磨痕。残高7.9、残宽6.2厘米（图二七四，2）。

2016NFSX：10，灰褐色砾石磨制而成，顶端尖圆，两侧斜直，底端残。器表磨制较为规整。残高5.0、残宽2.6厘米（图二七五，3；图版四四，3）。

石锛　2件。

2016NFSX：2，黄色砂岩磨制而成，顶端平直，两侧斜直，底端单面磨制成刃。器表较为光滑。残高8.1、残宽5.2厘米（图二七四，3；图版四四，2）。

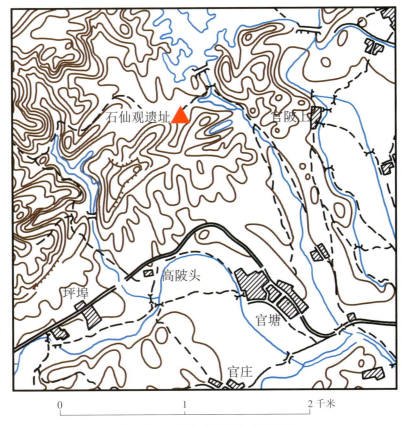

图二七二 石仙观遗址地貌示意图

图二七三 石仙观遗址远景图（由西向东）

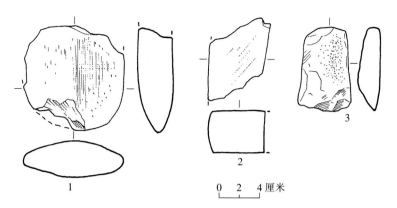

图二七四　石仙观遗址采集石器

1、2. 砺石（2016NFSX：1、2016NFSX：3）　3. 石锛（2016NFSX：2）

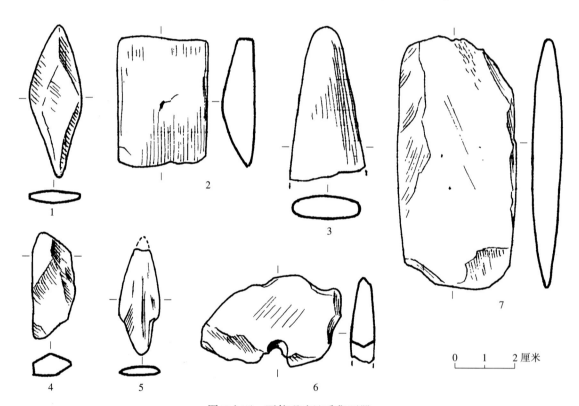

图二七五　石仙观遗址采集石器

1、4、5. 石镞（2016NFSX：4、2016NFSX：5、2016NFSX：9）　2. 石锛（2016NFSX：8）

3. 砺石（2016NFSX：10）6. 石刀（2016NFSX：7）7. 石铲（2016NFSX：6）

2016NFSX：8，浅黄色页岩磨制而成，顶端近直，两侧竖直，底端单面磨制成刃。器表磨制光滑。残高4.3、残宽3.1厘米（图二七五，2；图版四四，5、6）。

石镞　3件。

2016NFSX：4，黄褐色砂岩磨制而成，尖锋，刃部较为锐利，直铤。器表磨制光滑。高5.0、宽1.8厘米（图二七五，1；图版四四，4）。

2016NFSX：5，青灰色页岩磨制而成，锋与铤均残，一面磨制光滑。残高3.4、残宽1.5厘米（图二七五，4）。

2016NFSX：9，青色闪长岩磨制而成，尖锋残，刃部较为锐利，锥状铤。器表磨制光滑。残高3.4、残宽1.4厘米（图二七五，5；图版四三，5）。

石铲　1件。

2016NFSX：6，青灰色页岩磨制而成，顶端近直，两侧竖直，底端单面磨制成刃，上下面平整。器表磨制光滑。残高8.2、残宽4.0厘米（图二七五，7；图版四三，1、2）。

石刀　1件。

2016NFSX：7，灰褐色砂岩磨制而成，弧背，刃部残，上下面较为平整。中部有一圆形对钻穿孔。残高3.1、残宽4.7厘米（图二七五，6；图版四三，3、4）。

（2）陶器

印纹硬陶陶色有灰色、浅灰色，纹饰有雷纹（图二七六，3~6；图二七七，7、8、10）、"雷纹"与"绳纹"组合纹饰（图二七七，9）、刻划纹、绳纹（图二七六，7；图二七七，11）、交错绳纹、折线纹、席纹、方格纹（图二七六，1；图二七七，5、6）、菱格纹（图二七六，2）、网格纹（图二七七，1~4），器形见有罐；夹砂陶陶色有浅黄色、红色、浅红色、浅灰色，纹饰见有少量绳纹，多为素面，器形有甗形器、罐。

陶罐　28件。按口部形态可分为以下三型：

A型：侈口。10件。

2016NFSX：11，夹砂灰陶，折沿，圆唇。器表施绳纹。残高3.8厘米（图二七八，1）。

2016NFSX：14，夹砂灰陶，卷沿，圆唇。素面。残高4.1厘米（图二七八，21）。

2016NFSX：15，夹砂褐陶，折沿，圆唇。素面。残高4.0厘米（图二七八，4）。

2016NFSX：17，灰色硬陶，折沿，圆唇。沿面有三道凹槽，器表施折线纹。残高3.8厘米（图二七八，6）。

2016NFSX：20，夹砂灰褐陶，卷沿，方圆唇。素面。残高4.6厘米（图二七八，9）。

2016NFSX：21，夹砂灰陶，沿微卷，方唇内勾。素面。残高4.2厘米（图二七八，10）。

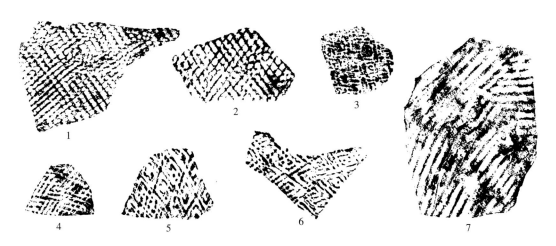

图二七六　石仙观遗址采集陶片纹饰拓片

1. 方格纹　2. 菱格纹　3~6. 雷纹　7. 绳纹

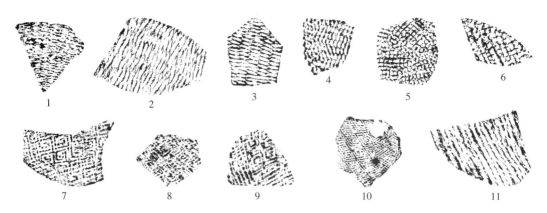

图二七七　石仙观遗址采集陶片纹饰拓片

1~4. 网格纹　5、6. 方格纹　7、8、10. 雷纹　9. "雷纹"与"绳纹"组合纹饰　11. 绳纹

2016NFSX：23，夹砂黄陶，卷沿，方唇。素面。残高 3.4 厘米（图二七八，12）。

2016NFSX：30，灰色硬陶，卷沿，圆唇。沿内壁可见轮修痕迹，口沿烧制变形，素面。残高 4.3 厘米（图二七八，18）。

2016NFSX：31，灰褐色硬陶，内折沿。沿面有一周凸棱，器表施方格纹。残高 5.7 厘米（图二七八，19）。

2016NFSX：40，灰褐色硬陶，折沿，圆唇。素面。残高 5.2 厘米（图二七九，4）。

B 型：敛口。15 件。

2016NFSX：13，夹砂灰陶，折沿，尖圆唇。素面。残高 2.8 厘米（图二七八，3）。

2016NFSX：16，灰色硬陶，宽折沿，圆唇。素面。残高 3.2 厘米（图二七八，5）。

2016NFSX：18，灰色硬陶，卷沿，圆唇。器表施方格纹，口沿烧制变形。残高 3.2 厘米（图二七八，7；图版四三，6）。

2016NFSX：19，夹砂灰陶，折沿，方唇。器表施菱格纹。残高 4.6 厘米（图二七八，8）。

2016NFSX：24，夹砂灰褐陶，折沿，圆唇。器表施绳纹。残高 3.1 厘米（图二七八，13）。

2016NFSX：25，灰色硬陶，卷沿，尖圆唇。素面。残高 3.4 厘米（图二七八，14）。

2016NFSX：26，夹细砂灰陶，折沿，方唇。素面。残高 3.1 厘米（图二七八，15）。

2016NFSX：28，夹砂灰褐陶，折沿，圆唇。沿下有一周凸棱，素面。残高 3.2 厘米（图二七八，16）。

2016NFSX：29，夹细砂红色硬陶，折沿，圆唇。素面。残高 5.1 厘米（图二七八，17）。

2016NFSX：34，灰色硬陶，圆唇。沿下有一周凸棱，素面。残高 3.2 厘米（图二七八，20）。

2016NFSX：37，夹砂灰陶，折沿，圆唇。器表施绳纹。残高 4.4 厘米（图二七九，1；图版四五，2）

2016NFSX：38，灰色硬陶，圆唇。器表有轮修痕迹，素面。残高 4.0 厘米（图二七九，2）。

2016NFSX：39，灰色硬陶，方唇，唇面有一周凸棱。器表施菱格纹。残高 3.6 厘米（图二七九，3）。

2016NFSX：41，灰褐色硬陶，卷沿，尖圆唇。器表施线纹。残高 4.6 厘米（图二七九，5；图

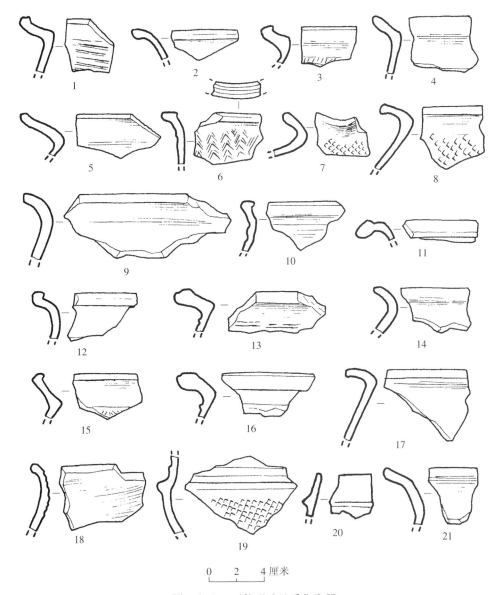

0　　2　　4厘米

图二七八　石仙观遗址采集陶器

1~21. 陶罐（2016NFSX：11、2016NFSX：12、2016NFSX：13、2016NFSX：15、2016NFSX：16、2016NFSX：17、
2016NFSX：18、2016NFSX：19、2016NFSX：20、2016NFSX：21、2016NFSX：22、2016NFSX：23、2016NFSX：24、
2016NFSX：25、2016NFSX：26、2016NFSX：28、2016NFSX：29、2016NFSX：30、2016NFSX：31、2016NFSX：34、
2016NFSX：14）

版四五，1）。

2016NFSX：42，灰色硬陶，卷沿，圆唇。器表有轮修痕迹，素面。残高5.5厘米（图二七九，6）。

C型：敞口。3件。

2016NFSX：12，灰褐色硬陶，卷沿，圆唇。素面。残高2.2厘米（图二七八，2）。

2016NFSX：22，夹砂灰陶，卷沿，圆唇。素面。残高1.6厘米（图二七八，11）。

2016NFSX：43，泥质红陶，尖圆唇。素面。残高4.2厘米（图二七九，7）。

陶盆　1件。

2016NFSX：27，灰色硬陶，敞口，方唇，斜弧腹。素面。残高5.0厘米（图二七九，8）。

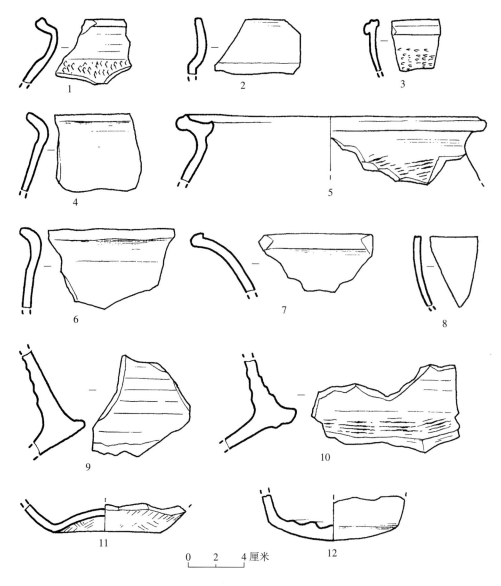

图二七九　石仙观遗址采集陶器

2016NFSX：42、2016NFSX：43）　8. 陶盆（2016NFSX：27）　9、10. 甗腰（2016NFSX：32、
2016NFSX：33）　11、12. 器底（2016NFSX：35、2016NFSX：36）

甗腰　2件。

2016NFSX：32，夹砂灰褐陶，斜直腹，窄算格。器表有轮修痕迹。残高7.2厘米（图二七九，9）。

2016NFSX：33，夹砂黄褐陶，窄算格。器壁内侧有捏制痕迹，器表施绳纹。残高6.4厘米（图二七九，10；图版四五，3、4）。

器底　2件。

2016NFSX：35，灰色硬陶，斜直腹，圜底内凹。器表施交错绳纹，部分被抹平。残高2.0厘米（图二七九，11）。

2016NFSX：36，夹砂灰陶，弧腹，圜底。内底可见明显轮制痕迹。残高3.2厘米（图二七九，12）。

3. 遗址性质与年代

石仙观遗址处于一处石头山岗上，属于山岗类遗址，岗上有土壤堆积，山岗较高。遗址采集遗物较为丰富，主要器类有石器和陶器。陶器以印纹硬陶为多，纹饰多见雷纹、绳纹、方格纹等。器形具有时代特征的有罐和甑形器，可判断遗址的年代为商时期。该遗址的发现与初步研究为抚河流域文化序列的建立、聚落形态的研究等方面提供了十分重要的考古学材料。

1.石铲(2016NFSX：6)(正面)

2.石铲(2016NFSX：6)(背面)

3.石刀(2016NFSX：7)(正面)

4.石刀(2016NFSX：7)(背面)

5.石镞(2016NFSX：9)

6.陶罐(2016NFSX：18)

图版四三　石仙观遗址采集遗物

二二　水口山遗址

1. 遗址概况

水口山遗址位于太和镇下桐村（图二八〇），东南距 905 县道约 290 米，西北距小东坑山遗址约 460 米，西距大东坑山约 330 米。遗址地理坐标为北纬 27°03′31.2″，东经 116°37′30.4″，海拔 137 米（图二八一）。遗址整体地势中部高四周低。遗址所在地现存为一斜坡状山岗，遗址区域平

1.砺石（2016NFSX：1）　　　　　2.石锛（2016NFSX：2）

3.砺石（2016NFSX：10）　　　　　4.石镞（2016NFSX：4）

5.石锛（2016NFSX：8）（正面）　　　6.石锛（2016NFSX：8）（背面）

图版四四　石仙观遗址采集石器

1.罐(2016NFSX：41)

2.罐(2016NFSX：37)

3.甗腰(2016NFSX：33)(俯视)

4.甗腰(2016NFSX：33)(侧视)

图版四五 石仙观遗址采集陶器

面呈西北—东南向不规则形，长径约 152 米，短径约 103 米。大部现已被人为修整种植橘树，植被较为稀疏，遗址西南、东南部分区域为杉树、毛竹和灌木丛所覆盖，植被较为茂密。遗址东北部外围为一村道（图二八二）。

2. 遗物介绍

水口山遗址采集遗物较少，主要为少量陶器及石器。

（1）石器

石锛 1件。

2016NFSK：1，青灰色页岩磨制而成，顶端有打制痕迹，中部起脊，底端单面磨制成刃，器表较为粗糙。残高 8.1、残宽 3.0 厘米（图二八四；图版四六，1、2）。

（2）陶器

水口山遗址采集陶器较少，以夹砂陶为主，陶色有红色、浅灰色，素面，器形见有罐；印纹硬陶较少，陶色主要为灰黑色、灰色，纹饰有菱格纹（图二八三，1~4）、席纹（图二八三，5），器形见有盘、钵。

陶罐 2件。

2016NFSK：2，夹砂褐色硬陶，敛口，内折沿，圆唇，唇面内凹。器表施一道凹弦纹。残高 8.8 厘米（图二八五，1；图版四六，3）。

图二八〇　水口山遗址位置示意图

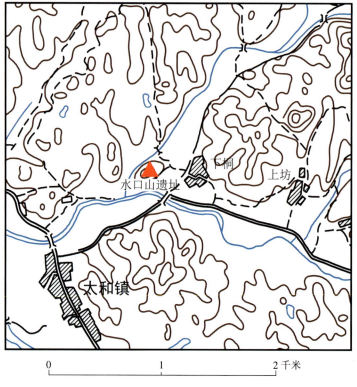

图二八一　水口山遗址地貌示意图

图二八二　水口山遗址远景图（由西南向东北）

图二八三　水口山遗址采集陶片纹饰拓片

1~4. 菱格纹　5. 席纹

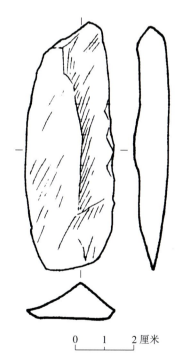

图二八四　水口山遗址采集石锛

（2016NFSK：1）

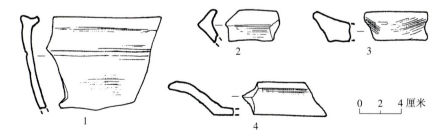

图二八五　水口山遗址采集陶器

1、2. 陶罐（2016NFSK：2、2016NFSK：4）

3. 豆柄（2016NFSK：5）　4. 陶盆（2016NFSK：3）

2016NFSK：4，夹砂灰陶，敛口，斜折沿，圆唇。素面。残高3.1厘米（图二八五，2）。

陶盆　1件。

2016NFSK：3，夹砂红褐陶，敞口，微卷沿，圆唇。素面，器壁内侧有轮修痕迹，残高3.2厘米（图二八五，4）。

豆柄　1件。

2016NFSK：5，夹砂灰褐陶，空心柄。素面。残高2.6厘米（图二八五，3）。

3. 遗址性质与年代

水口山遗址属于坡状岗地类遗址，遗址采集遗物较少。所见印纹硬陶多为灰色或黑色，纹饰见有席纹、菱格纹。夹砂陶数量较多，主要见有罐等。从纹饰与器形来看，该遗址的年代主要集中在西周或略早时期。

该遗址的发现为区域先秦遗址增加了数量，同时也对区域聚落形态研究提供了材料。

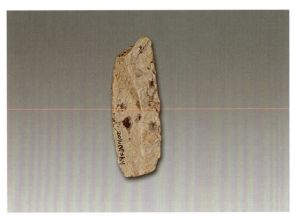

1.石锛(2016NFSK：1)(正面)

2.石锛(2016NFSK：1)(背面)

3.陶罐(2016NFSK：2)

图版四六　水口山遗址采集遗物

二三　封家Ⅰ号遗址

1. 遗址概况

封家Ⅰ号遗址位于太和镇太和村（图二八六），西北距封家村约470米，东南距太和镇封家Ⅳ

图二八六　封家Ⅰ号遗址位置示意图

号遗址约 170 米，东北距太和镇封家Ⅱ号遗址约 300 米。遗址地理坐标为北纬 27°02′19.0″，东经 116°36′42.3″，海拔 150 米（图二八七）。太和镇封家Ⅰ号遗址现存为一斜坡状山岗，遗址整体地势东北高西南低。遗址区域平面呈西北—东南向不规则形，长径约 236 米，短径约 139 米。遗址现被人为修整为梯田种植橘树，地表植被较为稀疏。遗址西侧临一村道（图二八八）。

2. 遗物介绍

封家Ⅰ号遗址采集遗物较少，主要为印纹硬陶，夹砂陶较少。印纹硬陶陶色有灰色、浅灰色，纹饰有方格纹（图二八九，6）、菱格纹（图二八九，1~3）、折线纹（图二八九，5）、绳纹（图二八九，4），器形见有罐；夹砂陶陶色为浅灰色，素面，器形不明。

陶罐　1 件。

2016NFFJⅠ：1，夹砂灰褐色硬陶，侈口，微卷沿，方唇。颈部外侧有一圈凸棱，素面。残高 3.6 厘米（图二九〇）。

3. 遗址性质与年代

封家Ⅰ号遗址是一处典型坡状岗地类遗址。由于遗址采集遗物较少，印纹硬陶器纹饰以方格纹、菱格纹、绳纹等为多，陶器具有商周时期特征，初步判断该遗址的年代为商周时期。该遗址及与邻近的Ⅱ、Ⅲ、Ⅳ、Ⅴ号遗址的发现为区域文化序列及聚落形态方面的研究提供了十分重要的考古学材料。

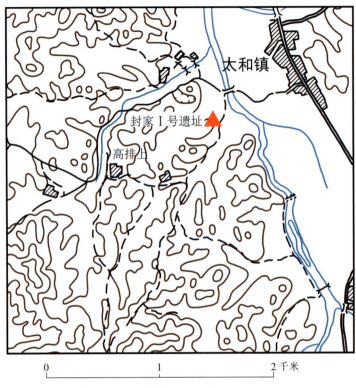

图二八七　封家Ⅰ号遗址地貌示意图

图二八八　封家Ⅰ号遗址远景图（由西北向东南）

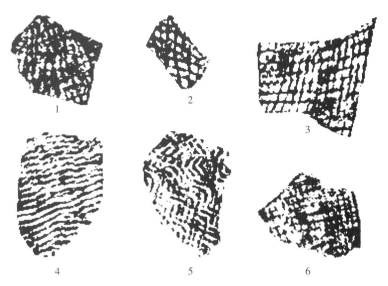

图二八九 封家Ⅰ号遗址采集陶片纹饰拓片
1~3. 菱格纹 4. 绳纹 5. 折线纹 6. 方格纹

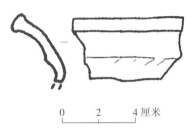

图二九〇 封家Ⅰ号遗址采集陶罐
（2016NFFJⅠ：1）

二四 封家Ⅱ号遗址

1. 遗址概况

封家Ⅱ号遗址位于太和镇太和村（图二九一），西北距封家村约270米，东北距太和镇封家Ⅲ号遗址约130米，西南距太和镇封家Ⅰ号遗址约300米。遗址地理坐标为北纬27°02′28.1″，东经116°36′45.0″，海拔153米（图二九二）。遗址整体地势西高东低。该遗址现为一缓坡状山岗，平面呈南北向不规则形，长径约228米，短径约138米。遗址现已被人为修整为梯田种植橘树，东北植被较为稀疏。遗址西侧外围为杉树林，地表植被较为茂密（图二九三）。

2. 遗物介绍

封家Ⅱ号遗址采集遗物较少。以印纹硬陶为主，陶色有灰色、浅灰色、浅红色，纹饰有小方格纹、菱格纹、卷云纹，器形有罐；夹砂陶较少，陶色有红色、灰褐色，均为素面，器形不明。

陶罐 2件。

2016NFFSⅡ：1，夹砂灰陶，敛口，折沿，圆唇。器表施菱格纹。残高3.2厘米（图二九四，1）。

2016NFFSⅡ：2，夹砂灰陶，敛口，宽折沿，尖圆唇。沿面有一圈凸棱，器表施菱格纹。残高2.8厘米（图二九四，2）。

图二九一　封家Ⅱ号遗址位置示意图

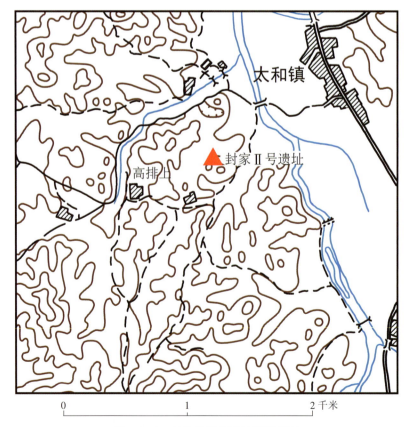

图二九二　封家Ⅱ号遗址地貌示意图

图二九三　封家Ⅱ号遗址远景图（由东北向西南）

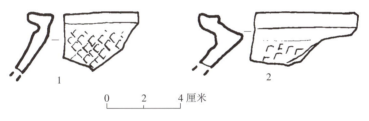

图二九四　封家Ⅱ号遗址采集陶器
1、2. 罐（2016NFFSⅡ：1、2016NFFSⅡ：2）

3. 遗址性质与年代

封家Ⅱ号遗址是一处典型的坡状岗地类遗址。遗址采集遗物较少，陶器以印纹硬陶为多，多见小方格纹、菱格纹，器形主要为折沿罐，部分陶器口沿内侧见有凸棱。与周边比较，此类陶器风格主要流行于西周时期。因此，初步推断封家Ⅱ号遗址的年代为西周时期。

二五　封家Ⅲ号遗址

1. 遗址概况

封家Ⅲ号遗址位于太和镇太和村（图二九五），西北距封家村约350米，东北距太和商城约720米，西南距太和镇封家Ⅱ号遗址约140米。遗址地理坐标为北纬27°02′31.9″，东经116°36′48.0″，海拔149米（图二九六）。该遗址现存为一斜坡状山岗，遗址整体地势西北高东南低。遗址区域平面呈南北向不规则形，长径约193米，短径约172米。遗址现已被人为修整为梯田种植橘树，地表植被较为稀疏。遗址北侧外围为水塘（图二九七）。

图二九五　封家Ⅲ号遗址位置示意图

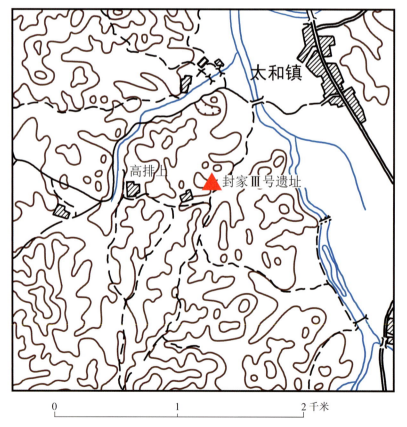

0　　　　　　　　　1　　　　　　　　　2千米

图二九六　封家Ⅲ号遗址地貌示意图

图二九七　封家Ⅲ号遗址远景图（由西南向东北）

图二九八　封家Ⅲ号遗址 H1 与 H2 剖面图

2. 地层堆积

在该遗址断面清理灰坑 2 座，分别编号 H1、H2。H1 打破 H2，据土质土色可以将 H1 分为两层；H2 可以分为五层（图二九八）。

H1①为红褐色土，土质较致密；H1②为灰褐色土，土质较疏松，夹杂有较多烧土块。

H2①为红褐色土，土质较致密，少见包含物；H2②为灰褐色土，土质较疏松，夹杂有烧土块；H2③为黄褐色土，土质较致密，包含物较少；H2④为浅褐色土，土质较致密，夹杂有少量烧土块；H2⑤为灰褐色土，土质较疏松，见有烧土块。

3. H1、H2 遗物介绍及年代判断

①封家Ⅲ号遗址 H1①所出土遗物较少，主要为印纹硬陶与夹砂陶。印纹硬陶陶色有灰色，纹饰有方格纹，器形见有罐；夹砂陶陶色有红色、浅红色，纹饰有方格纹，器形见有罐。从该层出土遗物情况分析，该层年代应为商周时期。封家Ⅲ号遗址 H1②出土遗物较少，主要为夹砂陶。陶色有灰色、浅红色，多素面，器形不明。从出土遗物情况分析，该层年代应为新石器时代晚期。

陶罐　3 件。

2016NFFJ Ⅲ H1①：1，夹砂红陶，敛口，折沿，尖唇。素面。残高4.6厘米（图二九九，1）。

2016NFFJ Ⅲ H1①：2，夹砂灰色硬陶，敛口，折沿，沿面内凹，圆唇。器表施方格纹。残高4.3厘米（图二九九，2；图版四九，5）。

2016NFFJ Ⅲ H1①：3，夹砂灰色硬陶，敛口，折沿，唇部残。器表施方格纹。残高3.9厘米（图二九九，3）。

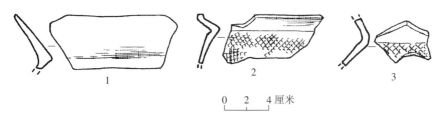

图二九九　封家Ⅲ号遗址 H1①采集陶器
1～3. 罐（2016NFFJ Ⅲ H1①：1、2016NFFJ Ⅲ H1①：2、2016NFFJ Ⅲ H1①：3）

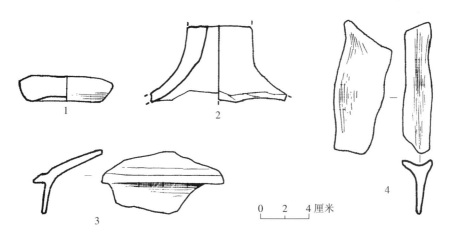

图三〇〇　封家Ⅲ号遗址 H2①采集陶器
1. 豆柄（2016NFFJ Ⅲ H2①：1）　2. 豆柄（2016NFFJ Ⅲ H2①：2）　3. 器盖（2016NFFJ Ⅲ H2①：3）　4. 鼎足（2016NFFJ Ⅲ H2①：4）

②封家Ⅲ号遗址 H2①出土遗物较少，主要为夹砂陶。陶色有红色、浅灰色、黑色，素面，器形见有豆、鼎（足）。从该层所出遗物分析，其年代应该为新石器时代晚期。封家Ⅱ号遗址 H2①和 H2②未采集到遗物。封家Ⅲ号遗址 H2④出土遗物较少，主要以夹砂陶为主。陶色有红色、浅黄色、浅灰色，素面，器形见有罐。从该层出土遗物特征分析，其年代应为新石器时代晚期或偏早。

豆柄 2件。

2016NFFJⅢH2①：1，夹砂灰陶，豆盘及豆柄底部均残。素面。残高2.0厘米（图三〇〇，1）。

2016NFFJⅢH2①：2，夹砂灰陶，仅残留喇叭状豆柄。素面。残高6.1厘米（图三〇〇，2）。

器盖 1件。

2016NFFJⅢH2①：3，夹砂红陶，整体呈伞状，盖面下见有一周子母扣盖沿。素面。残高5.1厘米（图三〇〇，3；图版四九，1、2、3）。

鼎足 1件。

2016NFFJⅢH2①：4，夹砂红陶，截面呈"T"字形。素面。残高10.6厘米（图三〇〇，4）。

石镞 1件。

2016NFFJⅢH2④：1，灰色页岩磨制而成，柳叶形，两侧刃部较钝，尖锋及铤部均残。残高3.7厘米（图三〇一；图版四九，4）。

陶钵 1件。

2016NFFJⅢH2④：2，夹砂红陶，敛口，尖圆唇。素面。残高8.8厘米（图三〇二，1）。

陶罐 2件。

2016NFFJⅢH2④：3，夹砂灰陶，敛口，折沿，圆唇。素面。残高3.2厘米（图三〇二，2）。

2016NFFJⅢH2④：4，夹砂黄陶，敞口，尖圆唇。素面。残高4.8厘米（图三〇二，3）。

4. 采集遗物介绍

封家Ⅲ号遗址采集遗物较多，主要为陶器及少量石器。

（1）石器

砺石 2件。

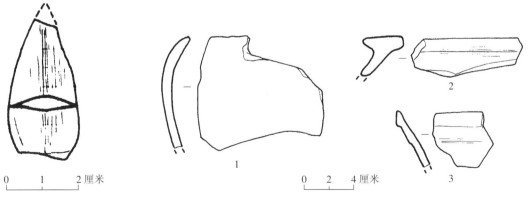

0　1　2厘米　　　　　　　0　2　4厘米

图三〇一　封家Ⅲ号遗址 H2④采集石镞　　　图三〇二　封家Ⅲ号遗址 H2④采集陶器

（2016NFFJⅢH2④：1）　　　　1. 钵（2016NFFJⅢH2④：2）　2、3. 罐（2016NFFJⅢH2④：3、

2016NFFJⅢH2④：4）

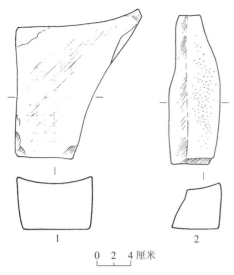

图三〇三　封家Ⅲ号遗址采集石器

1、2. 砺石（2016NFFJⅢ：1、2016NFFJⅢ：2）

2016NFFJⅢ：1，浅灰色砂岩磨制而成，平面呈不规则形，器表磨制光滑，截面近四边形。上下两面磨制内凹，明显可见使用痕迹。残高15、厚6厘米（图三〇三，1；图版四八，1、2）。

2016NFFJⅢ：2，黄色砂岩磨制而成，大部分残缺，一面磨制平直，整体略呈长条形，器表磨制光滑，并见有刻划痕迹。残高16.5厘米（图三〇三，2；图版四八，3、4）。

（2）陶器

以印纹硬陶为主，陶色有灰色、浅灰色、灰褐色，纹饰有方格纹、菱格纹、小方格纹、"菱格纹"加"圆点纹"的组合纹饰、绳纹、交错绳纹，器形见有钵、罐；夹砂陶较少，陶色有红色、浅灰色、灰色、浅红色、浅黄色，纹饰见有戳印纹、圆圈纹，器形见有罐、豆、鼎（足）。

陶罐　6件。

2016NFFJⅢ：3，夹砂灰色硬陶，敞口，宽折沿，尖圆唇。口沿处有轮修痕迹，素面。残高3.0厘米（图三〇四，1）。

2016NFFJⅢ：4，灰色硬陶，敛口，宽折沿，尖圆唇。素面。残高5.5厘米（图三〇四，4）。

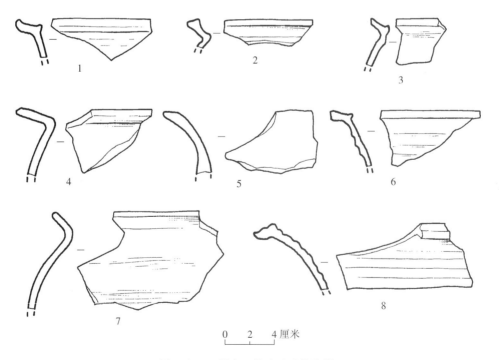

图三〇四　封家Ⅲ号遗址采集陶器

1～4、7. 陶罐（2016NFFJⅢ：3、2016NFFJⅢ：6、2016NFFJⅢ：11、2016NFFJⅢ：4、2016NFFJⅢ：9）

5、6、8. 陶尊（2016NFFJⅢ：5、2016NFFJⅢ：12、2016NFFJⅢ：7）

2016NFFJⅢ：6，夹细砂灰褐色硬陶，敛口，折沿，方唇，沿面有一道凹槽。素面。残高2.4厘米（图三〇四，2）。

2016NFFJⅢ：9，夹砂灰色硬陶，敛口，宽折沿，圆唇。素面。残高7.6厘米（图三〇四，7；图版四八，5）。

2016NFFJⅢ：11，浅灰色硬陶，口微敛，折沿，斜方唇。器表施菱格纹，大部抹光。残高3.7厘米（图三〇四，3）。

2016NFFJⅢ：13，灰色硬陶，敛口，折沿，方唇。器表施席纹。残高4.7厘米（图三〇五，2）。

陶尊 5件。

2016NFFJⅢ：5，夹砂红陶，侈口，卷沿，尖圆唇。素面。残高4.9厘米（图三〇四，5）。

2016NFFJⅢ：7，灰色硬陶，敞口，折沿，圆唇，器壁内外侧皆有轮修痕迹。素面。残高5.2厘米（图三〇四，8）。

2016NFFJⅢ：10，夹砂褐色硬陶，敛口，高领，唇部残，颈部有轮修痕迹。素面。残高7.5厘米（图三〇五，4；图版四八，6）。

2016NFFJⅢ：12，夹砂灰陶，侈口，折沿，方唇。颈部有轮修痕迹。素面。残高4.4厘米（图三〇四，6）。

2016NFFJⅢ：17，夹砂红陶，敞口，折沿，尖圆唇。颈部外侧有一圈凸棱。素面。残高5.0厘米（图三〇五，1）。

陶钵 1件。

2016NFFJⅢ：14，灰褐色硬陶，敛口，圆唇，器壁内外侧皆有轮修痕迹。素面。高5.0、口径

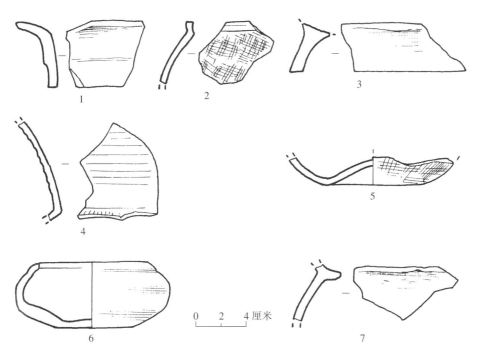

图三〇五 封家Ⅲ号遗址采集陶器

1、4. 陶尊（2016NFFJⅢ：17、2016NFFJⅢ：10） 2. 陶罐（2016NFFJⅢ：13） 3. 圈足（2016NFFJⅢ：8）

5. 器底（2016NFFJⅢ：15） 6. 陶钵（2016NFFJⅢ：14） 7. 瓿腰（2016NFFJⅢ：16）

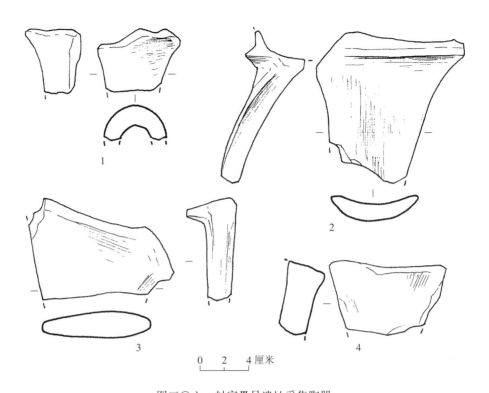

图三〇六　封家Ⅲ号遗址采集陶器

1. 豆柄（2016NFFJ Ⅲ：18）2～4. 鼎足（2016NFFJ Ⅲ：19、2016NFFJ Ⅲ：20、2016NFFJ Ⅲ：21）

8.5厘米（图三〇五，6；图版四七，1、2）。

器底　1件。

2016NFFJ Ⅲ：15，浅灰色硬陶，斜腹，底部内凹。器表施菱格纹。残高2.1厘米（图三〇五，5）。

圈足　1件。

2016NFFJ Ⅲ：8，夹砂黄陶，高圈足外撇。素面。残高3.7厘米（图三〇五，3）。

甑腰　1件。

2016NFFJ Ⅲ：16，夹砂灰褐陶，窄腰隔。素面。残高4.2厘米（图三〇五，7）。

豆柄　1件。

2016NFFJ Ⅲ：18，夹砂黄陶，喇叭状圈足外撇。素面。残高5.1厘米（图三〇六，1）。

鼎足　12件。

2016NFFJ Ⅲ：19，夹砂黄陶，瓦状足，截面呈弧形，足腹连接处可见一道凸棱。素面。残高12.0厘米（图三〇六，2；图版四七，3、4）。

2016NFFJ Ⅲ：20，夹砂黄陶，扁平状足，截面呈长条状。素面。残高8.0厘米（图三〇六，3）。

2016NFFJ Ⅲ：21，夹砂灰陶，扁状足，截面略呈弧形。素面。残高5.8厘米（图三〇六，4）。

2016NFFJ Ⅲ：22，夹砂黄陶，瓦状足，截面呈弧形。素面。残高7.0厘米（图三〇七，3）。

2016NFFJ Ⅲ：23，夹砂黄陶，扁柱状足，截面近椭圆形。素面。残高6.0厘米（图三〇七，2）。

2016NFFJ Ⅲ：24，夹砂红陶，扁柱状足，截面近水滴状。器表施戳刺纹。残高6.1厘米（图三

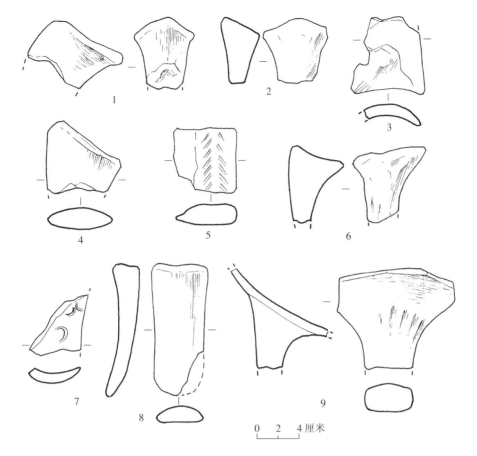

图三〇七 封家Ⅲ号遗址采集陶器

1~9. 鼎足（2016NFFJ Ⅲ：24、2016NFFJ Ⅲ：23、2016NFFJ Ⅲ：22、2016NFFJ Ⅲ：28 2016NFFJ Ⅲ：25、2016NFFJ Ⅲ：27、2016NFFJ Ⅲ：26、2016NFFJ Ⅲ：30、2016NFFJ Ⅲ：29）

〇七，1）。

2016NFFJ Ⅲ：25，夹砂黄陶，扁平状足，截面略呈长条形。足部一面施两竖排戳印纹。残高6.0厘米（图三〇七，5；图版四九，6）。

2016NFFJ Ⅲ：26，夹砂黄陶，瓦状足，截面近弧形。足部外侧面施圆圈纹。残高5.5厘米（图三〇七，7）。

2016NFFJ Ⅲ：27，夹砂红陶，扁柱状足，截面呈椭圆形。素面。残高7.0厘米（图三〇七，6）。

2016NFFJ Ⅲ：28，夹砂黄陶，扁状足，截面呈椭圆形。素面。残高6.4厘米（图三〇七，4）。

2016NFFJ Ⅲ：29，夹砂灰陶，扁柱状足，截面呈椭圆形。足腹连接处可见按压痕迹。残高9.1厘米（图三〇七，9；图版四七，5、6）。

2016NFFJ Ⅲ：30，夹砂红陶，扁状足，截面呈椭圆形。足部一面施有数道不规则戳印纹。残高12厘米（图三〇七，8）。

5. 遗址性质与年代

封家Ⅲ号遗址是一处典型坡状岗地类遗址，采集遗物较为丰富。从该遗址采集陶器情况分析，该遗址年代大致可分为两组：

1.钵（2016NFFJⅢ：14）（正视）

2.钵（2016NFFJⅢ：14）（俯视）

3.鼎足（2016NFFJⅢ：19）（正面）

4.鼎足（2016NFFJⅢ：19）（背面）

5.鼎足（2016NFFJⅢ：29）（正面）

6.鼎足（2016NFFJⅢ：29）（背面）

图版四七　封家Ⅲ号遗址采集陶器

　　1 组：以舌状鼎足、刻槽鼎足、扁状鼎足等为代表。该类鼎足在信江流域的商代或更早时期有所发现，可推测该遗址组年代为商时期或更早阶段。

　　2 组：以方格纹、菱格纹印纹硬陶、甗形器、尊等为代表。该组陶器具有西周时期陶器特征，其年代主要集中在西周时期。

　　结合所清理灰坑的年代，可判断封家Ⅲ号遗址的年代为新石器时代晚期和商周时期。

1.砺石(2016NFJⅢ：1)(正面)

2.砺石(2016NFFJⅢ：1)(背面)

3.砺石(2016NFFJⅢ：2)(正面)

4.砺石(2016NFFJⅢ：2)(背面)

5.陶罐(2016NFFJⅢ：9)

6.陶尊(2016NFFJⅢ：10)

图版四八 封家Ⅲ号遗址采集遗物

二六 封家Ⅳ号遗址

1. 遗址概况

封家Ⅳ号遗址位于太和镇太和村（图三〇八），北距太和镇封家Ⅲ号遗址约 460 米，西北距太和镇封家Ⅰ号遗址约 360 米。遗址地理坐标为北纬 27°02′17.0″，东经 116°36′48.1″，海拔 160 米（图三〇九）。该遗址现存为一斜坡山岗，整体地势北高南低。平面呈东北—西南向不规则形，长径

1.陶器盖(2016NFFJⅢH2①：3)(侧视)

2.陶器盖(2016NFFJⅢH2①：3)(内壁)

3.陶器盖(2016NFFJⅢH2①：3)(正视)

4.石镞(2016NFFJⅢH2④：1)

5.陶罐(2016NFFJⅢH1①：2)

6.陶鼎足(2016NFFJⅢ：25)

图版四九　封家Ⅲ号遗址采集遗物

约207米，短径约129米。遗址现已被人为修整为梯田种植橘树，地表植被较为稀疏。遗址南侧外围临一村道（图三一〇）。

2. 遗物介绍

封家Ⅳ号遗址采集遗物较多，主要为陶器及少量石器。

图三〇八　封家Ⅳ号遗址位置示意图

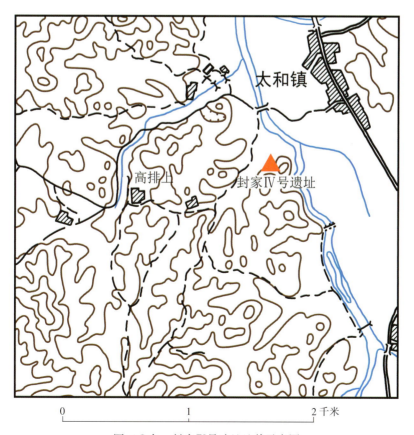

图三〇九　封家Ⅳ号遗址地貌示意图

图三一〇　封家Ⅳ号遗址远景图（由东北向西南）

（1）石器

石矛　1件。

2016NFFJⅣ：1，灰褐色砂岩磨制而成，一侧单面磨制成刃，尖锋锐利，一端残，截面近椭圆形，器表磨制光滑。残高6.7厘米（图三一一，1；图版五〇，1、2）。

石刀　1件。

2016NFFJⅣ：2，青灰色页岩磨制而成，直背，一侧斜直，一端磨制成刃，较钝，一端残，中部见有一圆形钻孔。器表磨制光滑，截面呈椭圆形。残高5.5、孔径0.8厘米（图三一一，2；图版五〇，3、4）。

（2）陶器

以印纹硬陶为多，陶色有红色、灰色、浅灰色，纹饰见有绳纹、方格纹、菱格纹、折线纹、卷云纹，器形见有罐、尊、钵；夹砂陶较少，陶色有红色、灰色、灰白色、灰黑色，纹饰见有少量绳纹，多为素面，器形见有鼎（足）、豆。

陶罐　31件。按口部形态可分为三型：

A型：侈口。4件。

Aa型：折沿。1件。

2016NFFJⅣ：32，夹砂黄陶，方唇，唇面微凹。素面。残高2.4厘米（图三一五，2）。

Ab型：卷沿。3件。

2016NFFJⅣ：6，夹细砂灰色硬陶，圆唇。沿面施一圈凸棱，器表施菱格纹。残高3.7厘米（图三一二，2；图版五〇，5）。

2016NFFJⅣ：18，红褐色硬陶，圆唇。器表施绳纹。残高2.8厘米（图三一四，1）。

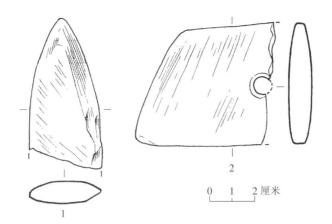

图三一一　封家Ⅳ号遗址采集石器
1. 石矛（2016NFFJⅣ：1）　2. 石刀（2016NFFJⅣ：2）

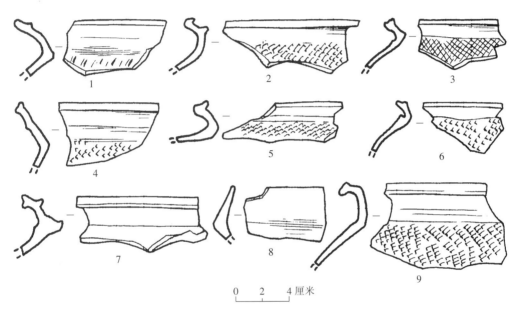

图三一二　封家Ⅳ号遗址采集陶器
1～9. 罐（2016NFFJⅣ：3、2016NFFJⅣ：6、2016NFFJⅣ：13、2016NFFJⅣ：4、2016NFFJⅣ：11、
2016NFFJⅣ：12、2016NFFJⅣ：10、2016NFFJⅣ：14、2016NFFJⅣ：20）

2016NFFJⅣ：22，夹砂黄褐色硬陶，圆唇。素面。残高4.8厘米（图三一三，7）。

B 型：敛口。25件。

Ba 型：折沿。17件。

2016NFFJⅣ：3，夹砂灰褐色硬陶，圆唇。沿部施一圈凸棱，器表施重菱纹。残高4.0厘米（图三一二，1）。

2016NFFJⅣ：4，夹砂灰色硬陶，斜方唇。器表施菱格纹，沿部有轮修痕迹。残高4.6厘米（图三一二，4）。

2016NFFJⅣ：5，夹细砂浅灰色硬陶，唇部残。器表施菱格纹，口沿内侧有数道凹弦纹。残高6.4厘米（图三一三，3）。

2016NFFJⅣ：9，夹细砂浅灰色硬陶，斜方唇，口沿外侧见有一圈凸棱。素面。残高5.0厘米

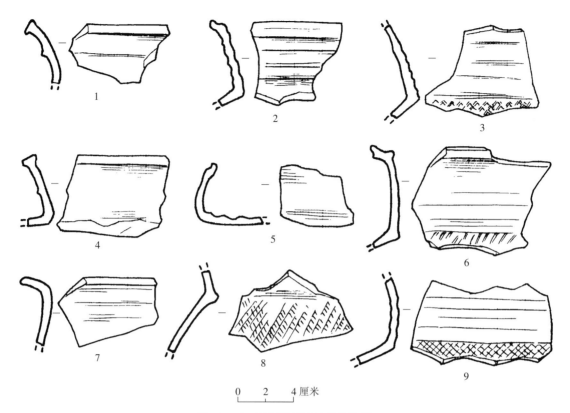

图三一三 封家Ⅳ号遗址采集陶器

1～4、6～9. 罐（2016NFFJⅣ：16、2016NFFJⅣ：15、2016NFFJⅣ：5、2016NFFJⅣ：9、2016NFFJⅣ：8、2016NFFJⅣ：22、2016NFFJⅣ：19、2016NFFJⅣ：17）5. 钵（2016NFFJⅣ：21）

（图三一三，4）。

2016NFFJⅣ：10，夹细砂浅灰色硬陶，方唇，唇部微凹，沿面可见一圈凸棱。器表施菱格纹被抹光。残高4.3厘米（图三一二，7）。

2016NFFJⅣ：13，灰褐色硬陶，尖圆唇，沿面内凹。器表施方格纹。残高4.3厘米（图三一二，3）。

2016NFFJⅣ：14，褐色硬陶，圆唇。素面。残高3.8厘米（图三一二，8）。

2016NFFJⅣ：15，夹砂黄陶，圆唇。颈部见有轮修痕迹，素面。残高6.0厘米（图三一三，2；图版五一，1）。

2016NFFJⅣ：19，灰褐色硬陶，唇部残。器表施交错线纹。残高5.6厘米（图三一三，8）。

2016NFFJⅣ：23，夹细砂灰色硬陶，唇部残。颈部下方施方格纹，其下施水波纹。残高5.4厘米（图三一四，4）。

2016NFFJⅣ：24，夹砂红褐色硬陶，圆唇。沿面见有一圈凸棱，器表施方格纹。残高4.2、口径13.8厘米（图三一四，3；图版五一，5）。

2016NFFJⅣ：27，夹砂黄色硬陶，斜方唇。沿部可见轮修痕迹，器表施菱格纹。残高5.3厘米（图三一四，6）。

2016NFFJⅣ：30，夹砂灰色硬陶，圆唇。沿面见有轮修痕迹，器表施大方格纹。残高4.8厘米（图三一四，9）。

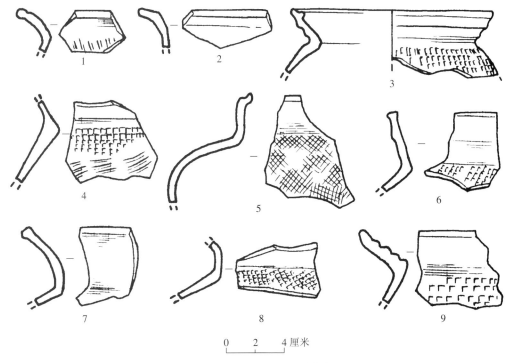

图三一四　封家Ⅳ号遗址采集陶器

1～9. 陶罐（2016NFFJⅣ：18、2016NFFJⅣ：25、2016NFFJⅣ：24、2016NFFJⅣ：23、2016NFFJⅣ：26、2016NFFJⅣ：27、2016NFFJⅣ：28、2016NFFJⅣ：29、2016NFFJⅣ：30）

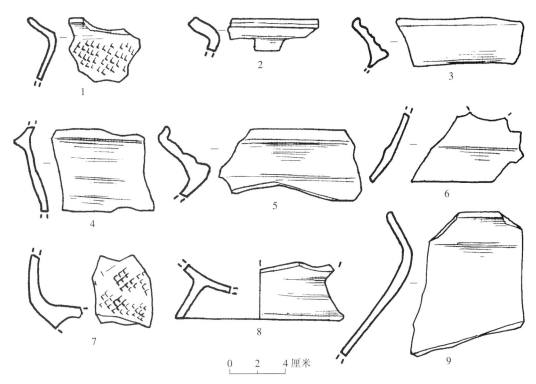

图三一五　封家Ⅳ号遗址采集陶器

1～3、5、9. 陶罐（2016NFFJⅣ：31、2016NFFJⅣ：32、2016NFFJⅣ：34、2016NFFJⅣ：35、2016NFFJⅣ：37）

4、7. 腹部残片（2016NFFJⅣ：33、2016NFFJⅣ：38）　　6、8. 圈足（2016NFFJⅣ：36、2016NFFJⅣ：39）

2016NFFJⅣ：31，夹细砂红色硬陶，圆唇。器表施方格纹。残高 4.4 厘米（图三一五，1）。

2016NFFJⅣ：34，夹砂黄色硬陶，尖唇内勾，沿面见有轮修痕迹。素面。残高 3.4 厘米（图三一五，3）。

2016NFFJⅣ：35，夹砂灰色硬陶，圆唇内勾，沿面有轮修痕迹。素面。残高 4.8 厘米（图三一五，5）。

2016NFFJⅣ：37，夹砂黄陶，圆唇内勾。素面。残高 10.0 厘米（图三一五，9）。

Bb 型：卷沿。8 件。

2016NFFJⅣ：8，夹细砂红褐色硬陶，高领，尖圆唇。器表施菱格纹。残高 7.7 厘米（图三一三，6；图版五一，2）。

2016NFFJⅣ：11，夹细砂灰色硬陶，方圆唇，唇面内勾。器表施方格纹。残高 2.9 厘米（图三一二，5）。

2016NFFJⅣ：12，浅灰色硬陶，圆唇，沿部见有一圈凸棱。器表施方格纹。残高 3.6 厘米（图三一二，6）。

2016NFFJⅣ：17，夹砂灰褐色硬陶，高领，口沿残。颈部见有轮修痕迹，器表施菱格纹。残高 6.0 厘米（图三一三，9）。

2016NFFJⅣ：20，夹细砂灰色硬陶，矮领，圆唇。器表施小方格纹。残高 6.0 厘米（图三一二，9；图版五〇，6）。

2016NFFJⅣ：26，夹细砂灰褐色硬陶，圆唇，鼓腹。器表施小方格纹。残高 7.2 厘米（图三一四，5）。

2016NFFJⅣ：28，夹砂红色硬陶，圆唇。器表施方格纹被抹光。残高 5.2 厘米（图三一四，7）。

2016NFFJⅣ：29，夹砂灰褐色硬陶，唇部残。器表施方格纹。残高 3.8 厘米（图三一四，8）。

C 型：敞口。2 件。

2016NFFJⅣ：16，夹细砂黄陶，斜方唇。颈部外侧见有一周凸棱，素面。残高 4.4 厘米（图三一三，1）。

2016NFFJⅣ：25，夹砂灰褐色硬陶，圆唇。素面。残高 2.6 厘米（图三一四，2）。

陶钵 1 件。

2016NFFJⅣ：21，夹细砂灰褐色硬陶，敛口，圆唇，唇部外侧见有一圈凸棱，鼓腹，平底。素面。残高 4.4 厘米（图三一三，5）。

器腹部残片 2 件。

2016NFFJⅣ：33，夹细砂灰色硬陶，弧腹，肩部见有一圈凸棱。素面。残高 5.9 厘米（图三一五，4）。

2016NFFJⅣ：38，灰褐色硬陶，鼓腹，平底略残。器表施方格纹及 A 字形刻划符号，内部可见捏制痕迹。残高 5.3 厘米（图三一五，7）。

圈足 2 件。

2016NFFJⅣ：36，夹砂黄陶，侈口，折沿，沿部外侧有一圈凸棱，方唇。素面。残高 4.8 厘米

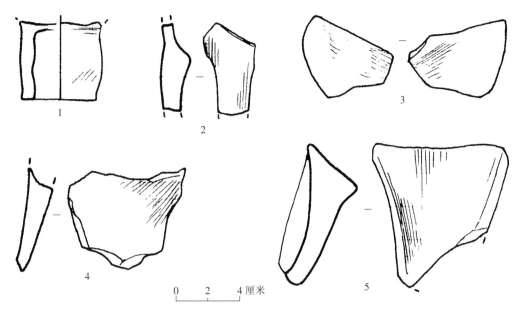

图三一六　封家Ⅳ号遗址采集陶器

1. 豆柄（2016NFFJⅣ：40）2～5. 鼎足（2016NFFJⅣ：41、2016NFFJⅣ：42、2016NFFJⅣ：43、2016NFFJⅣ：44）

（图三一五，6）。

2016NFFJⅣ：39，夹砂灰褐色硬陶，斜腹，高圈足。器表大部为素面，器底施方格纹被磨光。残高3.7、圈足直径12.0厘米（图三一五，8）。

豆柄　1件。

2016NFFJⅣ：40，夹细砂红陶，空心圆筒状。素面。残高4.8厘米（图三一六，1）。

鼎足　4件。

2016NFFJⅣ：41，夹细砂红褐陶，柱状足，截面呈椭圆形。素面。残高5.2厘米（图三一六，2）。

2016NFFJⅣ：42，夹砂黄陶，扁状足，截面呈弧形。素面。残高5.0厘米（图三一六，3）。

2016NFFJⅣ：43，夹砂灰陶，瓦状足，截面呈弧形。素面。残高6.1厘米（图三一六，4）。

2016NFFJⅣ：44，夹砂灰陶，舌状足，两侧内卷，截面呈弧形。素面。残高8.6厘米（图三一六，5；图版五一，3、4）。

3. 遗址性质与年代

封家Ⅳ号遗址是一处坡状岗地类遗址。遗址采集遗物较为丰富，所获陶器情况来看，其可分为以下两个年代组：

1组：以瓦状鼎足、折线纹陶罐、大口尊等为代表。该组器物与区域内商时期陶器形态十分相近，可将其年代判断为商时期。

2组：以方格纹、菱格纹、硬陶罐等为代表。其器物特征与西周时期陶器风格相近，其年代可判断为西周时期。

因此，封家Ⅳ号遗址的年代可以初步判断为商至西周时期。该遗址的发现与初步研究为区域文化序列建立及聚落形态研究提供了十分重要的考古学材料。

1.石矛（2016NFFJⅣ：1）（正面）

2.石矛（2016NFFJⅣ：1）（背面）

3.石刀（2016NFFJⅣ：2）（正面）

4.石刀（2016NFFJⅣ：2）（背面）

5.陶罐（2016NFFJⅣ：6）

6.陶罐（2016NFFJⅣ：20）

图版五〇　封家Ⅳ号遗址采集遗物

二七　封家Ⅴ号遗址

1. 遗址概况

封家Ⅴ号遗址位于太和镇太和村（图三一七），西北距太和镇封家Ⅲ号遗址约 260 米，西南距太和镇封家Ⅰ号遗址约 270 米，西南距太和镇封家Ⅳ号遗址约 220 米。遗址地理坐标为北纬 27°02′23.9″，东经 116°36′51.2″，海拔 148 米（图三一八）。该遗址现为一斜坡状山岗，整体地势东高西

1.罐（2016NFFJⅣ：15）

2.罐（2016NFFJⅣ：8）

3.鼎足（2016NFFJⅣ：44）（正面）

4.鼎足（2016NFFJⅣ：44）（背面）

5.罐（2016NFFJⅣ：24）

图版五一　封家Ⅳ号遗址采集陶器

低。平面呈南北向不规则形，长径约 152 米，短径约 61 米。遗址现已被人为修整为梯田种植橘树，地表植被较为稀疏，遗址东侧外围紧临一河道（图三一九）。

2. 遗物介绍

封家 V 号遗址采集遗物较多，主要为陶器及少量石器。

（1）石器

石纺轮　1 件。

2016NFFJ V：1，灰色砂岩磨制而成，平面呈圆盘状，中部有一大钻孔，一面有磨制痕迹。复

图三一七　封家Ⅴ号遗址位置示意图

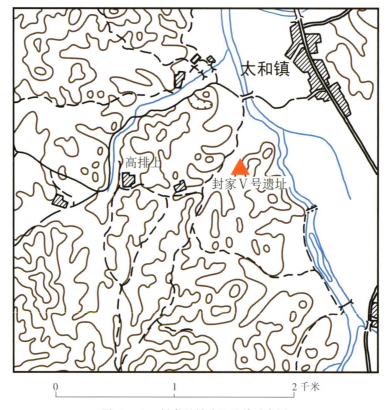

图三一八　封家Ⅴ号遗址地貌示意图

图三一九　封家Ⅴ号遗址远景图（由西北向东南）

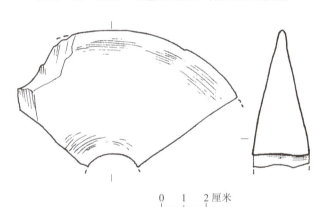

0　1　2厘米

图三二〇　封家Ⅴ号遗址采集石纺轮
（2016NFFJⅤ：1）

原长径约13.8、孔径约2.4厘米（图三二〇；图版五二，1、2）。

（2）陶器

以印纹硬陶为多，陶色有灰色、浅灰色。纹饰有绳纹（图三二一，3）、方格纹、小方格纹（图三二一，1、2、5、6）、交错线纹、菱格纹（图三二一，4），器形见有罐；夹砂陶较少，陶色为灰色，素面，器形不明。

陶罐　3件。

2016NFFJⅤ：2，夹细砂灰褐色硬陶，敛口，折沿，圆唇。沿面见有一圈凸棱，器表施方格纹。残高2.4厘米（图三二二，1）。

2016NFFJⅤ：3，褐色硬陶，敛口，宽折沿，方圆唇。沿面见有一圈凸棱，器表施菱格纹。残高4.2厘米（图三二二，2；图版五二，3）。

图三二一　封家Ⅴ号遗址采集陶片纹饰拓片

1、2、5、6. 小方格纹　3. 绳纹　4. 菱格纹

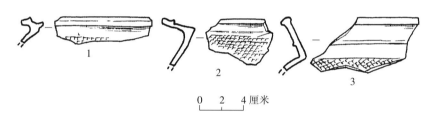

0　2　4厘米

图三二二　封家Ⅴ号遗址采集陶器

1~3. 罐（2016NFFJⅤ：2、2016NFFJⅤ：3、2016NFFJⅤ：4）

　　2016NFFJⅤ：4，夹细砂灰色硬陶，敛口，宽折沿，斜方唇。颈部外侧有一圈凸棱，器表施方格纹。残高4.6厘米（图三二二，3；图版五二，4）。

　　3. 遗址性质与年代

　　封家Ⅴ号遗址为一典型的坡状岗地类遗址。从采集到的陶器来看，以印纹硬陶为主。纹饰多见菱格纹、小方格纹等，陶罐口沿内侧见有凸棱特征。此类风格多见于西周时期或略晚。总体上看，封家Ⅴ号遗址的年代为西周至春秋时期。封家五处遗址相距较近，各独立山岗存在。各处遗址应存在密切关系。目前通过调查，我们仅知道各遗址的大体年代，其是否为一个遗址或一个大的遗址群，鉴于资料的局限性，我们倾向于认为该五处遗址应是存在密切关系的大型遗址群。

二八　窑上村遗址

　　1. 遗址概况

　　窑上村遗址位于太和镇窑上村（图三二三），西距211省道约120米，东南距窑上村约700米，西北距209省道约510米。遗址地理坐标为北纬27°03′57.7″，东经116°36′12.8″，海拔144米（图三二四）。窑上村遗址现存为一斜坡状山岗，遗址整体地势中部高四周低，遗址区域平面呈东西向不规则形，长径约234米，短径约74米。遗址现已被人为修整为梯田种植橘树，地表植被较为稀疏。遗址南侧外围为杉树林，地表植被较为茂密（图三二五）。

1.石纺轮（2016NFFJⅤ：1）（正面）

2.石纺轮（2016NFFJⅤ：1）（背面）

3.罐（2016NFFJⅤ：3）

4.罐（2016NFFJⅤ：4）

图版五二　封家Ⅴ号遗址采集遗物

图三二三　窑上村遗址位置示意图

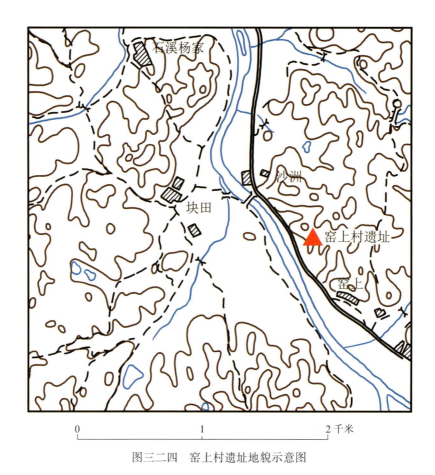

图三二四　窑上村遗址地貌示意图

图三二五　窑上村遗址远景图（由东南向西北）

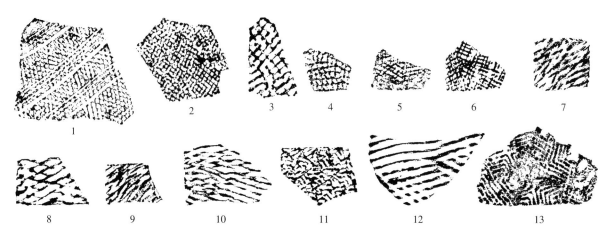

图三二六 窑上村遗址采集陶片纹饰拓片

1. "菱格纹" + "弦纹"　2、4、6. 小方格纹　3. 方格纹　5、7~10. 菱格纹　11. 折线纹　12. 交错绳纹　13. 席纹

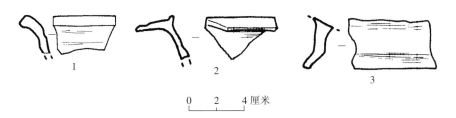

0　2　4厘米

图三二七 窑上村遗址采集陶器

1、2. 陶罐（2016NFYS：1、2016NFYS：2）　3. 圈足（2016NFYS：3）

2. 遗物介绍

窑上村遗址采集遗物较多，以印纹陶器为主，见有少量石器。印纹硬陶陶色为灰色，纹饰有绳纹、交错绳纹（图三二六，12）、小方格纹（图三二六，2、4、6）、折线纹（图三二六，11）、方格纹（图三二六，3）、菱格纹（图三二六，5、7~10）、席纹（图三二六，13）、"菱格纹" + "弦纹"组合纹饰（图三二六，1）等，器形见有罐。

陶罐　2件

2016NFYS：1，褐色硬陶，敞口，卷沿，尖圆唇。素面。残高2.7厘米（图三二七，1）。

2016NFYS：2，夹细砂浅灰色硬陶，敞口，宽折沿，沿面见有一道凸棱，尖圆唇。素面。残高3.0厘米（图三二七，2）。

圈足　1件。

2016NFYS：3，灰褐色硬陶，高圈足底端外撇，足腹连接处见有方格纹，器表有轮修痕迹。残高3.6厘米（图三二七，3）。

3. 遗址性质与年代

窑上村遗址是一处典型的坡状岗地类遗址。从遗址采集到的遗物来看，陶器以印纹硬陶为主，纹饰见有折线纹、方格纹、绳纹等。与周边遗址比较，此类纹饰主要流行于商至西周时期。结合遗址采集的部分夹砂陶碎片来看，窑上村遗址的年代应为商、西周时期。

二九　潭头山 I 号遗址

1. 遗址概况

潭头山 I 号遗址位于白舍镇河东村委会罗家村（图三二八），西北距盱江约 500 米，东南距潭头山 IV 号遗址约 350 米，东北距潭头山 II 号遗址约 470 米。遗址地理坐标为北纬 27°00′59.3″，东经 116°25′26.9″，海拔 114 米（图三二九）。潭头山 I 号遗址现存为一斜坡状山岗地带，遗址整体地势中部较高，遗址区域平面呈东北 - 西南不规则形，长径约 128 米，短径约 84 米。遗址所在区域已被人为修整种植橘树，地表植被较为稀疏，四周稍低为杉树、毛竹和杂草覆盖，植被较为茂密。遗址北、西、南侧均为稻田，东侧为橘园（图三三〇）。

2. 遗物介绍

潭头山 I 号遗址采集遗物较少，主要为陶器及少量石器。

（1）石器

石锛　1 件。

2016NFTT I ：1，红色砂岩磨制而成，顶端残，底端磨制成刃，一侧竖直。器表磨制光滑。残高 7.2、残宽 9.2 厘米（图三三一，1）。

石斧　1 件。

图三二八　潭头山 I 号遗址位置示意图

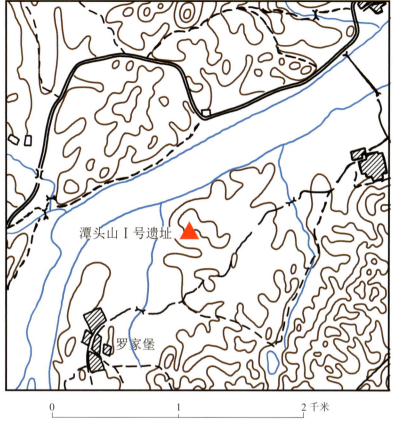

图三二九　潭头山 I 号遗址地貌示意图

图三三○　潭头山 I 号遗址远景图（由北向南）

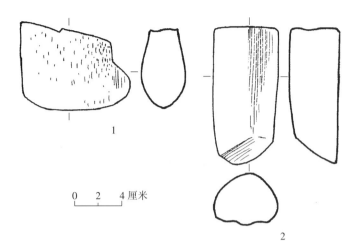

图三三一　潭头山Ⅰ号遗址采集石器

1. 石锛（2016NFTTⅠ∶1）　2. 石斧（2016NFTTⅠ∶2）

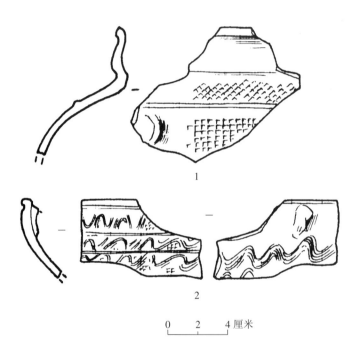

图三三二　潭头山Ⅰ号遗址采集陶器

1. 陶罐（2016NFTTⅠ∶3）　2. 陶盆（2016NFTTⅠ∶4）

2016NFTTⅠ∶2，红褐色砂岩磨制而成，整体呈柱状，截面呈椭圆形。器表磨制平整，有打制痕迹。残高11.2厘米（图三三一，2；图版五三，1）。

（2）陶器

陶器以印纹硬陶为主，陶色见有灰色、浅灰色，纹饰见有方格纹、小方格纹、绳纹、网纹等，并见有少量表面施釉带的陶器，器形主要有罐。

陶罐　1件。

2016NFTTⅠ∶3，夹砂灰褐色硬陶，敛口，宽折沿，圆唇。器表施方格纹，中部可见一道凸棱。残高8.2厘米（图三三二，1；图版五三，2）。

1.石斧(2016NFTTⅠ:2) 　　　　　　　　　2.陶罐(2016NFTTⅠ:3)

图版五三　潭头山Ⅰ号遗址采集遗物

陶盆　1件。

2016NFTTⅠ:4，褐色硬陶，口微敛，方唇，斜弧腹。器表施方格纹被磨光，方格纹上施两道弦纹，弦纹间施波浪纹，器内壁施波浪纹。残高5.0厘米（图三三二，2）。

3. 遗址性质与年代

潭头山Ⅰ号遗址是一处坡状岗地类遗址，遗址采集遗物数量较少。陶器以印纹硬陶为多，纹饰主要见有方格纹和波浪纹，器形只有圆腹罐和弧腹盆。与周边相较，其年代主要集中在周代。

潭头山Ⅰ号遗址的发现为区域聚落形态的研究提供了十分重要的考古学资料。

三〇　潭头山Ⅱ号遗址

1. 遗址概况

潭头山Ⅱ号遗址位于白舍镇河东村委会罗家村（图三三三），北距盱江约540米，西南距潭头山Ⅰ号遗址约390米，东南距潭头山Ⅴ号遗址约120米。遗址地理坐标为：北纬27°01′06.1″，东经116°25′39.4″，海拔高度136米（图三三四）。该遗址现存由西北和东南两个部分组成，西北部现存为一缓坡状山岗，遗址区域平面呈西北－东南向不规则形，长径约120米，短径约76米，地势西高东低，地表大部现已被人为修整为梯田种植橘树，地表植被较为稀疏。西侧为杂草和灌木丛覆盖，植被茂密。东南部现为一缓坡山岗，平面呈西北－东南向不规则形，长径约157米，短径约154米，地势西南高东北低，遗址现已被人为修整种植橘树，地表植被较为稀疏。遗址北、西、东侧均为橘园，南侧为杉树林（图三三五）。

2. 遗物介绍

潭头山Ⅱ号遗址采集遗物较少，主要为印纹硬陶与少量石器。

（1）石器

砺石　1件。

2016NFTTⅡ:1，灰褐色砂岩磨制而成，器形较为规整，截面呈椭圆形。器表磨制光滑。残高11.4厘米（图三三六，1；图版五四，1）。

图三三三　潭头山Ⅱ号遗址位置示意图

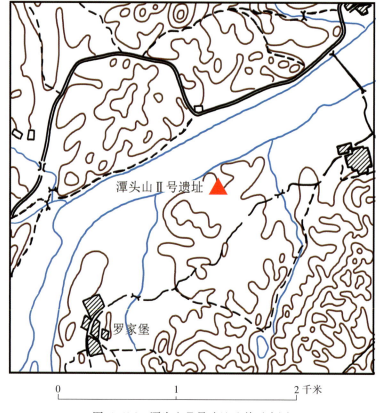

图三三四　潭头山Ⅱ号遗址地貌示意图

图三三五 潭头山Ⅱ号遗址远景图（由东北向西南）

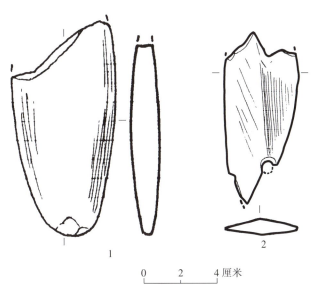

0   2   4厘米

图三三六 潭头山Ⅱ号遗址采集石器
1. 砺石（2016NFTTⅡ∶1） 2. 石矛（2016NFTTⅡ∶2）

石矛 1件。

2016NFTTⅡ∶2，青灰色砂岩磨制而成，中部起脊，截面近菱形，两侧刃部较钝，一端有一对钻穿孔。器表磨制光滑。残高9.0厘米（图三三六，2；图版五四，3、4）。

（2）陶器

陶器为印纹硬陶，陶色有灰色、灰褐色，纹饰有方格纹（图三三七，2）、绳纹（图三三七，8）、小方格纹（图三三七，1、3、4）、菱格纹（图三三七，5~7）、网格纹等，器形见有罐。

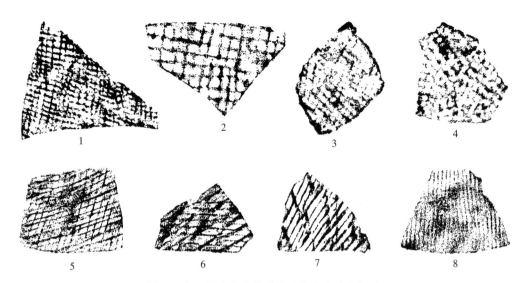

图三三七　潭头山Ⅱ号遗址采集陶片纹饰拓片

1、3、4. 小方格纹　2. 方格纹　5~7. 菱格纹　8. 绳纹

陶罐　6件。

2016NFTTⅡ：3，灰色硬陶，敛口，折沿，圆唇。器表施菱格纹。残高6.4厘米（图三三八，1；图版五四，2）。

2016NFTTⅡ：4，灰色硬陶，敛口，折沿，尖圆唇。沿面有一道凹槽，器表施方格纹。残高2.8厘米（图三三八，2）。

2016NFTTⅡ：5，夹砂灰色硬陶，敛口，折沿，圆唇。素面。残高3.4厘米（图三三八，3）。

2016NFTTⅡ：6，灰褐色硬陶，敞口，折沿，尖圆唇，唇面内凹。素面。残高1.9厘米（图三三八，4）。

2016NFTTⅡ：7，灰褐色硬陶，敛口，折沿，圆唇，唇面内凹。器表施方格纹。残高3.6厘米（图三三八，5）。

2016NFTTⅡ：8，夹砂灰色硬陶，敛口，卷沿，尖圆唇。器表施菱格纹。残高6.0、口部直径11.8厘米（图三三八，6；图版五四，5）。

3. 遗址性质与年代

潭头山Ⅱ号遗址处于盱江沿岸，地理环境条件优越，是一处典型的坡状岗地类遗址。从遗址采集遗物来看，印纹硬陶较多，纹饰主要有菱格纹、方格纹、交错线纹，陶器中陶罐口沿形态具有两周时期陶器的特征。因此，可推测该遗址的年代为两周时期。

三一　潭头山Ⅲ号遗址

1. 遗址概况

潭头山Ⅲ号遗址位于白舍镇河东村委会罗家村（图三三九），北距盱江约370米，西南距潭头山Ⅰ号遗址约300米，东南距潭头山Ⅴ号遗址约520米（图三四〇）。遗址区域平面呈东北—西南向不规则形，长径约165米，短径约83米。遗址地理坐标为北纬27°01′08.9″，东经116°25′31.1″，海拔138米。潭头山Ⅲ号遗址现为一斜坡状山岗，遗址整体地势西高东低。遗址现已被人为修整种植橘树，地表植被较为稀疏，遗址中部被一南北向的小道贯穿（图三四一）。

2. 遗物介绍

潭头山Ⅲ号遗址采集遗物较少，主要为印纹硬陶及少量石器。

（1）石器

石矛 1件。

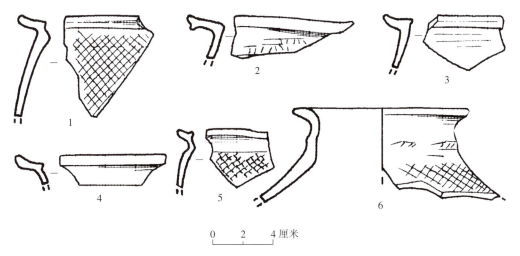

0 2 4 厘米

图三三八 潭头山Ⅱ号遗址采集陶器

1～6. 罐（2016NFTTⅡ：3、2016NFTTⅡ：4、2016NFTTⅡ：5、2016NFTTⅡ：6、2016NFTTⅡ：7、2016NFTTⅡ：8）

1.砺石（2016NFTTⅡ：1）（背面）

2.陶罐（2016NFTTⅡ：3）

3.石矛（2016NFTTⅡ：2）（正面）

4.石矛（2016NFTTⅡ：2）（背面）

5.陶罐（2016NFTTⅡ：8）

图版五四　潭头山Ⅱ号遗址采集遗物

图三三九　潭头山Ⅲ号遗址位置示意图

2016NFTTⅢ：1，青石磨制而成，两侧打制成刃。器表磨制较平整。残高7.6厘米（图三四二）。

（2）陶器

陶器主要为印纹硬陶，陶色有灰色、浅灰色，纹饰有方格纹、小方格纹（图三四三，1～5；图三四四，1、3、4）、菱格纹（图三四四，2、5）、绳纹、网格纹（图三四三，6），器形见有罐。

陶罐　1件。

2016NFTTⅢ：4，黑褐色硬陶，敞口，微卷沿，圆唇。素面。残高3.5厘米（图三四五，1）。

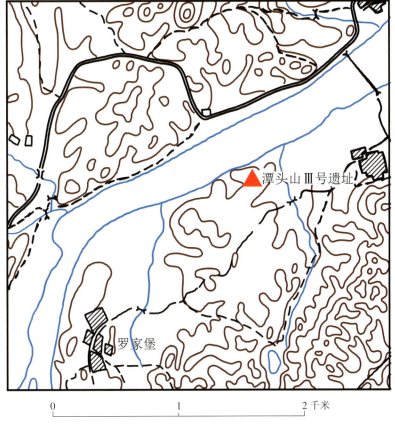

图三四〇 潭头山Ⅲ号遗址地貌示意图

图三四一 潭头山Ⅲ号遗址远景图（西北向东南）

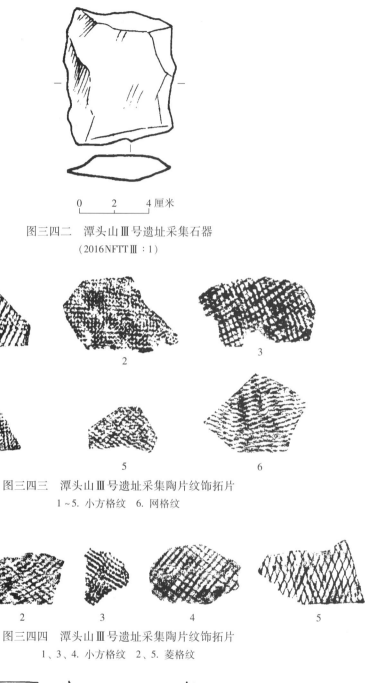

图三四二　潭头山Ⅲ号遗址采集石器

（2016NFTTⅢ：1）

图三四三　潭头山Ⅲ号遗址采集陶片纹饰拓片

1~5. 小方格纹　6. 网格纹

图三四四　潭头山Ⅲ号遗址采集陶片纹饰拓片

1、3、4. 小方格纹　2、5. 菱格纹

图三四五　潭头山Ⅲ号遗址采集陶器

1. 罐（2016NFTTⅢ：4）　2、3. 器底（2016NFTTⅢ：2、2016NFTTⅢ：3）

器底　2件。

2016NFTTⅢ：2，红褐色硬陶，斜腹，平底。素面，下侧有轮修痕迹，器壁内侧有捏制痕迹。残高2.9厘米（图三四五，2）。

2016NFTTⅢ：3，夹细砂灰陶，弧腹，底略平。器表施方格纹，部分被抹光，器底见有一道凹槽。残高2.9厘米（图三四五，3）。

3. 遗址性质与年代

潭头山Ⅲ号遗址是一处坡状岗地类遗址，与其他四处遗址位置相近，关系也应较密切。通过比较，将该遗址采集得到的遗物多为印纹硬陶，纹饰主要有菱格纹、方格纹、小方格纹等。其纹饰风格，与区域内东周时期陶器特征相近。因此，可推测该遗址的年代为东周时期。

三二　潭头山Ⅳ号遗址

1. 遗址概况

潭头山Ⅳ号遗址位于白舍镇河东村委会罗家村（图三四六），西南距福兴寺遗址约290米，西北距潭头山Ⅰ号遗址约350米，东北距潭头山Ⅱ号遗址约560米。遗址地理坐标为北纬27°00′48.8″，东经116°25′32.2″，海拔122米（图三四七）。潭头山Ⅳ号遗址现为一斜坡状山岗地带，遗址整体地势西高东低，遗址区域平面呈南北向不规则形，长径约193米，短径约167米。遗址现已被人为修整为梯田种植橘树。遗址西侧为一乡道，北侧为橘园，南、东侧为稻田（图三四八）。

2. 遗物介绍

潭头山Ⅳ号遗址采集遗物较多，主要为陶器及少量石器。

图三四六　潭头山Ⅳ号遗址位置示意图

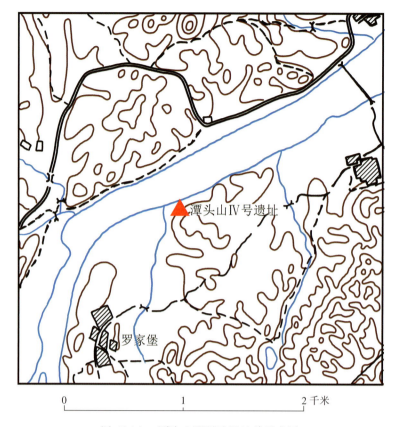

0   1   2千米

图三四七　潭头山Ⅳ号遗址地貌示意图

图三四八　潭头山Ⅳ号遗址远景图（由西北向东南）

（1）石器

砺石 1件。

2016NFTTⅣ：1，青灰砂岩磨制而成，平面呈不规则椭圆形。器表磨制光滑，一端发现有使用痕迹。高6.4、宽3.1厘米（图三四九，1；图版五五，1）。

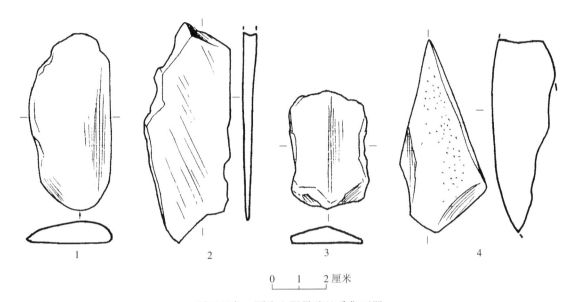

0 1 2厘米

图三四九 潭头山Ⅳ号遗址采集石器

1. 砺石（2016NFTTⅣ：1） 2. 刮削器（2016NFTTⅣ：2） 3. 石镞（2016NFTTⅣ：3） 4. 石锛（2016NFTTⅣ：4）

刮削器 1件。

2016NFTTⅣ：2，青灰色页岩磨制而成，一端打制成刃，平面呈不规则形。器表打制较为规整。残高8.0厘米（图三四九，2；图版五五，2）。

石镞 1件。

2016NFTTⅣ：3，青灰色页岩磨制而成，两端残，中部起脊，截面呈近三角形。一面磨制较为光滑。残高4.2厘米（图三四九，3）。

石锛 1件。

2016NFTTⅣ：4，灰色砂岩磨制而成，一端单面磨制成刃。器表磨制较为光滑。残高7.0厘米（图三四九，4；图版五五，3）。

（2）陶器

陶器以印纹硬陶为主，陶色有浅灰色、灰色、红色，纹饰见有菱格纹（图三五〇，5；图三五一，2、3、5、7；图三五二，1、5）、重菱纹（图三五〇，7）、绳纹（图三五〇，6；图三五二，8）、方格纹（图三五一，1、4）、小方格纹（图三五〇，1~3；图三五二，2~4）、网格纹（图三五二，6、7）、细线纹、交错绳纹（图三五〇，4；图三五一，6），器形有罐、圈足；夹砂陶较少，陶色有红色、灰色，素面，器形较少，见有鼎足。

陶锛 1件。

2016NFTTⅣ：5，夹砂黄陶，器形较小，顶端残，底端单面磨制成刃，两侧斜直。素面。残高

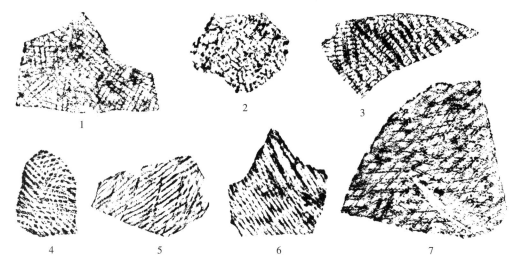

图三五〇　潭头山Ⅳ号遗址采集陶片纹饰拓片

1~3. 小方格纹　4. 交错绳纹　5. 菱格纹　6. 绳纹　7. 重菱纹

图三五一　潭头山Ⅳ号遗址采集陶片纹饰拓片

1、4. 方格纹　2、3、5、7. 菱格纹　6. 交错绳纹

4.9厘米（图三五三；图版五五，4）。

陶罐　8件。

2016NFTTⅣ：6，浅灰色硬陶，口微敛，折沿，斜方唇。器表施菱格纹。残高4.8厘米（图三五四，1）。

2016NFTTⅣ：7，灰色硬陶，敞口，折沿，方圆唇。素面，器表可见轮制痕迹。残高3.0厘米（图三五四，2）。

2016NFTTⅣ：8，灰褐色硬陶，敛口，折沿，唇部残。器表施方格纹。残高4.0厘米（图三五四，3）。

2016NFTTⅣ：9，夹砂灰色硬陶，敛口，卷沿，圆唇。器表施方格纹。残高5.0厘米（图三五四，4）。

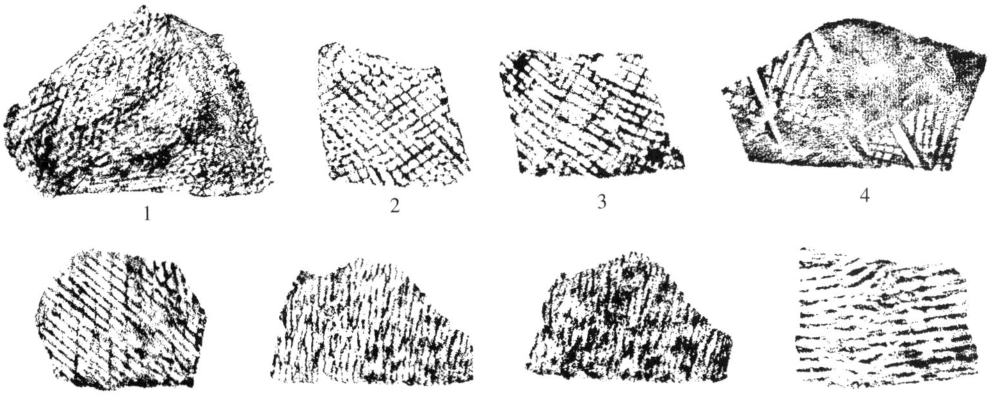

图三五二　潭头山Ⅳ号遗址采集陶片纹饰拓片
1、5. 菱格纹　2～4. 小方格纹　6、7. 网格纹　8. 绳纹

2016NFTTⅣ：11，灰褐色硬陶，侈口，卷沿，圆唇。素面。残高3.4厘米（图三五四，6）。

2016NFTTⅣ：12，夹细砂灰色硬陶，敛口，宽折沿，唇部残。素面，颈部见有轮修痕迹。残高6.4厘米（图三五四，7）。

2016NFTTⅣ：13，夹砂灰色硬陶，敛口，卷沿，圆唇。颈部有轮修痕迹，器表施方格纹。残高9.0厘米（图三五四，8）。

2016NFTTⅣ：15，夹细砂灰褐色硬陶，敛口，宽折沿，唇部残。器表施菱格纹被抹光。残高5.0厘米（图三五四，10）。

甗形器　1件。

2016NFTTⅣ：10，夹砂灰陶，侈口，口沿微折，圆唇。素面，器表可见轮制痕迹。残高7.0厘米（图三五四，5）。

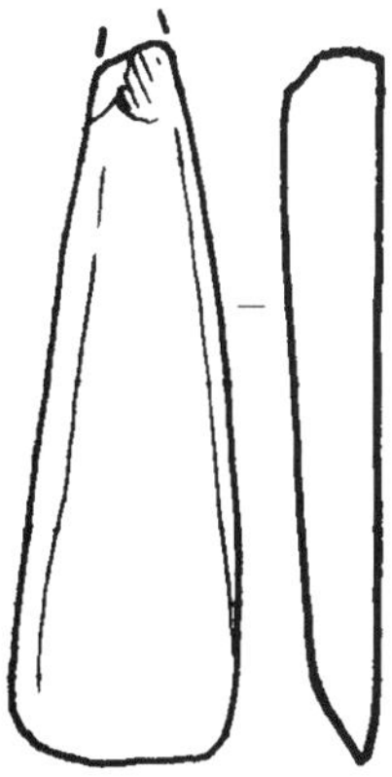

图三五三　潭头山Ⅳ号遗址采集陶锛
（2016NFTTⅣ：5）

陶壶　1件。

2016NFTTⅣ：14，夹砂灰色硬陶，侈口，尖圆唇，颈部外侧附加有一圈状系耳。素面，器表可见轮修痕迹。残高4.2、口部直径10.0厘米（图三五四，9；图版五五，5）。

圈足　1件。

2016NFTTⅣ：16，灰色硬陶，斜腹，圈足外撇，底端残。器表施方格纹被抹光。残高2.8厘米（图三五四，11）。

鼎足　1件。

2016NFTTⅣ：17，夹砂黄陶，瓦状足，截面呈弧形。素面。残高6.0厘米（图三五四，12）。

3. 遗址性质与年代

潭头山Ⅳ号遗址是一处坡状岗地类遗址。从遗址采集遗物来看，主要见有陶罐、甗形器、瓦状鼎足等器。此类陶器多见于晚商时期，可初步判断此类陶器的年代为商时期。所见的印纹硬陶器，多施小方格纹或小菱格纹，其年代或有略晚的可能。因此，可初步推断该遗址的年代为商至西周时期。

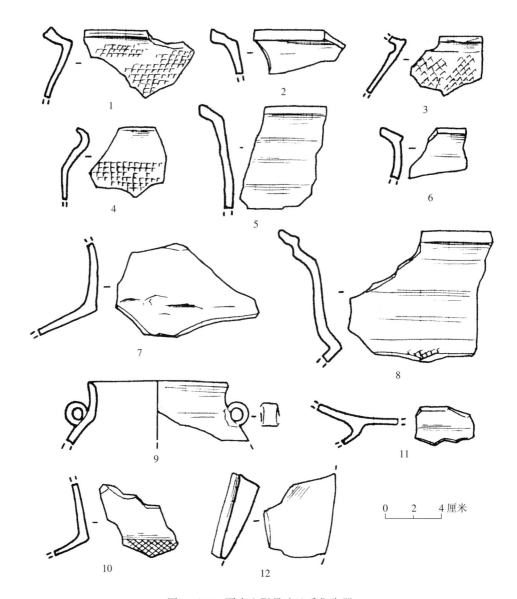

图三五四　潭头山Ⅳ号遗址采集陶器

1~4、6、7、8、10. 陶罐（2016NFTTⅣ：6、2016NFTTⅣ：7、2016NFTTⅣ：8、2016NFTTⅣ：9、2016NFTTⅣ：11、
2016NFTTⅣ：12、2016NFTTⅣ：13、2016NFTTⅣ：15）　5. 甗形器（2016NFTTⅣ：10）　9. 陶壶（2016NFTTⅣ：14）
11. 圈足（2016NFTTⅣ：16）　12. 鼎足（2016NFTTⅣ：17）

三三　潭头山Ⅴ号遗址

1. 遗址概况

潭头山Ⅴ号遗址位于白舍镇河东村委会罗家村（图三五五），西南距潭头山Ⅳ号遗址约 220 米，
西北距潭头山Ⅰ号遗址约 300 米，东北距潭头山Ⅱ号遗址约 350 米。遗址地理坐标为北纬 27°00′
54.5″，东经 116°25′36.7″，海拔 134 米（图三五六）。潭头山Ⅴ号遗址现存为一山岗，遗址整体地
势中部高四周低，遗址区域平面呈南北向不规则形，长径约 189 米，短径约 66 米。遗址现已被人
为修整为梯田种植橘树，地表植被较为稀疏，遗址北部外侧为一小道（图三五七）。

1.砺石(2016NFTTⅣ：1)

2.石刮削器(2016NFTTⅣ：2)

3.石锛(2016NFTTⅣ：4)

4.陶锛(2016NFTTⅣ：5)

5.陶壶(2016NFTTⅣ：14)

图版五五　潭头山Ⅳ号遗址采集遗物

2. 遗物介绍

潭头山Ⅴ号遗址采集遗物较少，主要为印纹硬陶。陶色有灰色、灰黑色，纹饰有绳纹（图三五八，3、4）、菱格纹（图三五八，2）、方格纹（图三五八，1）、交错绳纹，器形见有罐。

3. 遗址性质与年代

潭头山Ⅴ号遗址是一处坡状岗地类遗址。由于遗址采集遗物较少，从少量印纹硬陶器来看，纹饰主要见有绳纹和方格纹，其纹饰的特色与潭头山Ⅳ号遗址所见较为相近，二者年代应相当。因此，可推断潭头山Ⅴ号遗址的年代为商至西周时期。潭头山多处遗址的发现，为区域遗址类型及聚

图三五五　潭头山Ⅴ号遗址位置示意图

落结构研究提供了十分重要的考古学材料。

三四　小东坑山遗址

1. 遗址概况

小东坑山遗址位于太和镇下桐村（图三五九），东距905县道约620米，东南距水口山遗址约440米，西南距大东坑山约460米。遗址地理坐标为北纬27°03′44.9″，东经116°37′24.3″，海拔143米（图三六〇）。遗址现存为一斜坡状山岗，整体地势北高南低，平面呈南北向不规则形，长径约310米，短径约177米。遗址现已被人为修整为梯田种植橘树，地表植被较为稀疏。遗址被一南北向村道贯穿，遗址东南部外围有一水塘（图三六一）。

2. 遗物介绍

小东坑山遗址采集遗物较少，主要为印纹硬陶及少量石器。

（1）石器

砺石　1件。

2016NFXD：1，黄色砂岩磨制而成，器表磨制较光滑，两面略微凹，一面有磨制刻划痕迹。残高7.6、残宽5.8厘米（图三六二）。

（2）陶器

陶器以印纹硬陶为主，陶色有灰黑色、灰色、浅灰色，纹饰有方格纹（图三六三，1、2、6）、

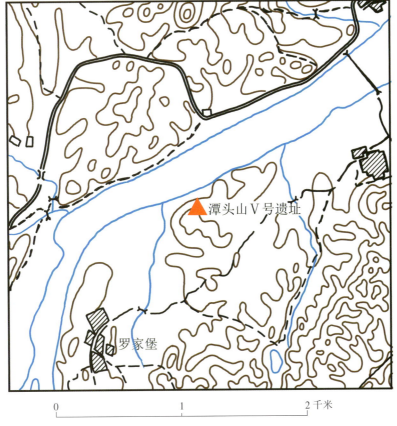

图三五六 潭头山Ⅴ号遗址地貌示意图

图三五七 潭头山Ⅴ号遗址远景图（由西南向东北）

图三五八　潭头山Ⅴ号遗址采集陶片纹饰拓片
1. 方格纹　2. 菱格纹　3、4. 绳纹

图三五九　小东坑山遗址位置示意图

小方格纹（图三六三，3）、菱格纹（图三六三，4、5、7）、绳纹、网格纹（图三六三，8、9）、交错线纹，器形仅有陶罐。

陶罐　1件。

2016NFXD：2，夹细砂黑褐陶，敛口，卷沿，尖圆唇，沿面见有一圈凸棱。素面。残高2.2厘米（图三六四）。

3. 遗址性质与年代

小东坑山遗址是一处斜坡岗地类遗址。由于遗址采集遗物较少，仅可对遗址年代进行初步判断。所见陶罐口沿内侧见有凸棱，其与西周时期陶罐形态相近，可判断该遗址的年代为西周时期。该遗址与大东坑山、水口山等遗址相距较近，水系将其分为不同的地域小单元。从大的地形、环境背景来看，此类遗址应存在密切关系。

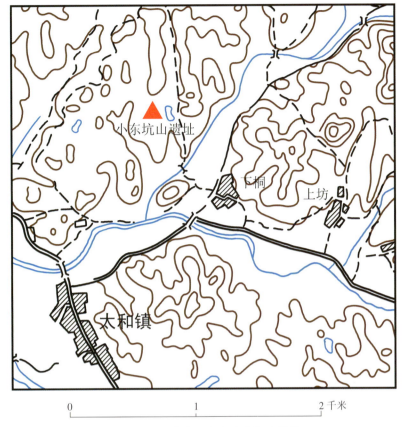

图三六〇　小东坑山遗址地貌示意图

图三六一　小东坑山遗址远景图（由东南向西北）

0　　2　　4 厘米

图三六二　小东坑山遗址采集石器

（2016NFXD：1）

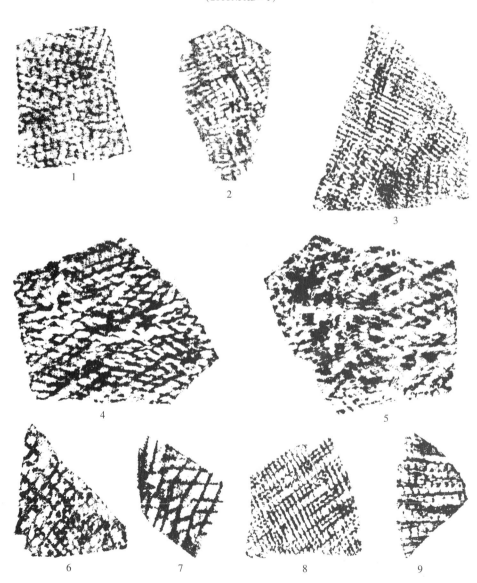

图三六三　小东坑山遗址采集陶片纹饰拓片

1、2、6. 方格纹　3. 小方格纹　4、5、7. 菱格纹　8、9. 网格纹

0　　　2　　　4厘米

图三六四　小东坑山遗址采集陶器

（2016NFXD：2）

三五　赵家山遗址

1. 遗址概况

赵家山遗址位于琴城镇下坊村（图三六五），东距886县道约80米，北距赵家山约150米，东南距彭坊村约320米。遗址地理坐标为北纬27°10′17.8″，东经116°31′48.0″，海拔103米（图三六六）。赵家山遗址现存为一斜坡状山岗，遗址整体地势北高南低，遗址区域平面呈东北—西南向不规则形，长径约139米，短径约53米。遗址现已被人为修整种植橘树。遗址北侧外围为赵家村，东侧外围临近886县道（图三六七）。

图三六五　赵家山遗址位置示意图

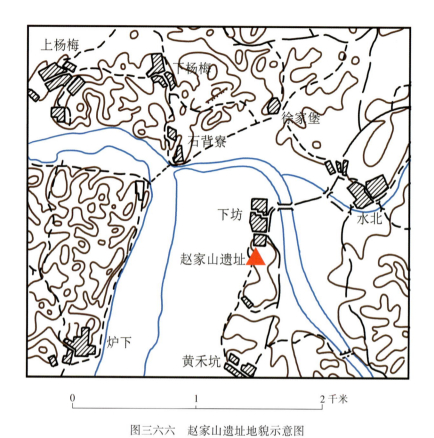

图三六六　赵家山遗址地貌示意图

图三六七　赵家山遗址远景图（由东南向西北）

2. 遗物介绍

（1）石器

石镞　4件。

2016NFZJ：1，青灰色砂岩磨制而成，中部起脊，肩部及铤部残，刃部锋利，截面呈菱形。器表磨制平整。残高2.5厘米（图三六八，1；图版五六，1）。

2016NFZJ：2，青灰色页岩磨制而成，尖锋及铤部残，刃部锋利，两面平直。残高3.6厘米（图三六八，2；图版五六，2）。

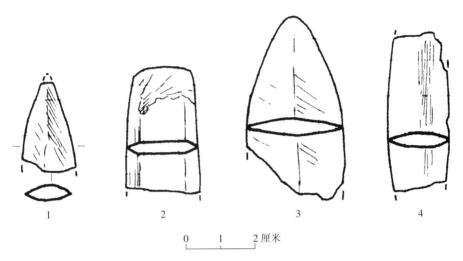

图三六八　赵家山遗址采集石器

1~4. 石镞（2016NFZJ：1、2016NFZJ：2、2016NFZJ：3、2016NFZJ：4）

2016NFZJ：3，青灰色砂岩磨制而成，平面近叶形，中部起脊，刃部锋利，铤部残，器身截面呈菱形。残高5.2厘米（图三六八，3；图版五六，3）。

2016NFZJ：4，青灰色砂岩磨制而成，平面近柳叶形，无脊，刃部锋利，铤部残，器身截面近椭圆形。残高4.4厘米（图三六八，4；图版五六，4）。

（2）陶器

赵家山遗址采集遗物较少，主要以印纹硬陶为主，夹砂陶较少。印纹硬陶陶色有灰色、浅灰色，纹饰有小方格纹（图三六九，1、2）、菱格纹（图三六九，3）及绳纹（图三六九，4）等，器形见有罐；夹砂陶陶色为红色，素面，器形不明。

图三六九　赵家山遗址采集陶片纹饰拓片

1、2. 小方格纹　3. 菱格纹　4. 绳纹

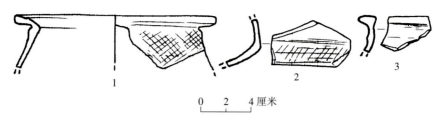

0　2　4厘米

图三七〇　赵家山遗址采集陶器
1~3. 罐（2016NFZJ：5、2016NFZJ：6、2016NFZJ：7）

陶罐　3件。

2016NFZJ：5，灰色硬陶，敛口，宽折沿，圆唇，沿面施一圈凸棱。器表施菱格纹。残高4.2厘米（图三七〇，1；图版五六，5）。

2016NFZJ：6，浅灰色硬陶，敛口，折沿，唇部残。器表施菱格纹，局部被抹光。残高3.5厘米（图三七〇，2）。

2016NFZJ：7，夹砂红褐色硬陶，侈口，折沿，圆唇。素面。残高2.7厘米（图三七〇，3）。

3. 遗址性质与年代

赵家山遗址是一处坡状岗地类遗址。遗址采集遗物较少，陶器多见印纹硬陶，纹饰主要以方格纹、菱格纹为多，器形见有折沿罐。综合来看，所见陶器与西周时期陶器风格相近。因此，可初步判断该遗址的年代为西周时期。

1.石镞（2016NFZJ：1）

2.石镞（2016NFZJ：2）

3.石镞（2016NFZJ：3）

4.石镞（2016NFZJ：4）

5.陶罐(2016NFZJ：5)

图版五六 赵家山遗址采集遗物

三六 重石Ⅰ号遗址

1. 遗址概况

重石Ⅰ号遗址位于白舍镇重石村东南部（图三七一），西距 206 国道约 880 米，东临盱江，西北距陈家（村）约 800 米。遗址地理坐标为北纬 26°59′20.9″，东经 116°23′44.1″，海拔 116 米（图三七二）。重石Ⅰ号遗址现存为一缓坡地带，遗址内整体地势西部较高，其余区域稍低且平缓，遗

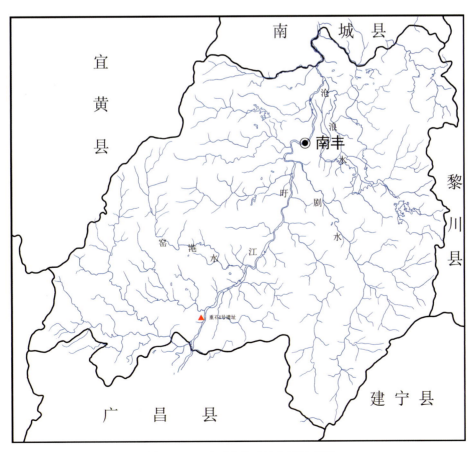

图三七一 重石Ⅰ号遗址位置示意图

址区域平面呈南北向不规则形，长径约 237 米，短径约 96 米。地表已被人为修整种植橘树，植被较为稀疏（图三七三）。

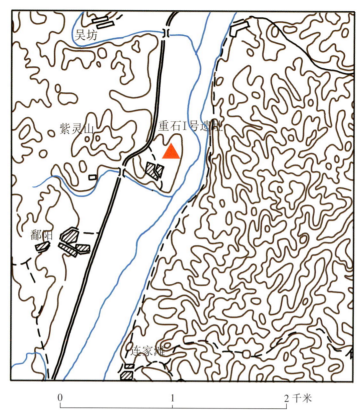

图三七二　重石Ⅰ号遗址地貌示意图

图三七三　重石Ⅰ号遗址远景图（由东北向西南）

2. 遗物介绍

重石Ⅰ号遗址采集遗物较少，主要为印纹硬陶与夹砂陶，另见有少许石器。

（1）石器

砺石 1件。

2016NFCSⅠ:1，红褐色砂岩磨制而成，平面呈平行四边形，器表一面边磨制平整，一面磨制较为光滑。残高18.5、残宽6.0、厚2.3厘米（图三七四；图版五七，1）。

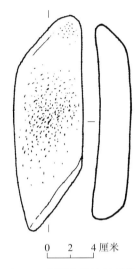

图三七四 重石Ⅰ号遗址采集砺石
（2016NFCSⅠ:1）

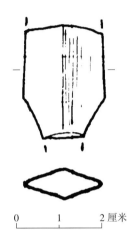

图三七五 重石Ⅰ号遗址采集石镞
（2016NFCSⅠ:2）

石镞 1件。

2016NFCSⅠ:2，青灰色闪长岩磨制而成，尖锋及铤部残，中部起脊，刃部锋利，器身截面呈菱形。器表磨制光滑。残长2.4厘米（图三七五；图版五七，2）。

（2）陶器

陶器以印纹硬陶为主，陶色有灰色、浅灰色，纹饰有雷纹、方格纹、绳纹、圆点纹、席纹、"方格纹"＋"重回纹"组合纹饰，另见有少量表面施黑釉的陶器，主要器形见有罐；夹砂陶较少，陶色主要为红色、浅灰色，素面，器形见有罐。

陶罐 5件。

2016NFCSⅠ:3，泥质灰陶，口微敛，折沿，尖唇。器表施重菱纹。残高2.4厘米（图三七六，1）。

2016NFCSⅠ:6，灰色硬陶，敛口，折沿，圆唇，沿面微凹。器表施方格纹被抹光。残高2.0厘米（图三七六，2）。

2016NFCSⅠ:7，夹砂红陶，敞口，微卷沿，圆唇。素面。残高3.4厘米（图三七六，8）。

2016NFCSⅠ:8，夹细砂红陶，敛口，微卷沿，尖圆唇。素面。残高4.2厘米（图三七六，5）。

2016NFCSⅠ:11，夹砂红色硬陶，侈口，折沿，唇部残。器表施绳纹。残高8.4厘米（图三七六，9）。

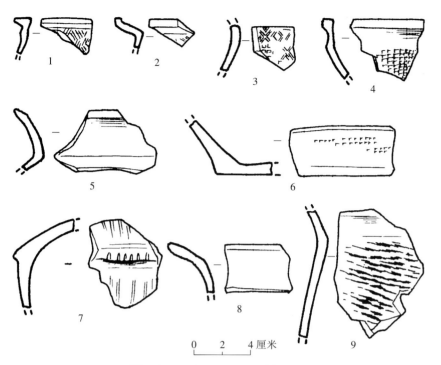

图三七六　重石Ⅰ号遗址采集陶器

1、2、5、8、9. 陶罐（2016NFCSⅠ：3、2016NFCSⅠ：6、2016NFCSⅠ：8、2016NFCSⅠ：7、2016NFCSⅠ：11）

4. 陶盆（2016NFCSⅠ：5）　3、7. 腹部残片（2016NFCSⅠ：4、2016NFCSⅠ：10）　6. 器底（2016NFCSⅠ：9）

陶盆　1件。

2016NFCSⅠ：5，夹砂灰色硬陶，口微敛，方唇，折肩。器表施方格纹。残高4.0厘米（图三七六，4；图版五七，5）。

器腹残片　2件。

2016NFCSⅠ：4，夹砂灰陶，弧腹。器表施重菱纹及方格纹。残高3.0厘米（图三七六，3）。

2016NFCSⅠ：10，夹砂褐色硬陶，鼓肩。肩部施一圈凸棱，凸棱上施戳印纹，凸棱上下均施绳纹被抹光。残高6.0厘米（图三七六，7；图版五七，3、4）。

器底　1件。

2016NFCSⅠ：9，灰褐色硬陶，斜腹，平底。器表施小方格纹和数道弦纹。残高3.6厘米（图三七六，6）。

3. 遗址性质与年代

重石Ⅰ号遗址为一处岗地类遗址。从采集到的遗物来看，印纹硬陶多见雷纹、方格纹、绳纹等。器形见有平沿罐、宽折沿罐，其特征与区域内商时期陶器相近。因此，可初步推断遗址的年代为商时期。

三七　重石Ⅱ号遗址

1. 遗址概况

重石Ⅱ号遗址位于白舍镇重石村东南部（图三七七），东、南临旴江，西南距鄱阳村约1千米，

1.砺石(2016NFCSⅠ:1)(背面)

2.石镞(2016NFCSⅠ:2)

3.陶器腹残片(2016NFCSⅠ:10)(正面)

4.陶器腹残片(2016NFCSⅠ:10)(背面)

5.陶罐(2016NFCSⅠ:5)

图版五七　重石Ⅰ号遗址采集遗物

西距 206 国道约 1.1 千米，东北距重石Ⅰ号遗址约 280 米。遗址地理坐标为北纬 26°59′11.3″，东经 116°23′39.6″，海拔 119 米（图三七八）。重石Ⅱ号遗址现存为一缓坡状山岗，遗址整体地势中部较高，其余区域地势稍低且平缓，遗址区域平面呈南北向不规则形，长径约 129 米，短径约 100 米，面积 11484.6 平方米。地表大部现已被人为修整种植橘树，植被较为稀疏，东部部分区域地表为树木、杂草和灌木丛等覆盖，植被较为茂密（图三七九）。

2. 遗物介绍

重石Ⅱ号遗址采集遗物较少，地表散见少量陶片和石器。采集陶器主要有灰色和灰褐色的印纹

图三七七　重石Ⅱ号遗址位置示意图

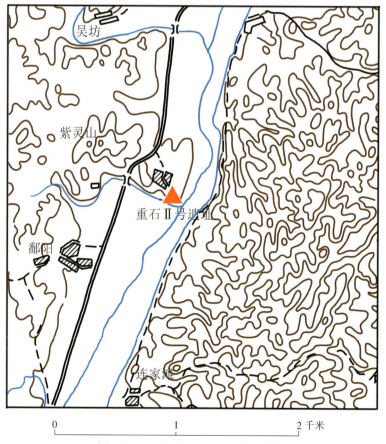

图三七八　重石Ⅱ号遗址地貌示意图

图三七九　重石Ⅱ号遗址远景图（由西南向东北）

硬陶，陶片纹饰主要为绳纹、小方格纹等。

3. 遗址性质与年代

重石Ⅱ号遗址为一处丘陵缓坡状山地遗址。从采集到的陶器来看，以灰色和灰褐色的印纹硬陶为主，陶片纹饰主要为绳纹、小方格纹等。由于该遗址采集遗物较少，初步判断该遗址年代为先秦时期，具体年代有待进一步考古工作的开展。

三八　海山上遗址

1. 遗址概况

海山上遗址位于白舍镇河东村委会罗家村（图三八〇），东北距福兴寺遗址约 240 米，西距罗家村约 530 米，西北距罗家村后背山Ⅰ号遗址约 860 米。遗址地理坐标为北纬 27°00′33.0″，东经 116°25′25.6″，海拔 124 米（图三八一）。海山上遗址现存为一斜坡状山岗地带，遗址整体地势中部高四周低，遗址区域平面呈东北—西南向不规则形，长径约 179 米，短径约 114 米。遗址现已被人为修整为梯田种植橘树，地表植被较为稀疏，遗址西北外侧、北侧边沿地带为杉树林，植被茂密（图三八二）。

2. 遗物介绍

海山上遗址采集遗物较少，主要为陶器及少量石器。

（1）石器

石矛　1 件。

2016NFHS：1，青灰色砂岩磨制而成，锋部及铤部残甚，两侧刃部磨制锐利，中部起脊，器表磨制光滑。残高 9.1、残宽 4.1 厘米（图三八三；图版五八，1）。

图三八〇　海山上遗址位置示意图

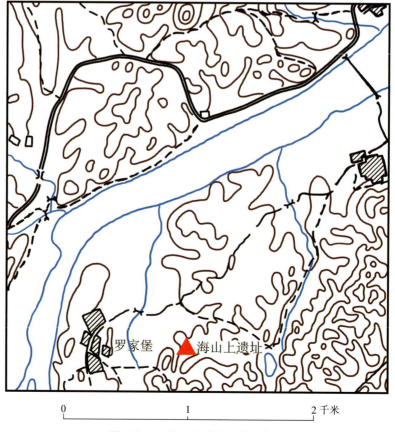

图三八一　海山上遗址地貌示意图

图三八二 海山上遗址远景图（由西北向东南）

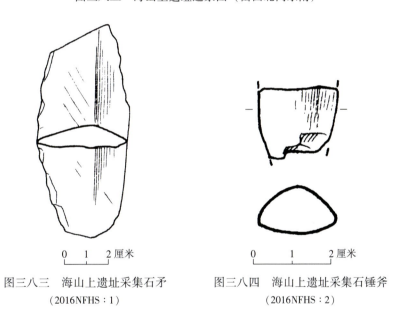

0 1 2 厘米

图三八三 海山上遗址采集石矛
（2016NFHS：1）

0 1 2 厘米

图三八四 海山上遗址采集石锤斧
（2016NFHS：2）

石锤斧 1件。

2016NFHS：2，红色砂岩磨制而成，两端残，器表磨制平直，截面呈近三角形。残高1.5厘米
（图三八四；图版五八，2）。

（2）陶器

陶器以印纹硬陶为主，陶色有灰色、浅灰色、灰黑色，纹饰有小方格纹（图三八五，1~5）、
菱格纹，器形见有罐。

陶罐 2件。

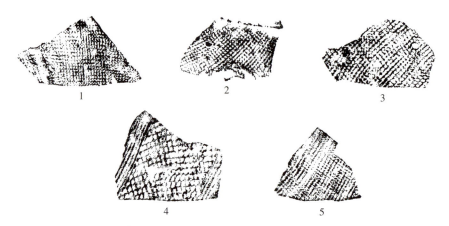

图三八五　海山上遗址采集陶片纹饰拓片

1～5. 小方格纹

2016NFHS：3，灰色硬陶，敛口，卷沿，唇部残。器表施方格纹。残高2.6厘米（图三八六，1）。

2016NFHS：4，灰色硬陶，侈口，折沿，尖圆唇。素面。残高2.0厘米（图三八六，2）。

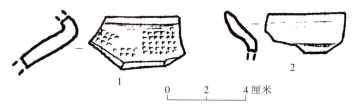

图三八六　海山上遗址采集陶器

1、2. 陶罐（2016NFHS：3、2016NFHS：4）

3. 遗址性质与年代

海山上遗址是一处岗地类遗址。从采集到的陶器来看，以印纹硬陶为主，纹饰以小方格纹为多，纹饰较为细密。此类纹饰多见于东周陶器上。因此，可推断海山上遗址的年代为东周时期。该遗址的发现与初步分析为区域文化序列建立及区域聚落形态研究提供了十分重要的考古学材料。

1.石矛（2016NFHS：1）

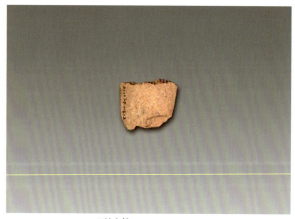

2.石锤斧（2016NFHS：2）

图版五八　海山上遗址采集遗物

第四章 结语

    2016 至 2017 年对抚河上游的南丰、广昌等县区进行的考古调查，先后在该区域发现遗址 59 处，其中确认广昌县金盆山遗址为一环壕聚落，该遗址是目前发现的抚河流域位置最南的一处，为区域环壕聚落分布特征提供了重要的材料。调查亦获得了十分丰富的遗物，主要为陶器和石器，其为区域考古学文化序列建立，聚落演进及社会发展等方面的深入研究起到了十分重要的推动作用。下文以广昌、南丰两县调查所获遗存为对象，对抚河上游地区的文化发展序列、聚落形态等方面进行简要分析，以推进区域历史文化的深入探讨。

第一节　抚河上游地区先秦时期考古遗存的年代序列

    广昌、南丰等县发现遗址共 59 处，本书第二、三章已对诸遗址的年代进行初步判断（表 1；表 2）。通过分析可以看出，该地区先秦时期遗址主要可以划分为新石器时代晚期、夏至早商时期、晚商时期、西周时期、东周时期五个阶段：

    第一阶段：新石器时代晚期。该时期遗址在区域内发现数量较少，广昌县尚未发现有此时期的遗址，南丰县仅发现 1 处是有新石器时代晚期特征的遗址，所见陶鼎足（三棱状）与抚河中下游的地区所见较为相似。与抚河上游地区相比较，新石器时代遗存在抚河中下游地区所见较为丰富，且与赣江、信江等流域所见较为相近，揭示了史前晚期区域文化面貌有一定的趋同性。由于抚河上游地区地形多为高山，自然条件略差于中下游地区，新石器时代晚期遗存在该地区发现较少也在情理之中。与此同时，这一时期抚河中下游地区开始出现的环壕聚落在抚河上游地区也十分少见，仅在广昌县有 1 处发现，这说明早期聚落与文化的发展和社会复杂化进程与地形及自然环境均存在十分密切的联系。

    第二阶段：夏至早商时期。这一阶段的年代判断尚不十分明确，只能根据以往发掘的材料进行比较分析。这一阶段所见器物中陶鼎足最具代表性，多见瓦状鼎足，此类鼎足在信江的鹰潭角山遗址有较多数量的发现①。据最新的测年数据，鹰潭角山的年代最早可与中原地区二里头文化相当；此外在广东石峡遗址所见新石器时代晚期遗存中②，十分流行瓦状足陶鼎，这种不同区域器物年代

---

    ①　江西省文物考古研究院、鹰潭市博物馆：《角山窑址——1983–2007 年考古发掘报告》，文物出版社，2017 年。

    ②　广东省文物考古研究所、广东省博物馆、广东省韶关市曲江区博物馆：《石峡遗址——1973–1978 年考古发掘报告》，文物出版社，2014 年。

相差较远的现象，需要在抚河流域选择遗址进行考古发掘并对遗存的年代进行详细的测定，这样才能对区域文化序列的建构提供帮助。南丰和广昌两县所见这一时期遗存数量较少，仅在车家岭、排上村林场、大雨山、石仙观、七斜坑、封家Ⅲ号等遗址有所发现。

表1 广昌县遗迹年代统计表

遗址名称	新石器时代晚期	夏至早商时期	商代晚期	西周时期	东周时期
车家岭遗址		√	√	√	
陈公寨遗址			√	√	
大雨山遗址		√	√		√
黄家山遗址			√	√	
廖家坳屯山遗址				?	√
刘家堡遗址				√	√
龙虎村遗址				√	√
罗家堡遗址			√	√	
排上村林场遗址		√	√	√	√
排下山Ⅰ号遗址			√	√	
排下山Ⅱ号遗址		?	√	√	
排下山Ⅲ号遗址			√	√	
排下山Ⅳ号遗址					√
三前嵊遗址			√	√	
塘下村遗址					√
大屋下遗址					√
下尧Ⅰ号遗址			√	√	
下尧Ⅱ号遗址			√	√	
营前村遗址				√	√
袁家山遗址					√
金盆山环壕遗址			√	√	√

注：由于部分遗址年代判断存在较大困难，这里仅列出可明确判断年代的遗址；"√"表示该遗址存在这一时期的遗存；"?"表示对这一时期遗存年代判断还有待进一步讨论。

表2 南丰县遗迹年代统计表

遗址名称	新石器时代晚期	夏至早商时期	商代晚期	西周时期	东周时期
大东坑山遗址		?	√	√	
福兴寺遗址		?	√	√	
河子坎Ⅰ号遗址				√	
河子坎Ⅱ号遗址				√	
河子坎Ⅲ号遗址				√	

遗址名称	新石器时代晚期	夏至早商时期	商代晚期	西周时期	东周时期
湖岭上屋背山遗址			√	√	
湖岭上遗址				√	
栎岗山遗址				√	√
炉下山Ⅰ号遗址					√
炉下山Ⅱ号遗址					√
罗家村后背山Ⅰ号遗址			√	√	
罗家村后背山Ⅱ号遗址			√	√	
马家边遗址				√	
铺前遗址				?	√
七斜坑遗址		√	√	√	
青铜山遗址			?	?	
上沙村后龙山遗址				√	
嵊头堨遗址				√	√
石仙观遗址		√	√		
水口山遗址			?	√	
封家Ⅰ号遗址			√	√	
封家Ⅱ号遗址				√	
封家Ⅲ号遗址	√	√	√	√	
封家Ⅳ号遗址			√	√	
封家Ⅴ号遗址				√	√
窑上村遗址			√	√	
潭头山Ⅰ号遗址				√	√
潭头山Ⅱ号遗址				√	√
潭头山Ⅲ号遗址					√
潭头山Ⅳ号遗址			√	√	
潭头山Ⅴ号遗址			√	√	
小东坑山遗址				√	
赵家山遗址				√	
重石Ⅰ号遗址		√	√		
海山上遗址					√

注：由于部分遗址年代判断存在较大困难，这里仅列出可明确判断年代的遗址；"√"表示该遗址存在这一时期的遗存；"?"表示对这一时期遗存年代判断还有待进一步讨论。

除了陶鼎足之外，所见印纹硬陶亦具有一定特征，与金溪、东乡等县相同，这一时期流行的印纹硬陶纹痕均较深，多见折线纹，一般陶器口沿内侧有多道凹弦纹，陶器火候较高，硬陶一般陶色呈灰褐色。该阶段与上一阶段相似，受自然条件的限制，该地区所见夏至早商时期的遗存应是受抚河中下游地区的影响所致，该区域并非考古学文化的原生地区，而是受到了原生地的重要影响。

第三阶段：晚商时期。在承继第二阶段的基础上，本阶段遗址数量有所增加。属于该阶段的环壕聚落有金盆山遗址；山岗类遗址数量较多，有车家岭、陈公寨、大雨山、黄家山、排上村林场、排下山Ⅰ号、三前嵊、下尧Ⅰ号、下尧Ⅱ号、大东坑山、福兴寺、七斜坑、石仙观、窑上村、封家Ⅲ、Ⅳ号、潭头山Ⅳ、Ⅴ号等诸遗址。从分布来看，这一阶段所见遗址在各水系均有分布。这一时期硬陶数量大增，烧制水平较高，器形见有罐、尊、杯、壶等，纹饰见有雷纹、席纹、折线纹、大方格纹、大菱格纹等。夹砂陶见有鼎、罐、豆、甗形器、杯等。从遗址分布及遗存特征来看，这一阶段是本地区文化繁荣、人口大增的时期。该阶段与抚河中下游地区比较，相近性较大，说明抚河流域这一阶段文化上出现了大范围的趋同。

第四阶段：西周时期。这一时期与上一阶段较为相似，发现遗址数量较多。属于这一时期的山岗类遗址有车家岭、黄家山、刘家堡、龙虎山、排下山Ⅰ号、三前嵊、营前村、下尧Ⅰ、Ⅱ号、大东坑山、河子坎Ⅰ、Ⅱ、Ⅲ号、栎岗山、马家边、上沙村后龙山、嵊头垴、水口山、窑上村、封家Ⅰ、Ⅱ、Ⅲ、Ⅳ、Ⅴ号、小东坑山、赵家山等。金盆山环壕遗址亦有该时期的遗存。从数量来看，这一阶段所见遗址数量与上一阶段相当；从遗址分布来看，在各水系均可见到这一阶段遗存。与抚河中下游比较，两者有较高的相似度，说明这一时期抚河流域文化面貌近乎一致。这一阶段所见硬陶主要有罐、盆，纹饰流行变体雷纹、短线纹、方格纹、菱格纹、交错线纹等。夹砂陶见有罐、鼎、豆、杯、甗形器等。所见鼎足多为扁平状，近顶端侧缘见有按压凹窝痕。整体上看，这一阶段属于区域文化发展的阶段，环壕聚落数量增多，人口亦有增加趋势。

第五阶段：东周时期。这一时期抚河中游地区所见遗存与抚河上游所见文化面貌相近。聚落数量略少，抚河上游地区人口有降低的趋势。这一时期所见遗址主要以栎岗山、炉下山Ⅰ、Ⅱ号、铺前、嵊头垴、封家Ⅴ号、潭头山Ⅰ、Ⅱ、Ⅲ号、海山上、大雨山、车家岭、刘家堡、龙虎村、排下山Ⅳ号、塘下村、大屋下、营前村、袁家山、金盆山等遗址。这一阶段所见陶器器类较上一阶段有所减少。硬陶主要见有罐、尊、壶等，部分器表可见施釉迹象。纹饰见有菱格纹、方格纹、刻划波浪纹、刻划斜体"S"形纹等。夹砂陶发现数量较少。陶鼎足数量较多，多为扁柱状，器表素面。这一时期是区域文化缓慢发展的阶段。

上文通过诸遗址的演变特征进行分析，将以广昌、南丰县为代表的抚河上游地区先秦时期遗存划分为五个发展阶段，每个阶段都具有自身特征。由于该区域考古发掘工作较少，缺乏明确的地层关系对遗物进行更为详细的年代判断，本文仅是粗线条勾勒出区域文化演进特征，期待深入的考古工作在该区域开展。

第二节　先秦时期区域聚落形态初步分析

在广昌、南丰两县调查时所发现的古遗址，通过采集遗物和地形地貌分析，可以确认所调查的59处遗址应是古代聚落。按形态可分为两大类：山岗类聚落和环壕类聚落。以下从聚落分布情况及聚落结构方面对调查所见聚落形态进行简要分析说明。

一　环壕类聚落

广昌县仅发现一处环壕聚落，也是目前所见抚河上游地区的唯一一处。其建造方式与金溪县多个聚落相近，平面为近方形，均为平地起建，人工堆垒中部台地及壕沟外围台地，壕沟底部为原始地面。聚落一般建于平坦之地，多为地势低平的河道区域。该类聚落类型为抚河中下游地区常见形态。

二　岗地类聚落

广昌、南丰两县调查过程中发现有较多数量的岗地类聚落，数量达58处。岗地类聚落一般邻近河流，水资源充沛，地势较高，可避免洪水灾害，是古人长时间较为普遍使用的聚落形式。此类聚落形态与抚河上游所见聚落十分相近，多于河流沿岸分布，多个遗址相距较近，且有相近的存在年代，形成聚落群的可能性较大。由于各地地形有所差异，岗地类聚落亦有较多差异。据地形差异，可将该地区所见岗地类聚落划分为两型：

A型：缓坡类岗地聚落。该类聚落一般选择在临河缓坡地带，聚落面积大小不一，小者不足1万平方米，大者可达十余万平方米。发现所见遗址大多属于此类聚落形态。

B型：山岗类岗地聚落。此型聚落地势较陡，山地坡度略大。一般在山顶发现有人类活动迹象，如在石仙观遗址山顶部发现较多石器和陶器。

三　聚落演变的历时性观察

以时间为线索，从粗线条来观察广昌、南丰县先秦时期聚落的演变特征。新石器时代晚期，区域内聚落数量较少，仅见少量岗地聚落分布，未形成中心聚落；夏至早商时期，聚落数量依然较少，环壕聚落相对较少，主要为岗地聚落；晚商时期，区域聚落扩增，人口数量大增，人群来往频繁，出现环壕聚落；西周时期，区域聚落数量较多，与抚河中下游地区比较有较多相近之处；东周时期，抚河上游人口和聚落略有减少。

附录一 广昌县先秦时期遗址统计表

编号	遗址名称	遗址类型	地理位置	地理坐标	文化层堆积保存状况	时代
1	车家岭遗址	岗地类	千善乡盖竹村村委会云前小组	N: 26°55′49.1″ E: 116°29′19.7″ H: 191米	遗址范围内未见文化层堆积，仅在地表发现部分石器和陶器残片。	夏至两周时期
2	陈公寨遗址	岗地类	赤水镇陈公寨村	N: 26°41′49.9″ E: 116°21′57.1″ H: 168米	遗址范围内未见文化层堆积，仅在地表发现少量陶器残片。	商周时期
3	大雨山遗址	岗地类	千善乡盖竹村村委会云前小组	N: 26°56′00.7″ E: 116°29′26.3″ H: 203米	遗址范围内未见文化层堆积，仅在地表种植有发现众多石器和陶器残片。	夏商时期、东周时期
4	黄家山遗址	岗地类	旴江镇廖家坳村	N: 26°52′02.6″ E: 116°18′26.8″ H: 149米	遗址范围内未见文化层堆积，仅在地表发现部分石器和陶器残片。	晚商至两周时期
5	廖家坳屯山遗址	岗地类	旴江镇廖家坳村东北部	N: 26°51′56.0″ E: 116°18′19.4″ H: 150米	遗址范围内未见文化层堆积，仅在地表发现少量陶器残片。	东周时期或偏早

续表

编号	遗址名称	遗址类型	地理位置	地理坐标	文化层堆积保存状况	时代
6	刘家堡遗址	岗地类	甘竹镇罗家村刘家堡东	N：26°57′49.1″ E：116°22′21.7″ H：121 米	遗址范围内未见文化层堆积，仅在地表发现少量石器和陶器残片。	两周时期
7	龙虎村遗址	岗地类	头陂镇龙虎村北侧	N：26°45′59.6″ E：116°11′53.6″ H：170 米	遗址范围内未见文化层堆积，仅在地点发现部分石器和陶器残片。	两周时期
8	罗家堡遗址	岗地类	甘竹镇罗家村东北方向	N：26°57′59.8″ E：116°22′15.5″ H：135 米	遗址范围内未见文化层堆积，仅在地表发现少量石器和陶器残片。	两周时期
9	排上村林场遗址	岗地类	千善乡盖竹村委会半山小组	N：26°55′48.4″ E116°29′04.5″ H：209 米	遗址范围内未见文化层堆积，仅在地表发现大量石器和陶器等遗物。	夏商时期、商周时期、东周时期
10	排下山 I 号遗址	岗地类	甘竹镇排下村西北处	N：26°56′36.6″ E116°21′35.8″ H：131 米	遗址范围内未见文化层堆积，仅在地表发现少量石器和陶器残片。	晚商至西周时期
11	排下山 II 号遗址	岗地类	甘竹镇排下村东北处	N：26°56′37.2″ E：116°21′41.2″ H：129 米	遗址范围内未见文化层堆积，仅在地表发现少量陶器残片。	商周时期
12	排下山 III 号遗址	岗地类	甘竹镇排下村西北侧	N：26°56′36.2″ E：116°21′29.3″ H：135 米	遗址范围内未见文化层堆积，仅在地表发现少量石器和陶器残片。	商周时期
13	排下山 IV 号遗址	岗地类	甘竹镇排下山西南处	N：26°56′27.2″ E：116°21′18.0″ H：135 米	遗址范围内未见文化层堆积，仅在地表发现少量石器和陶器残片。	东周时期

续表

编号	遗址名称	遗址类型	地理位置	地理坐标	文化层堆积保存状况	时代
14	三前嵊遗址	岗地类	赤水镇严坊村东侧	N：26°42'11.7" E：116°22'14.5" H：164米	遗址范围内未见文化层堆积，仅在地表发现少量石器和陶器残片。	商周时期
15	塘下村遗址	岗地类	头陂镇塘下村西南	N：26°44'12.2" E：116°12'24.3" H：184米	遗址范围内未见文化层堆积，仅在地表发现少量石器和陶器残片。	东周时期
16	大屋下遗址	岗地类	头陂镇龙虎村北侧	N：26°45'58.3" E：116°11'45.5" H：173米	遗址范围内未见文化层堆积，仅在地表发现少量陶器残片。	东周时期
17	下尧Ⅰ号遗址	岗地类	千善乡安源村	N：26°55'35.9" E：116°27'46.1" H：192米	遗址范围内未见文化层堆积，仅在地表发现少量石器和陶器残片。	商周时期
18	下尧Ⅱ号遗址	岗地类	千善乡下尧村	N：26°55'45.1" E：116°27'53.0" H：192米	遗址范围内未见文化层堆积，仅在地表发现少量石器和陶器残片。	商周时期
19	营前村遗址	岗地类	千善乡营前村	N：26°56'12.1" E：116°29'09.3" H：202米	遗址范围内未见文化层堆积，仅在地表发现部分石器和陶器残片。	西周时期，战国至汉代
20	袁家山遗址	岗地类	旴江镇青桐村委会新人坪小组	N：26°51'30.2" E：116°17'55.1" H：149米	遗址范围内未见文化层堆积，仅在地表发现少量陶器残片。	东周时期
21	金盆山环壕遗址	环壕类	头陂镇头陂村下官小组	N：26°45'36.7" E：116°11'54.1" H：160米	遗址范围内未见文化层堆积，仅在地表发现众多石器和陶器等遗物。	晚商至西周时期，东周或略晚

附录二 南丰县先秦时期遗址统计表

编号	遗址名称	遗址类型	地理位置	地理坐标	文化层堆积保存状况	时代
1	白舍林场遗址	岗地类	白舍镇铺前村东北部	N：27°01′42.5″ E：116°25′52.5″ H：118 米	遗址范围内未见文化层堆积，仅在地表发现少量陶器残片。	先秦时期
2	大东坑山遗址	岗地类	太和镇下桐村	N：27°03′30.3″ E：116°37′18.3″ H：146 米	遗址范围内未见文化层堆积，仅在地表发现众多石器和陶器残片。	商周时期
3	福兴寺遗址	岗地类	白舍镇河东村委会罗家村	N：27°00′39.8″ E：116°25′29.4″ H：115 米	遗址范围内未见文化层堆积，仅在地表发现部分陶器残片。	商周时期或略早
4	河子坎Ⅰ号遗址	岗地类	白舍镇河东村委会湖岭上村	N：26°59′54.3″ E：116°24′20.7″ H：122 米	遗址范围内未见文化层堆积，仅在地表发现部分石器和陶器残片。	西周时期
5	河子坎Ⅱ号遗址	岗地类	白舍镇河东村委会湖岭上村	N：26°59′55.5″ E：116°24′27.7″ H：127 米	遗址范围内未见文化层堆积，仅在地表发现众多石器和陶器残片。	西周时期

续表

编号	遗址名称	遗址类型	地理位置	地理坐标	文化层堆积保存状况	时代
6	河子坎Ⅲ号遗址	岗地类	白舍镇河东村委会湖岭上村	N：26°59′58.2″ E：116°24′31.2″ H：128米	遗址范围内未见文化层堆积，仅在地表发现部分石器和陶器残片。	西周时期
7	湖岭上屋背山遗址	岗地类	白舍镇河东村委会湖岭上村	N：26°59′53.5″ E：116°24′08.1″ H：123米	遗址范围仅发现1处文化层堆积，此外地表可见少量陶器残片。	商周时期
8	湖岭上遗址	岗地类	白舍镇河东村委会湖岭上村	N：26°59′40.6″ E：116°23′58.0″ H：122米	遗址范围内未见文化层堆积，仅在地表发现众多石器和陶器残片。	西周时期
9	老山村后垅山遗址	岗地类	白舍镇老山村北侧	N：27°01′58.3″ E：116°27′29.7″ H：134米	遗址范围内未见文化层堆积，仅在地表发现少量陶器残片。	先秦时期
10	栎岗山遗址	岗地类	白舍镇河东村委会塘坑村	N：27°02′23.1″ E：116°27′19.5″ H：139米	遗址范围内未见文化层堆积，仅在地表发现少量石器和陶器残片。	两周时期
11	炉下山Ⅰ号遗址	岗地类	白舍镇窑下村南部	N：27°01′17.7″ E：116°24′40.6″ H：120米	遗址范围内未见文化层堆积，仅在地表发现部分石器和陶器残片。	东周时期
12	炉下山Ⅱ号遗址	岗地类	白舍镇窑下村西南部	N：27°01′13.3″ E：116°24′27.7″ H：120米	遗址范围内未见文化层堆积，仅在地表发现部分陶器残片。	东周时期
13	罗家村后背山Ⅰ号遗址	岗地类	白舍镇河东村委会罗家村北侧	N：27°00′53.2″ E：116°25′03.9″ H：124米	遗址范围内未见文化层堆积，仅在地表发现众多石器和陶器残片。	商周时期

编号	遗址名称	遗址类型	地理位置	地理坐标	文化层堆积和保存状况	时代
14	罗家村后背山Ⅱ号遗址	岗地类	白舍镇河东村委会罗家村西侧	N：27°00′37.0″ E：116°24′56.9″ H：130米	遗址范围内未见文化层堆积，仅在地表发现部分石器和陶器残片。	商周时期
15	马家边遗址	岗地类	白舍镇田东村马家边老村东北部	N：27°00′06.9″ E：116°22′19.0″ H：121米	遗址范围内未见文化层堆积，仅在地表发现部分石器和陶器残片。	西周时期
16	铺前遗址	岗地类	白舍镇铺前村西南	N：27°01′23.6″ E：116°25′10.6″ H：122米	遗址范围内未见文化层堆积，仅在地表发现少量石器和陶器残片。	两周时期
17	七斜坑遗址	岗地类	白舍镇河东村委会老山村	N：27°02′09.3″ E：116°27′29.8″ H：139米	遗址范围内未见文化层堆积，仅在地表发现众多石器和陶器残片。	商至西周时期
18	青铜山遗址	岗地类	莱溪乡九联村	N：27°14′07.1″ E：116°34′40.8″ H：107米	遗址范围内未见文化层堆积，仅在地表发现少量陶器残片。	商周时期
19	上沙村后龙山遗址	岗地类	太和镇上沙村	N：27°04′27.8″ E：116°36′04.3″ H：126米	遗址范围内未见文化层堆积，仅在地表发现部分石器和陶器残片。	两周时期
20	嵊头脑遗址	岗地类	白舍镇田东村马家边小组新村北侧	N：27°00′20.8″ E：116°22′12.7″ H：124米	遗址范围内未见文化层堆积，仅在地表发现部分石器和陶器残片。	西周或稍晚
21	石仙观遗址	岗地类	市山镇官陂上村	N：27°13′44.9″ E：116°28′53.2″ H：161米	遗址范围内未见文化层堆积，仅在地表发现众多石器和陶器残片。	商时期

续表

编号	遗址名称	遗址类型	地理位置	地理坐标	文化层堆积保存状况	时代
22	水口山遗址	岗地类	太和镇下桐村	N：27°03′31.2″ E：116°37′30.4″ H：137 米	遗址范围内未见文化层堆积，仅在地表发现部分石器和陶器残片。	两周或略早时期
23	封家 I 号遗址	岗地类	太和镇太和村	N：27°02′19.0″ E：116°36′42.3″ H：150 米	遗址范围内未见文化层堆积，仅在地表发现少量陶器残片。	商周时期
24	封家 II 号遗址	岗地类	太和镇太和村	N：27°02′28.1″ E：116°36′45.0″ H：153 米	遗址范围内未见文化层堆积，仅在地表发现少量陶器残片。	两周时期
25	封家 III 号遗址	岗地类	太和镇太和村	N：27°02′31.9″ E：116°36′48.0″ H：149 米	遗址范围仅发现 2 个灰坑，未见其他文化层堆积，此外在地表发现众多多石器和陶器残片。	新石器时代晚期、商周时期
26	封家 IV 号遗址	岗地类	太和镇太和村	N：27°02′17.0″ E：116°36′48.1″ H：160 米	遗址范围内未见文化层堆积，仅在地表发现众多石器和陶器残片。	商至西周时期
27	封家 V 号遗址	岗地类	太和镇太和村	N：27°02′23.9″ E：116°36′51.2″ H：148 米	遗址范围内未见文化层堆积，仅在地表发现部分石器和陶器残片。	西周至春秋时期
28	窑上村遗址	岗地类	太和镇窑上村	N：27°03′57.7″ E：116°36′12.8″ H：144 米	遗址范围内未见文化层堆积，仅在地表发现少量石器和陶器残片。	商代晚期至西周时期
29	潭头山 I 号遗址	岗地类	白舍镇河东村委会罗家村	N：27°00′59.3″ E：116°25′26.9″ H：114 米	遗址范围内未见文化层堆积，仅在地表发现少量石器和陶器残片。	两周时期

续表

编号	遗址名称	遗址类型	地理位置	地理坐标	文化层堆积保存状况	时代
30	潭头山Ⅱ号遗址	岗地类	白舍镇河东村委会罗家村	N：27°01′06.1″ E：116°25′39.4″ H：136 米	遗址范围内未见文化层堆积，仅在地表发现部分石器和陶器残片。	两周时期
31	潭头山Ⅲ号遗址	岗地类	白舍镇河东村委会罗家村	N：27°01′08.9″ E：116°25′31.1″ H：138 米	遗址范围内未见文化层堆积，仅在地表发现少量石器和陶器残片。	东周时期
32	潭头山Ⅳ号遗址	岗地类	白舍镇河东村委会罗家村	N：27°00′48.8″ E：116°25′32.2″ H：122 米	遗址范围内未见文化层堆积，仅在地表发现众多石器和陶器残片。	商至两周时期
33	潭头山Ⅴ号遗址	岗地类	白舍镇河东村委会罗家村	N：27°00′54.5″ E：116°25′36.7″ H：134 米	遗址范围内未见文化层堆积，仅在地表发现少量陶器残片。	商至两周时期
34	小东坑山遗址	岗地类	太和镇下桐村	N：27°03′44.9″ E：116°37′24.3″ H：143 米	遗址范围内未见文化层堆积，仅在地表发现少量石器和陶器残片。	两周时期
35	赵家山遗址	岗地类	琴城镇下坊村	N：27°10′17.8″ E：116°31′48.0″ H：103 米	遗址范围内未见文化层堆积，仅在地表发现部分石器和陶器残片。	两周时期
36	重石Ⅰ号遗址	岗地类	白舍镇重石村东南部	N：26°59′20.9″ E：116°23′44.1″ H：116 米	遗址范围内未见文化层堆积，仅在地表发现部分石器和陶器残片。	商时期
37	重石Ⅱ号遗址	岗地类	白舍镇重石村东南部	N：26°59′11.3″ E：116°23′39.6″ H：119 米	遗址范围内未见文化层堆积，仅在地表发现少量石器和陶器残片。	先秦时期
38	海山上遗址	岗地类	白舍镇河东村委会罗家村	N：27°00′33.0″ E：116°25′25.6″ H：124 米	遗址范围内未见文化层堆积，仅在地表发现少量石器和陶器残片。	东周时期

附录三　2016年广昌·南丰两县
考古调查日记摘录

2016 年 11 月 21 日　星期三　阴

  今天开始了我们在江西抚河流域的 2016 年调查。鉴于 2015 年在抚河流域开展调查工作的经验，昨天晚上老师们就已经商议好了本次调查的一些具体操作方案，依照往年我们还是分两队进行调查，一队主要是游击式的对遗址进行调查，包括对一些旧遗址的复查以及新遗址的发现，一队主要负责根据上一队调查的情况对所调查遗址进行信息的提取以及遗物的采集工作，两队之间互相协作配合。最近几日阴雨连绵，今天还未放晴，空气中依然弥漫着一股浓浓的潮湿泥土味儿，我们的调查工作便从南丰县开始。

石仙观遗址崖墓

石仙观遗址

石仙观现代建筑

石仙观遗址崖洞

上午去的是南丰县市山镇西村村公所石仙观遗址。下午阴沉的天空终于放晴，蓝天白云。下午收获极少，从这一座山包走到那一座山包，未发现石器或陶片。

南丰柑橘　　　　　　　　　　　　　　　南丰柑橘

2016 年 11 月 22 日　星期四　多云

昨天下午天气放晴，今早起来地面未湿，觉得很欣慰。上午去了白舍镇田东村的嵊头垴遗址，遗址主要位于现马家边小组的北边，遗址为一斜状缓坡，采集有少量陶片。田东村是"南广苏维埃政府旧址"，午饭时候我们在村委会附近进行了参观。紧接着我们去了马家边老村的马家边遗址，遗址位于马家边老村的东南边，北侧紧挨一条小河。今天注定是收获极少的一天，我们组半天竟然没发现一个遗址，内心有点难过。不过余馆长、习老师那支小分队倒是发现了重石Ⅰ号、重石Ⅱ号遗址。

田东村南广苏维埃政府旧址　　　　　　　南广苏维埃政府旧址介绍牌

2016 年 11 月 23 日　星期五　阴转雨

　　上午向青铜山前进，青铜山位于莱溪乡九联村的西边，东侧为莱溪，中间紧挨高速公路。遗址呈圆形山包状，坡地大面积种植橘树林，山顶台地已被建筑物完全覆盖。下午到了琴城镇下坊村赵家山遗址。今天温度骤降了15℃，还伴随着下雨，大家都觉得衣服穿少了。由于天气原因，今儿地面踏查都是跟着豆老师，不然打滑的我不是每次都有好运气抓住树枝的。很欣赏静怡同学，昨天摔伤膝盖，今天跟着我们一步步爬上爬下完全没落下，给她点个赞。

青铜山寺

阴雨中的青铜山

2016 年 11 月 25 日　星期日　雨

　　又下雨了，到处湿漉漉。上午驱车来到了白舍镇罗家村，爬上村后那座山，一路上坡发现陶片越来越多。在村后山上发现有两处遗址，罗家后背山Ⅰ号遗址、罗家后背山Ⅱ号遗址。今日司机师傅身手敏捷，另一个山头的习老师小队也是很给力，发现了三处遗址。潭头山Ⅰ号遗址、潭头山Ⅱ号遗址、潭头山Ⅲ号遗址。上午像打了鸡血的我们中午匆忙吃过饭，下午向另一地点前进。天空阴沉，北风细雨斜，在一片较缓且面积较大的山上，我们发现了湖岭上遗址。

盱江岸边

白舍窑废弃窑具

2016 年 11 月 26 日　星期一　阴

今天依然下雨，温度依然为 5℃。今天来到太和镇，我们兵分两组，在太和镇司前村发现了上沙村后龙山遗址，在下桐村发现了水口山遗址、大东坑山遗址、小东坑山遗址。习老师、余馆长组也有较大发现，包括窑上村遗址，太和镇封家Ⅰ号、封家Ⅱ号、封家Ⅲ号遗址。天气预报说会有大雨，由于上午大家比较能找，吃完午饭已经三点了，一看阴沉的上空，加上余馆和王师傅要回一趟金溪，老师决定下午回去进行室内整理。

封家Ⅲ号遗址灰坑剖面

调查途中的小溪

2016 年 11 月 28 日　星期一　晴

早上吃了一碗热滚滚的米粉，有力气才能好好干活。上午我们先去了位于赤水镇的陈公寨遗址，不过陶片捡到不多。下午也只找到了一个遗址，三前嵊遗址，在做记录之前发生了一个"小乌龙"，这个遗址是广昌县博物馆给我们的大致位置，等我们和村民们询问无果后，我们最终对自己的听力充满了蜜汁般的自信，最后我坚定地写成了三仙圣遗址，后经地方博物馆工作人员证实，我们的听力与当地村民的方言还有无限距离。

陈公寨遗址清代墓碑

陈公寨遗址清代墓碑

2016 年 11 月 29 日　星期二　晴

上午来到了甘竹镇，走到排下山将人员分成了两组，分别向不同方向进行调查。我们组发现了一处陶片密集分布区，习老师小组找到了四处遗址，分别为排下山Ⅰ号、排下山Ⅱ号、排下山Ⅲ号、排下山Ⅳ号遗址。下午两个小组分别找着罗家堡和刘家堡遗址。

刘家堡遗址附近所见刻辞纪年水井

2016 年 11 月 30 日　星期三　晴

我们今天终于发现了第一个环壕遗址：金盆山。三位老师英勇地换了雨鞋趟过水田走向遗址，我和静怡在风中默默守着三双徒步鞋。不负有心人，最后终于确定了这处环壕遗址。而后我们又在不远处龙湖村旁的山上发现了一个面积较大的山岗类遗址——龙虎村遗址，习老师解剖了一个断面了解遗址堆积情况。中午吃过饭，下午我们又返回了环壕遗址附近的山头，然而只捡到了一块陶片。豆老师推测是因为被挖掘机推掉了这些堆积。习老师一队倒是发现了头陂镇大屋下遗址和塘下村遗址，算是大收获。

金盆山环壕遗址远景

金盆山环壕遗址断面烧结层

金盆山环壕遗址断面

龙虎村遗址断面

金盆山环壕遗址清理断面

调查发现的子弹壳

2016年12月1日　星期四　晴

　　上午大家去盱江镇，在山脚下集合，然后一拥而散，各自霸占一个小山坡去了，抵不住人多力量大，就算陶片少，仍然搜罗到了一个遗址——袁家山遗址。之后我们一分为二去各自寻找遗址，我们这组一无所获，另一组发现了廖家坳屯山遗址和黄家山遗址。中午吃过饭来到了县附近的山头，地势较为平坦，依山傍水的好环境竟然只发现了1块陶片。

大雨山遗址

大雨山遗址工作照

排上村林场遗址

营前村遗址工作照

2016 年 12 月 1 日　星期四　晴

　　上午我们组找到两处遗址，大雨山遗址和营前村遗址，这是我们时隔大约一天半以后终于自己独立寻觅到一个遗址。习老师一组也找到了上尧Ⅰ号遗址、上尧Ⅱ号遗址。匆忙吃过午饭，来到了一个面积比较大的山上。一个山头连着另一个山头，很辽阔，在人工梯田上，我们采集陶片采集得不亦乐乎，简直就像淘金者终于见到了金子一样，遗物对于考古工作者来说，就是宝贵的财富。这一大片遗址被命名为排上村林场遗址。全哥一个人跑了五个山头，还发现了车家岭遗址。回去的路上真是怀揣满满的欣慰。

排上村林场调查

村中池塘

后　记

　　"江西抚河流域先秦时期遗址考古调查"是经江西省文物考古研究院申请，国家文物局立项批复的专题项目，该项工作由江西省文物考古研究院、西北大学文化遗产学院、西安弘道文化遗产保护工程有限公司、抚州市文物博物管理所、抚州市所涉县市共同合作完成。江西省文物考古研究院王上海同志负责调查、勘探、资料整理、报告编撰及统稿等工作的具体实施。

　　根据年度工作计划，2014～2016年在广昌县博物馆、南丰县博物馆协助下顺利完成了抚河流域广昌县、南丰县境内先秦遗址的调查、勘探工作。由于调查成果颇丰，此次对广昌县、南丰县的调查所获予以公布，随后再将其他县区调查资料进行刊布，便于读者深入研究。

　　参加调查和资料整理的工作人员有王上海、豆海锋、程林泉、习通源、李桃元、严振洪、余志忠、王淑娇、丁潮康、孙敬民、王永明、全建武、程威嘉、王倩、封世雄、史智伟、张弥、田浩、陈春娟、宋阿倩、闫红贤、蔡孟芳、邢夏涵、于朋飞、韦星星等，航空摄影由程威嘉、习通源、王倩完成；绘图工作由刘军幸、方丹、姜森完成；摄影器物由程威嘉、王倩完成；器物拓片由闫红贤、宋阿倩完成。

　　报告中的第一章由严振洪、余志忠完成；第二章由宋阿倩、豆海锋完成；第三章由程威嘉完成；第四章由王上海、豆海锋完成；附录一、附录二由全建武统计完成，附录三为豆海锋、蔡孟芳等工作日记摘录；王上海统稿并审定。

　　该项目从田野调查到资料整理，直至报告出版，得到了国家文物局、江西省文化和旅游厅（文物局）以及当地政府在资金和人力上的大力扶持，得到了单位的高度重视，得到了同仁们的无私帮助，特别是国家文物局文物古迹司张磊同志在工作中给予了许多具体的指导，江西省文物考古研究院院长柯中华，西北大学文化遗产学院马健教授、陈洪海教授、冉万里教授在业务上给予了大力支持，德安县博物馆余志忠同志给予了大力协作，谨表谢意。

编　者

2022年10月